本书出版获得2023年度江苏高校哲学社会科学研究重大项目“平台经济下数据要素市场化配置测度与监管保障研究”（项目批准号：2023SJZD129）；南京晓庄学院思政工作专项课题（项目批准号：2021SZKT01）；南京晓庄学院2023年度校级科研项目（人文社科类高层次培育项目）“新能源汽车产业生态系统共生机制、风险归因与治理研究”（项目批准号：2023NXY14）资助

共生视角下中国新能源汽车可持续发展研究

王圣元　著

图书在版编目(CIP)数据

共生视角下中国新能源汽车可持续发展研究/王圣元著.—武汉：武汉大学出版社,2024.7

ISBN 978-7-307-24238-8

Ⅰ.共…　Ⅱ.王…　Ⅲ.新能源—汽车工业—可持续性发展—研究—中国　Ⅳ.F426.471

中国国家版本馆 CIP 数据核字(2024)第 028031 号

责任编辑:周媛媛　冯红彩　　　责任校对:牟　丹　　　版式设计:文豪设计

出版发行：**武汉大学出版社**　(430072　武昌　珞珈山)

(电子邮箱:cbs22@ whu.edu.cn　网址：www.wdp. com.cn)

印刷:武汉中科兴业印务有限公司

开本:720×1000　1/16　印张:15　字数:269 千字

版次:2024 年 7 月第 1 版　　2024 年 7 月第 1 次印刷

ISBN 978-7-307-24238-8　　定价:78.00 元

序

我国的汽车制造业在经济增长和产业转型升级中占据重要地位。一方面，汽车制造业产值高，产业链上下游关系复杂，并且产品技术水平与制造工艺要求高。汽车制造业的波动会影响关联产业的发展。汽车产品的市场销售情况能反映经济繁荣度和居民消费水平。另一方面，汽车产品的大量使用会显著影响生态环境。传统的燃油汽车在行驶过程中会产生大量碳排放，同时，汽车产业在产品的全生命周期中也会持续产生温室气体排放。在环境保护、绿色可持续发展观念深入人心的今天，对待汽车制造业不能简单地加以行业限制，而要寻找一条实现汽车制造业可持续发展的路径。

新能源汽车作为缓解能源危机和环境危机的一个重要路径，得到了人们的普遍认同。对我国而言，新能源汽车产业的发展还与整个经济的转型升级紧密相关。基于可持续发展观，新能源汽车产业只有形成自身的演化机理与发展模式，构建良好的创新生态系统，才能突破产业壁垒，抢占汽车工业核心技术制高点，获得可持续的产业竞争优势。本书基于前期相关研究（见附录），从共生视角研究我国新能源汽车产业可持续发展问题。

本书的主要研究如下：①基于生态学理论和种群动力学模型，提出了一种基于两阶段 logistic 模型的企业生命周期评价方法。当企业的内禀增长率和内部抑制系数均小于 0 时，该企业应退出相应市场，选择破产清算或重组。②采用低碳排放的发动机是燃油汽车的发展趋势。第一阶段使用 logistic 模型测算出汽车产品装备三缸发动机前后的内禀增长率、内部抑制系数和产品销售规模理论上限。第二阶段使用 Lotka-Volterra 模型对装备三缸发动机前后汽车产品和所属企业销售的共生关系及其变化进行分析，测算出产品的内禀增长率、内部抑制系数和销售规模理论上限和共生系数。研究结果表明，汽车产品选用三缸发动机并不会导致产品生命周期提前进入衰退期。③新能源汽车种群的耦合度不高，同步效应出现波动和振荡。

同步效应的变化趋势类似于内禀增长率和销量理论最大值的变化趋势。新能源汽车种群受到外界市场环境变化的显著影响。④单种群 logistic 模型分析结果说明中国新能源汽车企业的内禀增长率普遍比较低。中国新能源汽车企业的内禀增长率低于中国传统汽车制造企业的内禀增长率。新能源汽车企业的内禀增长率水平与销量显著下滑的衰退型企业类似。Lotka-Volterra 模型给出了汽车制造样本企业基于市场需求驱动的成长机制分析结果，即中国新能源汽车企业的市场驱动模式不明显，且目前的发展机制有待优化。MCGP 模型优化结果说明，中国新能源汽车企业应向市场驱动型发展模型转型。⑤中国汽车制造厂商在新能源车型成长性方面存在显著异质性。基于 Lotka-Volterra 模型的微分博弈分析给出汽车制造企业在新能源产品创新决策过程中的选择。

本书的主要创新点如下：①建立了以种群共生机制为核心关系的中国新能源汽车产业生态系统运行与演化机理分析框架；②构建了多维种群动力学方法体系，并将其运用于中国新能源汽车企业种群共生演化分析和动态仿真过程之中；③开发了 Lotka-Volterra MCGP 模型，并将其成功运用于创新生态系统的种群共生演化分析之中。

为了不断完善新能源汽车产业生态系统建设，首先，要建立良好的发展动力机制，使科技创新平台生态系统协调发展，进而带动整个汽车产业的发展。新能源汽车产业的发展，离不开产业共生系统内部各创新种群及产业生态环境之间相互交流、相互作用、协同共生的发展态势。产业共生生态系统中各个创新群落根据自身发展情况及周围环境，确定自身在系统中的地位和角色，即创新主体在系统中的创新生态位，为群落发展提供决策依据。其次，为了实现新能源汽车产业发展的历史使命，需要引导科技创新平台生态系统，整合平台生态系统内外部资源，为产业发展提供技术支撑。科技与产业政策对新能源汽车产业生态系统的发展有着至关重要的作用。在政府的统筹规划下，以科技创新为核心构建政策制度框架，促进科技创新平台生态系统发展，带动科技创新能力的提高。最后，本书从营造良好发展环境、科技项目融资保障、培育企业自主创新能力、优化资源配置、构建协同创新网络等角度给出具体的政策建议。

王圣元
2023 年 9 月 9 日

CONTENTS 目　录

第一章 绪 论

第一节 研究背景

一、能源约束与环境保护

随着经济的快速发展，人们在工业建设方面取得了巨大的成绩，但对环境的破坏程度也与日俱增，尤其是不可再生能源面临枯竭危机。能源危机问题已经成为经济发展的重要制约因素[1]。而且，传统汽车工业在大量消耗石油能源的同时，还产生了大量有害污染物。石化能源的大量使用所导致的环境污染及全球气候变暖问题，也已成为世界各国共同关注的全球性问题。21世纪初，随着科学技术的快速发展，尤其是可持续发展战略的推进，以混合动力汽车、氢动力汽车、纯电动汽车及燃料电池汽车为代表的新能源汽车产业，在世界各国政府的大力支持下，获得了快速发展。在能源危机和环境污染的双重压力下，向新能源转型成为世界各国的共同战略选择，新能源汽车在全球范围内的推广应用是大势所趋[2]。发展新能源汽车，在突破能源瓶颈、契合技术提升及体现低碳发展理念等方面具有重要的战略意义和现实意义。

汽车产业作为资本、技术和人才密集型产业，在国民经济中发挥着重要作用，是国民经济发展的主要动力。汽车产业关联性强，对相关产业的带动作用大，尤其是作为未来增长最快的产业之一，其能否获得较大发展直接关系国民经济的增长速度。目前，世界各国都在大力推进新能源汽车产业发展，这导致新技术应用速度越来越快。为此，如何加快中国新能源汽车产业发展速度，以应对世界新能源汽车工业的激烈竞争，抢占产业技术发展新高地，赢得竞争优势，成为亟待解决的难题[3]。因此，对中国新能源汽车产业技术协同扩散规律进行实证剖析，找到制约中国新能源汽车产业技术协同扩散的因素，探析新技术应用扩散的推进路径，洞悉新能源汽车产业技术协同扩散系统动力源，制定合理有效的推动措施，无疑对加快中国新能源汽车产业发展具有非常重要的理论意义与现实意义。

目前，全球多数新兴经济体迈入新的发展阶段，汽车逐渐在这些国家普及，这对大气来说将是一场难以承受的考验[4]。为缓解上述能源危机与环境问题，人们将希望寄托于新能源汽车的开发与使用上。汽车消耗的化石燃料是全球能源消耗的重要组成，也是二氧化碳等温室气体主要的排放源。为此，科学家自然而然地将目光放在新能源汽车的使用与推广上。

面对全球气候变暖问题、城市空气污染问题、不稳定的外国石油供应问题，以及人们对价格高昂的石油的依赖的担忧，政策制定者和研究人员开始研究运输中常规石油燃料内燃机车辆的替代品——新能源汽车[5]。新能源汽车在使用过程中可以有效降低温室气体（greenhouse gas, GHG）排放，并且可以减少石油消耗，这对研究和开发先进的电动车具有相当大的激励作用。相关学者从新能源汽车的技术、发展所需的配套基础设施、新能源汽车运行中的碳排放量、消费者接受度、新能源汽车的性能参数等方面为研究人员和政策制定者量化了大力推广新能源汽车的益处。

环境因素是中国政府大力发展新能源汽车的主要原因之一[6]。新能源汽车作为缓解能源危机和环境危机的一个重要路径，得到了研究者的普遍认同。对于中国而言，这一产业的发展，还与整个经济的转型升级紧密相关。基于可持续发展观，新能源汽车产业只有形成自身的演化机理与发展模式，构建良好的创新生态系统，才能突破产业壁垒，抢占汽车工业核心技术制高点，获得可持续的产业竞争优势。

二、汽车产品减排

过去几年，中国光伏产业的迅猛发展为中国新能源汽车的发展奠定了基础[7]。

在中国，风能和其他可再生能源对新能源汽车产业的发展有一定影响。但是，风能和其他可再生能源的发展刚刚起步，相关数据资料较少，相关研究比较少见。同时，新能源汽车配套设施的建设也对新能源汽车产业的发展有着重要影响，如人们是否愿意支持建设充电设施[8]。智能充电设施的建设是学者们普遍关心的新能源汽车产业发展的重要约束[9]。随着中国新能源汽车产业的发展，学者们开始关注生产与销售前景[10]和供应链的风险[11]等问题。

低碳排放汽车是缓解能源危机和环境危机的一个重要路径。学者们大多采用主客观相结合的方法来研究低碳排放汽车的发展水平[12]。目前低碳排放汽车的发展主要依赖于政府政策激励和市场驱动。汽车市场对低碳排放汽车的接受有一个渐变的过程，学者们关注低碳排放汽车的市场表现，如评价消费者使用低碳排放汽车的意愿[13，14]。

相关低碳排放汽车发展的政策研究一直是一个热点。中国促进技术进步的目标在发展本土低碳排放汽车产业方面是有效的。不过，新能源汽车专利的发展现状并不表明中国在低碳排放汽车技术方面具有领先优势。中国的低碳排放汽车产业政策应进一步加强，特别是技术创新方面的核心政策[15]。相关研究表明，中国低碳排放汽车产业转变为依靠"政府驱动＋市场驱动"[16]来完成。当对新能源汽车发展的研究成为热点时，学者们开始探究新能源汽车在低碳排放领域的实际效果。从环境保护的效果和低碳排放技术角度来看[17]，低碳排放汽车对实现环境、社会和健康目标协同发展具有重大意义[18]。低碳排放汽车的零废气排放非常适合减轻空气污染[19]。然而，低碳排放汽车运行过程中将行驶排放的负担转移给发电厂。一个经济体的发电配置会大大影响相关地区低碳排放汽车的环境改善效率[20]。低碳排放汽车仍然会增加环境污染[21，22]。

三、新能源汽车产业组织结构

当前，新能源汽车产业的组织结构研究成为热点。汽车产业建立包括新能源汽车企业在内的产业与创新生态系统已成为制造业的焦点和共识[23]。新能源汽车产业生态系统由核心企业、产业平台、优势互补的企业和顾客组成[24]。未来汽车产业的发展将走向生态系统化和共生化，汽车产业将突破自有的产业界限[25]。国内学者对新能源汽车产业组织边界问题的研究还没有形成完善的体系。企业共生战略应是汽车企业提升竞争力的发展方向。共生生态圈内的企业通过价值共创与价值共享、丰富产业生态来获取价值[26]。新能源汽车产业将进入跨界合作的时代[27]。

新能源汽车产业商业模式的研究主要可以分为两个方向：商业模式对市场扩散的影响和商业模式创新研究。例如，电动汽车商业模式对电动汽车推广效果有显著影响[28，29]。我国新能源汽车产业商业模式要从政策、技术、市场三个方面进行演变[30]。经济效益、技术研发和基础设施保障层面均有助于我国新能源汽车的商业化发展[31]。具体来说，我国新能源汽车商业模式的影响因素和发展方向受到消费层、企业层和制度层三个层面的影响[32]。

第二节　研究目标和研究意义

一、研究目标

本书考虑经济高质量发展的时代背景，从适应性演进和共生协同的视角，研究新能源汽车可持续发展系统运行机理与演化，形成有助于激发、调节和完善创新行为的运行机制。具体目标可分为以下几个方面：

在理论目标方面，本书比较并阐明新能源汽车可持续发展的概念，阐释系统演化发展的机理，分析新能源汽车创新种群间共生协同关系所形成的协同效应，探究种群共生视角下新能源汽车企业创新生态系统的演化机理和优化路径，力图在生态系统理论体系构建上有所创新。

在技术目标方面，本书多渠道获取数据，综合运用质性研究和定量研究中的多种技术手段，如多案例分析、种群动力学、多准则和多目标优化模型等进行研究，努力把握研究技术的针对性、可靠性。

在应用目标方面，本书提出具有针对性、科学性和可操作性的对策措施，构建新能源汽车可持续发展系统内部新型创新机制，不断提升新能源汽车企业创新主体的创新能力。

二、研究意义

（一）理论意义

本书将生态学、生态系统理论、创新管理理论与种群共生理论相结合，结合生态系统发展的各种规律和特征来研究创新生态系统，这为理解创新生态系统中各利益相关者关系和系统运行机制提供了一种新的研究思路。本书引入生态系统理论中的种群生命周期理论、种群合作原理作为测度方法，对创新生态系统的适应性演进进行定量分析，有助于为创新生态系统从量变到质变的演化机理提供确切的阐释依据。在种群共生视角下研究创新系统的运行机制，所形成的学术研究成果可以进一步支撑、完善创新生态系统的理论体系，也是对生态学与生态系统理论的发展。

（二）现实意义

新能源汽车作为传统燃油汽车的替代品，具有巨大的市场潜力和广阔的发展空间。在发展竞争中，企业管理者需要对新能源汽车生态商业模式的发展特点和现状有较为深入的了解，特别是对影响新能源汽车生态商业模式的核心要素需要从科学、审慎、客观的研究角度来分析，以作为决策的依据。

汽车产业是一个国家的支柱产业之一，许多国家和地区将新能源汽车产业列为国家战略性新兴产业。随着新能源汽车产业的不断发展，竞争愈演愈烈，企业管理者在激烈的竞争中找到一套科学、完善的理论来指导企业构建有品牌竞争力的商业模式具有重要的现实意义。本书基于价值生态系统理论，系统地研究了新能源汽车生态商业模式的特征，并分析了影响其品牌竞争力的因素，这些研究将为新能源汽车企业管理者在如何提高企业品牌竞争力方面提供切实可行的实践指导。

第三节 研究内容与研究发现

一、能源约束视角下的经济增长

本书构建了包含人力资本、物质资本、能源要素的经济增长模型，估算了 2004—2021 年华东地区 7 省市的要素产出弹性，以及人力资本、能源等不同要素对经济增长的贡献率。研究发现：生产要素对不同地区、不同产业增长的弹性不同，对第一、第二产业增长作用最为显著的要素分别是能源要素和物质资本，产业增长没有摆脱粗放投入的路径依赖。上海市和江苏省是两个典型区域。上海市的增长主要依赖能源要素和物质资本。江苏省的增长依赖包含创新的多样性要素投入。江苏模式更加适应新常态下的经济增长需要。能源要素和物质资本的投入对华东地区经济的增长作用最显著，其经济增长依然是粗放型的。提高投入要素的优化配置与区域间合理流动，有利于提高产出效率。Malmquist 指数测算结果表明，华东地区总体看来没有明显的技术进步。上海市、江苏省和浙江省是华东地区技术进步显著的省级区域。华东地区在要素投入约束和技术进步不足的共同影响下，难以保持现有的经济增长水平。

二、汽车制造企业生命周期测度

自企业生命周期理论提出以来，如何对企业生命周期进行测算一直是一个研究热点。基于生态学理论和种群动力学模型，本书提出了一种基于两阶段 logistic 模型的企业生命周期评价方法。第一阶段使用 logistic 模型测算出企业的内禀增长率、内部抑制系数和企业发展规模理论上限。第二阶段使用

logistic 模型对衰退期企业发展规模理论上限进行处理，测算出衰退期企业的内禀增长率、内部抑制系数和企业发展规模理论上限。本书以中国汽车制造企业为例进行实证分析。研究结果表明，当企业的内禀增长率和内部抑制系数均小于 0 时，该企业应退出相应市场，选择破产清算或重组。

三、低碳排放发动机对汽车产品生命周期的影响

采用低碳排放的发动机是燃油车的发展趋势。近两年，中国市场采用低碳排放三缸发动机的汽车销量下滑。那么采用三缸发动机的汽车产品的生命周期是否因此进入衰退阶段了呢？基于生态学理论和种群动力学模型，本书提出一种基于 logistic 模型和 Lotka-Volterra 模型的产品生命周期评价方法。第一阶段使用 logistic 模型测算出汽车产品装备三缸发动机前后的内禀增长率、内部抑制系数和产品销售规模理论上限。第二阶段使用 Lotka-Volterra 模型对装备三缸发动机前后汽车产品和所属企业销售的共生关系及其变化进行分析，测算出产品的内禀增长率、内部抑制系数和销售规模理论上限与共生系数。本书以中国汽车制造企业为例进行实证分析，研究结果表明，汽车产品选用三缸发动机并不会导致产品生命周期提前进入衰退期。

四、新能源汽车企业成长机制与同步效应

新能源汽车企业的发展是产业高质量发展、低碳环保和可持续发展的重要环节。本书从生态系统视角来研究新能源汽车的发展。如同自然生态系统中的生物种群一样，新能源企业种群也有成长机制和同步效应。本书设计了移动 logistic 模型进行新能源汽车企业成长机制的分析，得到了内禀增长率、内部抑制系数和销量理论最大值的序列数据。内禀增长率和销量理论最大值呈先下降后上升的变化趋势。通过 Kuramoto 模型及其衍生模型的测度，得到了新能源汽车种群耦合度和同步性评价结果。新能源汽车种群的耦合度不高，同步效应出现波动和振荡。同步效应的变化趋势类似于内禀增长率和销量理论最大值的变化趋势。这个现象说明新能源汽车种群受到外界市场环境变化的显著影响。本书提出的基于移动 logistic 模型的企业成长机制分析方法和基于 Kuramoto 模型及其衍生模型的耦合度与同步效应测度方法有效实现了研究目标。

五、新能源汽车发展可持续性

新能源汽车，特别是电动汽车，可以有效减轻温室效应的负面作用。衡

量新能源汽车的成长前景尤为重要，种群动力学分析模型提供了一种综合评价新能源汽车成长机制、模式和发展前景的方法。为了让研究人员了解中国新能源汽车企业的发展前景，本书从中国汽车工业协会网站数据库中统计了20家汽车制造企业的销售数据，并对其发展机制、发展模式和发展趋势进行了分析。研究发现：单种群 logistic 模型分析结果说明中国新能源汽车企业的内禀增长率普遍比较低。中国新能源汽车企业的内禀增长率低于中国传统的汽车制造企业。新能源汽车企业的内禀增长率水平与销量显著下滑的衰退型企业类似。Lotka-Volterra 模型给出了汽车制造样本企业基于市场需求驱动的成长机制分析结果，即中国新能源汽车企业的市场驱动模式不明显，且目前的发展机制有待优化。MCGP（multi-choice goal programming，即多重选择目标规划）模型优化结果说明，中国新能源汽车企业应向市场驱动型发展模型转型。

六、能源可持续视角下的汽车产品组合设计

汽车产品组合低能耗与绿色转型是时代趋势。汽车制造企业进行产品组合决策时要设定油耗、销售额和销量等多重准则，同时也要兼顾汽车产品之间的共生互动效应。为了实现以上研究目标，本书构建了 Lotka-Volterra MCGP 模型进行能源可持续视角下的汽车产品组合设计的多准则决策。本书以华晨宝马的汽车产品为例说明了 MCGP 模型使用的过程。实证分析首先利用 logistic 模型测度产品成长性，其次利用 Lotka-Volterra 模型分析产品组合的共生关系，最后利用 MCGP 模型进行多准则评价。为了验证模型的可靠性，本书从参数动态性、系统边界和模型可拓展性等角度验证了模型的稳健性。实证分析和稳健性分析结果表明，本书提出的 Lotka-Volterra MCGP 模型适用于能源可持续视角下的汽车产品组合设计的多准则决策。

七、新能源汽车购买多准则决策

低能耗汽车和新能源汽车的发展有助于实现能源可持续发展。能源可持续发展背景下的汽车购买决策是一个典型的多准则决策问题。开发一种考虑能源可持续标准的多准则决策方法，并将其应用于新能源汽车的购买决策之中，具有重要实践价值。本书将 TOPSIS（technique for order preference by similarity to an ideal solution，即优劣解距离法）和 DEA（date envelopment analysis，即数据包络分析）方法相结合，以能源消耗为投入指标，以汽车产品的综合评价得分为产出指标进行效率分析，并通过语义评价分析和实际数

据分析两个例子来说明该方法的适用性。本书通过 TOPSIS-DEA 与传统 TOPSIS 及 DEA 分析结果进行比对，总结 TOPSIS-DEA 方法的优点。TOPSIS-DEA 方法可以兼顾汽车性能综合评价和能源可持续发展要求，还具有良好的评价区分度。

第四节　研究方法

本书采用理论研究与实证研究相结合、质性研究与计量模型分析相结合的方法对新能源汽车企业创新生态系统进行研究，所采用的方法如下：

（1）基于 logistic 模型的企业成长机制研究。利用两阶段 logistic 模型和动态 logistic 模型对新能源汽车企业的成长机制进行测度。

（2）多维种群动力学。建立以种群共生机制为核心关系的创新生态系统运行与演化机理分析框架，补充创新生态系统研究的理论体系；构建种群动力学方法体系，并将其应用于离散数据实证分析之中。

（3）嵌入式 MCGP 优化模型。构造 Lotka-Volterra MCGP 模型，并将其运用在创新生态系统的种群共生演化分析之中。利用嵌入式多重选择目标规划模型（MCGP 模型）探究种群共生的实际运行机制和理想运行机制。

第五节　创新点

在研究思想上，本书从生态系统的核心共生机制出发，摆脱现有研究中对社会经济生态系统研究难以深入的桎梏。生态系统中的种群成长动力机制、种群共生机制、群落与环境互动机制等是创新生态系统的核心机制。以往的研究对生态系统的描述总是停留于生态位、耦合度等表象性指标，难以做到“知其所以然”。

在研究工具和研究方法上，本书展现出一定的先进性，拓展了多维种群动力学、生态系统演化分析等工具。借助这些工具和方法，本书有效揭示了中国新能源汽车产业发展的内在规律，破解了中国新能源汽车企业发展的瓶颈问题，促进了生态系统分析在中国新能源汽车企业发展领域的广泛应用。

具体而言，本书的创新之处体现在以下三点：

（1）建立以种群共生机制为核心关系的中国新能源汽车产业生态系统运行与演化机理分析框架。以往的研究主要从生态位理论和协同视角出发设计研究目标和研究内容。种群共生机制可以解释生态位形成过程，共生关系包含协同合作关系和竞争关系。本书以种群共生机制为核心内容，对中国新能源汽车制造企业生态系统运行演化展开研究，拓展了研究视域。本书秉持生态学理论与实证研究中“从个体到生态系统”的研究脉络，将其运用于产业生态系统的研究之中，有效拓展了生态学、经济学、管理学和创新管理等研究领域的理论观点。

（2）构建了多维种群动力学方法体系，并将其运用于中国新能源汽车企业种群共生演化分析和动态仿真过程。现有研究主要利用 Lotka-Volterra 进行两种群关系分析、数值模拟和数据预测。本书构建的方法体系拓展了 Lotka-Volterra 模型的数据预处理方法、种群关系维度和衍生模型应用场景，进一步优化了离散数据的实证分析，深化了实证方法在创新生态系统演进分析中的应用。本书将种群生态学理论中的 logistic 模型、二维 Lotka-Volterra 模型、三维 Lotka-Volterra 及其拓展模型运用于中国新能源汽车制造企业样本数据的实证分析之中。

（3）开发了 Lotka-Volterra MCGP 模型，并将其成功运用于创新生态系统的种群共生演化分析之中。基于 Lotka-Volterra MCGP 模型的系统演化机制分析，可以在不改变系统总规模和系统成长边界的条件下，以优化的视角来审视系统的演进机制。

第二章　理论基础

第一节　生命周期理论

一、竞争优势与企业生命周期

Porter的国家竞争优势理论，也被称为产业竞争力理论。产业竞争力理论认为产业的不断成长与产业竞争优势的不断获取密不可分。目前的研究主要是探讨产业成熟期之前的阶段[33]，认为产业成长是指单个产业经历其生命周期的一个过程[34]。随着科技的日新月异和竞争的日趋激烈，技术创新被看作产业升级的主要动力。区域创新环境有利于新知识和新技术的增长[35]。产业成长本质上是一个产业自组织演化的过程[36]，创新是主导性高技术产业的成长动力[37]。

Haire是最早提出企业生命周期概念的学者。借鉴仿生学，他在*Modern organization theory*一书中指出，企业整个生命周期的发展过程与生物有机体的成长曲线具有极大的相似性，因此可以用生物学中的生命周期观点来看待企业的发展[38]。此外，他进一步指出企业发展过程中会出现停滞甚至消亡等现象，而导致这些现象出现的原因主要是企业在管理上存在不足，即企业在管理上的局限性可能成为其自身发展的阻碍。

Greiner在*Evolution and revolution as organization grow*一文中进一步阐述了企业生命周期的独有特征[39]。他指出，企业生命周期相比生物的生命周期有三点特殊性：第一，企业的生命周期很难预期，不同企业的生命周期进展时间长短不一，有的企业的生命周期只经历20～30年，而有的企业的生命周期则可能会经历几个世纪；第二，企业在其生命周期的发展过程中可能经历一个停滞阶段，处于此阶段的企业的发展趋势既不表现为明显的上升，也不表现为明显的下降，而这恰恰是生物的生命周期所没有的；第三，企业的生命周期中最后的死亡过程可以避免，如通过技术创新再生或进入新的发展领域，从而进入一个全新的生命周期阶段。

Adizes 是早期企业生命周期研究中突出的学者之一，他对企业生命周期进行了最为系统和全面的研究。Adizes 首次对企业生命周期的概念进行了详细定义，并描述了企业各个阶段的典型特征，从而对完善及进一步推动企业生命周期理论的研究起到了重要作用[40]。企业会经历发生、发展和死亡三个过程[41]。随着生命周期概念的提出和推广，越来越多的学者对生命周期进行了更深入和系统的研究，并形成了较为完善的生命周期理论，且成为现代企业管理理论中一个重要的理论。当企业处于生命周期的不同发展阶段时，其资源与能力的具体状况、组织结构与决策的具体程序，以及战略目标及资源需求均存在明显的差异，这为企业高管的经营管理行为提供了特定的依赖情境。

企业资源及管理效率是推动企业生命周期发生更替的重要原因[42]。因此，了解企业生命周期发生更替的资源可以帮助企业以最优的方式利用宝贵资源，从而超越竞争对手，实现并保持最佳的发展状态。学者们在资源禀赋理论基础上开发了复杂的生命周期评价系统[43]。

二、企业生命周期的阶段划分

对于企业生命周期阶段的划分标准，学界并未达成共识，划分的阶段数从三个到十个阶段不等。有的学者把生命周期分为三个阶段[44]，有的学者分为四个阶段[45]，有的学者分为五个阶段[46]，还有学者提出企业生命周期可以划分为七个阶段和十个阶段[47]。可以看出：从 20 世纪 60 年代至今，企业生命周期阶段划分所依据的指标各异，相差很大，所采用的指标最少的只有一个，如企业规模、时间等，最多的则有十个。

自 Chandler[48] 于 1962 年提出组织生命周期的开创性工作以来，关于企业纵向发展历程及其特征的研究开始受到学者的广泛关注。企业生命周期理论认为，企业与自然界的有机物种一样，也会经历一系列从出生到成长、成熟及衰退的发展历程。对于处在不同发展阶段的企业而言，它们具有不同的资源与能力，面临不同的目标与挑战，并在组织决策与企业绩效等方面表现出不同的特征。因此，当企业处在生命周期的不同发展阶段时，就给管理者的决策行为预设了差异化的特定情境，并且要求他们权变地选择解决问题的方法与战略。由于处在不同发展阶段的企业在企业资源、组织结构、决策制定方法、战略目标及资源需求等方面存在明显差异，生命周期理论为管理者提供了一系列参数、指标和工具，以评估企业从一个阶段向下一个阶段过渡的种种迹象[49]。

Miller 和 Friesen[50] 于 1984 年在对相关文献进行回顾后提出了企业生命周期的五阶段模型，并描述了各阶段企业的不同特点，具体如下：

对于出生期（the birth phase）的企业而言，正处于创立的起步时期，企业内部还没有形成规范的组织架构与管理制度，管理层次相对简单并且以非正式的决策程序为主，往往由企业主本人负责整个企业的经营管理工作。这类企业的最大战略目标是争取能够顺利存活下去。

对于成长期（the growth phase）的企业而言，一般已经取得了产品市场的最初成功，规模开始快速扩大并且建立了一个以职能为中心的组织结构，部分权力开始授予中层管理者，组织决策程序开始规范化、制度化。企业在这一阶段的战略目标是取得快速销售增长并积累资源以实现规模扩张，从而战胜同类竞争对手。

对于成熟期（the maturity phase）的企业而言，产品销售收入开始趋于稳定状态，难以再像出生期与成长期那样实现快速增长，为了进一步控制生产成本与运营成本，更多正规的监督机构建立起来。企业在这一阶段的战略目标是保持稳定的生产运营状态并追求更高的经营效率。

对于复苏期（the revival phase）的企业而言，在经历了成熟期的资金积累之后，开始实施多元化（多样化）战略以实现产品市场的进一步扩张，组织上更倾向于采取事业部制结构，以便于及时处理更加复杂与多变的市场环境。企业在这一阶段的战略目标在于强调更加复杂的控制与计划系统。

对于衰退期（the decline phase）的企业而言，销售收入随着产品市场的枯竭开始出现衰减的现象，组织结构进一步僵化，官僚主义更加严重。由于外部环境的挑战及创新能力的降低，企业盈利水平开始持续下降。企业在这一阶段的战略目标是努力实现资产转移或产品更新，以开发新的市场。

企业生命周期理论将企业看作一个有机生命体。就像生物一样，企业也有一个从出生、成长到消亡的过程。基于企业发展的一般规律和成长的过程，标准的企业生命周期通常会出现导入、成长、成熟、衰退等不同周期阶段。当然，实际情况要微妙得多。由于每个企业的特殊性和市场的不确定性等因素，并非每个企业都会完整地经历四个或五个阶段，而且不同阶段的顺序也有可能颠倒或重复。

研究企业生命周期理论的目的就是揭示处于不同生命周期阶段的企业具有的不同特点和问题，并试图找到与生命周期阶段相适应的组织结构、管理模式、发展战略、生产经营风险等特征，引导管理者根据企业生命周期发展规律调整并制定企业管理策略，实现企业可持续发展。

三、企业生命周期的测度

对于企业生命周期的指标测度，企业运营时间、资产增长率和销售增长率[51, 52]，以及资本支出率、销货成长率、企业运营时间和股利支付率[53]常被用来作为企业生命周期阶段划分的指标。与利用单个指标的做法不同，一些文献认为企业的融资活动、投资活动和经营活动的现金流组合能够更好地反映企业的生命周期[54–59]。在总结前人企业生命周期阶段划分的基础上，并结合 Gort 和 Klepper[60] 将企业生命周期划分为导入期、成长期、成熟期、动荡期和衰退期共五个阶段的做法，Dickinson[61] 刻画了不同阶段企业现金流量表中融资、投资、经营三种活动的现金流净额的特征，并研究了不同阶段企业的未来盈利能力。

在众多企业生命周期的测度指标中，企业年龄（从上市之日计算或从成立之日计算）是一个直观的衡量方式[62, 63]，这得到了企业增长率和成长性等规律性变化证据的支撑。Evans[64, 65] 以 100 家美国制造业企业和 20000 家美国中小企业为样本，实证发现企业雇员的增长率随着企业年龄的增加而下降。Farinas 和 Moreno[66] 发现，规模增长率（雇员增长率）随着企业年龄的增加而下降。Yasuda[67] 利用近 14000 家日本制造业企业的证据也发现，规模增长率与企业年龄呈负相关关系。研究发现，企业的成长性随上市年龄的增加而呈下降趋势。

然而，需要指出的是，随着企业年龄的增加，企业整体上会日趋成熟，但直接用企业年龄衡量生命周期尚存在一定问题：其一，企业年龄能衡量生命周期是一个相对自身来说的概念，并不适合作横向比较。一个“年龄”大的企业并不一定比一个“年龄”小的企业成熟，因为企业所处的行业、市场环境等很有可能导致“年龄”小的企业表现出成熟企业所拥有的特征。其二，企业年龄没有考虑企业“重生”的可能性，因而无法合理反映企业生命周期。鉴于此，生命周期的另一类常用测度指标是 DeAngelo 等[68] 提出的留存收益权益比和留存收益资产比。

综上，现有方法主要基于简单的指标或指标体系评价，未能体现生命周期这一生态学特征。因此本书的研究目标是构建一种基于生态学理论的企业生命周期测度方法，这种方法能够体现企业成长的生态学特征，可以精准体现企业所处的生命周期阶段。

第二节　生态系统观

一、自然生态系统的内涵

生态学研究多重视角是生态系统研究复杂性的表现之一，如种群生物学家的研究用生物个体数量表示生态系统的能量流动，景观生态学家用过程函数表示空间格局。当使用复杂性理论研究创新生态系统时，可以发现许多与自然生态现象和自然生态系统相似之处。这种相似性不仅存在于所有生态系统的表层，而且存在于生态系统组织、生态系统结构和生态系统功能之中。本小节深入探讨这种分析自然生态系统的复杂系统方法是否可以用于研究创新生态系统。自然生态科学的一些概念可以用于创新生态系统的研究。创新生态系统研究不应只是简单地翻译生态学中的专业术语并全盘予以套用。本小节选择了一些具体概念，并在一个连贯的理论体系下解释它们的相关性和合理性。

第一，自然生态系统和创新生态系统都是由互相关联的实体组成的系统，这两种生态系统中的实体都是异质性的。在这两种类型的生态系统中，实体在相互依存的情况下相互竞争、攻击、寄生和协同。本小节使用生态学共生理论，更深入地进行概念模型构建、创新系统主体异质性和创新生态系统共生关系研究。自然生态系统中的生物体、物种和种群相互竞争、攻击、消耗，但它们也有互惠互利的动机和机制。自然生态系统和创新生态系统之间的另一个相似之处在于生态系统驱动行为和生态系统变化过程。自然生态系统以太阳能为动力提供并使用营养物质，以支持生物体、物种和种群的生存、生长和繁殖。创新生态系统使用物质能源为其创新资源的流动和使用过程提供动力。这两种类型的生态系统都可以进行创造活动，并且以创造活动激励和影响系统运行过程。这两种类型的生态系统都使用信息作为重要资源，信息的有效利用可以促进生态系统在不同层次的子系统简化其行为，以此提高生态系统的效率。

第二，这两种类型的生态系统在不同维度上都具有正反馈回路和负反馈回路，并且具有不同的时间滞后性，使得这两种类型的生态系统都呈现出非线性、反直观的复杂性，并且难以研究系统共生机制。部分学者通过不同的测量工具和测量方法对自然生态现象进行长期且复杂的研究，以使生态学成为一门专门的科学。部分学者专攻社会、经济和创新生态系统的研究，以应对新经济模式和大数据时代的海量信息。

第三，这两种类型的系统都能适应来自系统内部和系统外部的各种干扰。

自然生态系统和创新生态系统都处于不断变化之中，不同系统在规模上发生着变化，需要对相应的系统状态进行分析。创新生态系统研究的重点是更好地理解创新生态系统如何在创新链的不同层次上进行适应和创新。自然生态系统能够适应新进入者、环境变化和突变带来的能力进化。自然生态系统可以从一种类型的系统映射到另一种类型的系统，能够在这两种类型的系统映射过程中使用自适应驱动程序。这两类系统在组织的多个层次上类似于映射函数关系。

第四，自然生态系统和创新生态系统之间的另一个共同点是，研究人员对管理其产出非常感兴趣。将自然生态系统和创新生态系统联系在一起的思路是，人们可以利用生态系统达到某一目的，而这一目的可以是产生一系列复杂的输出（自然生态输出或创新输出）。这意味着社会经济系统可以解决复杂的人类社会问题。自然生态系统是人类活动的外部系统，因此在本质上更难管理。相较于自然生态系统，至少人类的创新生态系统是由其控制的物种（种群、群落）组成的。

二、社会经济领域的生态系统观

生态系统是一个由相互作用的组织和个人支撑的经济共同体[69]。商业生态系统研究聚焦于协同进化概念[70-72]。生态系统概念仅仅用在对某一系统的描述上，很少基于系统性见解对系统运行机制进行深入分析[73]。生态系统的层次结构有助于控制生产商品的活动。生态系统有助于协调商品创新和商品生产的活动，也有助于复杂的市场网络的协同进化。在市场上，理想的做法是完全透明的商品和服务交易。众多商业主体之间实现创新的完美协同进化是商业生态系统的理想状态。

促进种群之间协同进化是生态系统的一项基本功能。通过协同进化过程，两个组织之间的互补性得到加强。协同进化的基础应该被理解为一个机会空间，这个机会空间是相对无界的、开放的、未被探索的区域。一个生态系统同时受到宏观层面相对稳定机构的下行力和微观层面互动行动者之间出现的上行力的影响[74, 75]。协同进化动态不仅可以发生在生态系统内部，也存在于生态系统及其外部环境之中[76, 77]。

在组织研究中，多层次性是协同进化的核心属性[78]。微观协同进化理论认为，系统内的主体协同进化，以创造更高层次的系统结构。这一过程强调正反馈和非线性机制的作用，小的扰动事件可以在系统层面造成广泛后果。根据耗散结构模型，系统的宏观协同进化发生在系统与其环境之间的资源交换过程中，既保持了系统的活力，又塑造了系统环境。在生态系统实证研究中，微观方法和宏观方法均被证明是有效的[79, 80]。

从宏观协同进化的角度来看，生态系统与环境之间不间断地进行着物质、知识和信息的交换，以实现持续创新。为了应对不断涌现的机会和威胁，生态系统是动态开放的，这进一步增加了生态系统中不同种群之间的相互依赖性、活力和不稳定性[81]。

协同进化本质上以不断创新为导向。一家公司对抗持续竞争和商品化的唯一途径是成为一名持续的创新者。协同进化的生态系统包括市场和企业的组合，包括新的和现有的市场，以及新的和现有的企业。协同进化观点假设生态系统的基本任务是促进持续创新，将生态系统视为一个复杂的适应系统，其功能是抵御外部冲击和利用外部机会。在缺乏外部环境明确作用的情况下，将给定的价值主张作为内生生态系统的边界，实际上是将生态系统概念界定为半封闭系统[82]。协同进化的机制在于种群之间的共生关系良性演进。

任何种群的发展都会受到自身增长能力和资源环境的制约。大部分物种会遵守生命周期的规律。同样地，种群在社会经济体系中的增长也不应是无限的。如果将社会经济系统视为生态系统，那么社会经济系统中的物种可以视为生态系统中的种群。种群动力学模型主要关注种群数量的变化，其变化规律基于生物种群数量的非线性增长规律。自然界中的许多物种是非线性生长的，这种现象也很普遍。种群内部的竞争和协调机制也是一个重要因素。自然生物种群之间存在竞争，种群越多，竞争就越激烈。因此，种群内部的竞争和协调机制也应成为种群增长模式的重要组成部分。

三、种群动力学

logistic 函数最早由比利时学者 Verhulst[83] 提出。英国统计学家 Cox[84] 在 1958 年提出了逻辑回归模型。该模型的优点是在正态性、方差齐性等方面没有太多要求，以及基于系数的可解释性，logistic 回归模型在医学和社会调查等领域得到了广泛应用。

logistic 回归模型在过去的许多年中得到了广泛的应用。例如，它从一开始就被用于传染病的研究。logistic 回归分析作为一种有效的数据处理方法，在生物学与生态工程、医学、犯罪学、管理学、经济学、社会学、语言学和教育学等领域有着广泛的应用。logistic 回归模型在统计学方面也取得了类似的成果。

根据 logistic 模型，构建种群 1（P_1）内部的增长动力系统。

$$g_1(t)=\frac{\mathrm{d}N_1(t)}{\mathrm{d}t}=\alpha_1 N_1\left(1-\frac{N_1}{K_1}\right) \tag{2-1}$$

其中，$g_1(t)$ 是 t 阶段的增长率；$N_1(t)$ 是第 t 期的种群规模；K_1 是最大种群规模；α_1 是内禀增长率；$\left(1-\frac{N_1}{K_1}\right)$是成长迟滞因子。

计量模型如下所示：

因为 $\mathrm{d}N_1(t) \approx \Delta N_1(t)$，$\Delta N_1(t)=N_1(t)-N_1(t-1)$，$\mathrm{d}t \approx \Delta t=t-(t-1)=1$，故

$$g_1(t) \approx \Delta N(t)=\gamma_1 N_1(t-1)+\gamma_2 N_1^2(t-1) \tag{2-2}$$

令 $\gamma_1=\alpha_1$。一般情况下，$\gamma_1>0$，它代表一个群体内的协同作用，被称为内部协同系数。当 $\gamma_1>1$ 时，协同效应显著。令 $\gamma_2=-\frac{\alpha_1}{K_1}$。一般情况下，$\gamma_2<0$，它代表种群内的竞争效应，被称为内部竞争系数或种群密度抑制系数。

Lotka–Volterra 模型基于单个物种的 logistic 模型，考虑了生态系统中两个或多个实体同时竞争和共生的动态增长 [85]，能够准确描述企业群体之间的竞争和共生。Lotka–Volterra 模型可以确定核心种群在整个生态系统演化中的影响 [86]，因此具有更好的数据拟合和预测表达式 [87]。

$$\begin{cases} g_1(t)=\dfrac{\mathrm{d}N_1(t)}{\mathrm{d}t}=\alpha_1 N_1\left(1-\dfrac{N_1}{K_1}+\dfrac{\beta_{12}N_2}{K_2}\right) \\ g_2(t)=\dfrac{\mathrm{d}N_2(t)}{\mathrm{d}t}=\alpha_2 N_2\left(1-\dfrac{N_2}{K_2}+\dfrac{\beta_{21}N_1}{K_1}\right) \end{cases} \tag{2-3}$$

经典的 Lotka–Volterra 模型是一个微分动力学系统，用于模拟生态学中种群之间的动态关系。后来，经济学家将其引入宏观经济增长的波动及中等规模和范围的市场竞争中。市场竞争主体之间也存在一种关系：竞争主体的存在可以促进或抑制另一个竞争主体的扩散过程。基于 β 值，可以判断物种之间的相互作用类型 [88]。

第三节　开放式创新范式及其对企业的影响

一、开放式创新

开放式创新是创新生态系统的重要特征，开放式创新理论提供了创新生态系统开放式创新的底层逻辑。持续的全球化和技术创新的指数级增长提高

了开放式创新的重要性和必要性，开放式创新被确认为联合国2030年可持续发展目标。在全球化的影响下，制造业开始新一轮更加深入的投资开放进程，以提高制造业企业的生产率并更好地满足客户需求。因此，开放式发展的重要性及对企业如何利用外部智力资本的认识引起了全球许多企业、风险投资者和政府的注意，其随后提供了额外的融资机会。从战略角度看，现有的开放式投资的扩张使企业重新思考创新产生的方式，充分融入开放式创新发展格局。

多年来，开放式创新的范式不断发展，行业从业者和学者从不同的角度对这一主题进行了广泛研究。技术发展和持续的数字经济背景下的技术变革改变了制造业，制造业开始调整其商业模式。例如，宝洁公司采用开放式创新方法，在新产品开发中融入公司外部的创新支持资源。美国国家航空航天局的管理人员在预算被削减的背景下，制定了一项新战略，重点关注与其他机构的协同合作。他们通过创新开发比赛和众筹来获取开放式创新的实践成果，开发了更具创新和适应性的新型商业模式。

在理论和实践中有必要进一步探索开放式创新观点。开放式创新流程通过搜索、适应和采用外部知识来支持企业的创新活动。企业开放式创新的特点是将外部参与者包含在创新活动中，如供应商、客户、行业专家和顾问。在这些背景下，外部参与者是宝贵的知识资源，企业可以利用这些资源来补充内部创新活动。

新产品开发是一个典型的开放式创新活动。新产品开发是一个有助于寻求和应用外部知识的组织过程，对企业层面的创新适应性和产品更新至关重要。新产品开发过程中寻求的外部知识可分为市场知识和技术知识。市场知识指客户表达的和潜在的需求，企业可以通过密切协调内部研发、新产品开发活动和市场需求来充分利用这些需求。技术知识是影响产品特性、可行性和应用的供应组件、材料或产品的知识。新产品开发过程考虑了市场环境和技术知识，因为市场环境确定了新产品开发的方向，而技术知识支持实际的开发过程。

二、开放式创新促进企业对环境的感知

当企业参与开放式创新过程时，信息搜索与环境感知活动使企业能够利用来自外部的知识和想法。搜索活动可以为企业提供关于客户需求和偏好的知识和技术。随着时间的推移，企业可能会对环境变化产生敏锐的认识，从而使之更好地感知新的机会和威胁。为了充分利用技术知识，企业必须具备促进知识转移的能力。这些能力可能受到组织结构、企业文化或技术因素的

影响，并进一步增强企业寻求和整合外部知识的能力。此外，能够获得更多外部知识资源的企业可以提高创新绩效，也有利于开发新的商业模式。因此，与开放式创新流程相关的外来知识流入可能会降低企业与外部知识资源的差异程度，从而使企业更好地感知新的机会。

开放式创新的微观基础研究可大致分为个人层面和项目层面。个人层面的研究表明，个人可能对公司的感知能力产生影响。当外部资源对个人开放时，他们会接触到各种外部知识，并可能对外部信息更加敏感。因此，企业中的个人更容易意识到环境变化，能够更好地发现企业可以利用的新机会，开发新的资源和能力。项目层面的研究考察了知识搜索与项目成功之间的联系，并根据开放式创新项目的类型来确定企业可以采用的不同搜索机制。可见，开放式创新的微观基础研究揭示了各种有助于提升企业层面感知能力的内生机制。

提升企业把握市场机遇的能力是开放式创新的另一项基本职能。一旦企业发现了新的市场机会，就可以通过利用知识资源来支持新产品创新，为资源获取和能力创造做出更多贡献。利用外部知识资源补充其创新活动的企业具有更高水平的创新绩效。这些企业还必须开发将外部知识与其内部组织过程相结合的能力。当企业为应对新的机遇而调动资源时，企业需要将内生性因素纳入促进资源和能力创造的过程中。

在新产品开发期间，企业可能会求助于开放式创新来开发外部知识资源，以支持资源和能力的创造。一旦确定了技术机会，参与新产品开发过程的个人将利用先前的学习、经验和社交网络来开发新知识。企业在新产品开发期间应充分利用开放式创新来支持新资源和能力的开发。

第三章　能源约束视角下的经济增长

本章对我国经济增长的要素依赖进行实证分析，分析的目的在于对经济增长的要素贡献进行测度，探讨能源、异质性人力资本和创新等要素对经济增长的贡献。不同类型的经济增长模式的可持续发展特征不同，过度依赖能源要素的经济增长模式难以实现可持续发展。

第一节　经济增长新常态

自2011年以来，我国经济增速告别了持续多年的快速增长状态。在整体经济换挡减速背景下，却有越来越多的省级区域经济总量迈上新的台阶。根据《中国统计年鉴》相关数据，2015年，中国已有10个省级区域人均GDP（gross domestic product，即国内生产总值）突破1万美元，包括北京、天津、上海、浙江、江苏、内蒙古、广东、福建、辽宁和山东。2019年，华东地区人均GDP突破1万美元。华东区域（本书讨论省级区域不含台湾省）内有5个省级区域人均GDP突破1万美元，包括上海、江苏、浙江、福建和山东，安徽与江西的人均GDP在8000美元左右。在整体经济增长减速背景下，华东地区的经济增长是一个亮点。对这些区域的经济增长过程中的要素贡献、技术进步进行研究，有助于分析经济增长的动力，探索经济可持续发展的方式。

一、经济核算模型

在经济核算模型中，比较常用的是柯布－道格拉斯效用函数（C–D函数），其中基本投入要素是劳动（人力资本）和资本（物质资本）。在经济增长研究中只考虑人力资本总量不足以说明问题，不同教育水平的人力资本对经济增长有不同影响。因此，有学者认为应该增加高素质人力资本在就业者中的比例，认为人力资本结构升级有利于保持经济增长速度。

学者们构建经济核算模型时主要基于西方发达国家的实际情况，发达国家是已经实现工业化的国家，经济增长方式与发展中国家不同。随着研究对象的拓展，传统核算模型难以很好地解释尚未实现工业化的国家和地区。有学者提出，中国在“十二五”期间可以认为整体上进入工业化后期阶段[89]。近年来，更多学者将自然资源或能源要素加入扩展后的增长模型中，并将之用于经济分析[90]。

当前研究的经济增长模型对投入要素的选择比较单一，难以如实反映我国经济增长的实际情况。为了弥补以上缺陷，本书以华东地区的上海、浙江、江苏、福建、山东、安徽与江西七省（市）为样本，研究物质资本、人力资本和能源等要素对经济增长的作用，构建包含多种投入要素的生产函数模型，定量分析要素对经济增长的产出弹性。本书从要素投入对产出影响的视角进行政策模拟，寻找经济持续增长过程中要素优化配置的路径。

二、经济增长中人力资本与物质资本投入要素

资本分为人力资本与物质资本，人力资本促成各国经济增长差异。人力资本状况决定了技术进步的类型，也决定了先进技术在实际生产中的使用效率。资本对经济增长的贡献包含技术资本与人力资本的作用。物质资本的增长反映了经济的技术结构，而技术结构由人力资本决定。大量研究证实，人力资本有利于提高经济增长率和促进实物资本投资[91]，有助于提升全要素生产率[92]。实际上，经济增长的一个重要决定因素就是人力资本在不同部门之间的配置与均衡[93]。

人力资本是由不同受教育程度的人群构成的。相对而言，高素质人力资本对技术创新具有更重要的影响，人才对相关知识的探索与研究可以直接推动技术创新[94]。然而，也有研究指出，人力资本与经济增长并没有显著关系[95]，其他的一些研究也证实人力资本对产出并没有促进作用[96]。人力资本对经济增长的促进作用与国家的类型和发展阶段密切相关。人力资本与产出增长之间的正相关关系仅仅发生在低收入国家[97]。相反，Pritchett 的跨国实证研究显示，全要素生产率的增长与平均人力资本增长存在显著的负相关关系[98]。

人力资本的经济增长效应受产业结构的影响，与人力资本相适应的产业结构转化可以优化人力资本的配置，提高人力资本的产出效率，有助于经济持续、快速地增长；相反，人力资本与经济结构的不匹配会产生挤出效应，进而导致更高水平的失业率和劳动力市场的不平衡。人力资本和技术创新都是影响经济增长的重要因素，而人力资本是技术创新的基础。人力资本是能力、知识和技术的综合体现。基于国际数据，许多研究证实，人力资本对技术创

新的提升起到积极的促进作用[99]。人力资本既可作为生产要素影响生产，也能通过影响技术进步而间接作用于生产。技术进步是由人们对市场激励的反应形成的，也是长期经济增长的核心，人力资本的重要意义在于其决定了知识与技术的生产，进而决定了知识与技术的增长。

人力资本与经济增长之间的关系已经有了许多研究，但结论并不一致。即使在同一个国家或地区，这种关系也可能是变化的。那么，于我国而言，是否也存在这种阶段变化的关系？如何才能更好地积累人力资本以便有效促进地区经济增长，特别是在新时代背景下，如何才能更好地利用人力资本促进创新发展，从而推动地区经济的高质量增长，是我们需要考虑的问题。随着经济与社会的发展，技术进步对经济增长的作用越发明显。根据内生经济增长理论，技术进步是经济增长的核心。随着知识经济的发展和科学技术的全球化，一个国家的创新能力在支持社会和经济发展方面起着关键作用。技术创新要素的数量和质量为国家创新能力提供了重要基础。

第二节　经济增长模型与测度

一、经济增长模型构建

在经济核算模型中，比较常用的是柯布－道格拉斯效用函数，其中基本投入要素是劳动（人力资本）和资本（物质资本）。以人力资本要素替代劳动力要素，得

$$Y = AK^{\alpha}H^{\beta} \tag{3-1}$$

其中，A 为技术进步；K 为物质资本；H 为总量人力资本；α，β 为产出弹性。考虑人力资本的教育水平差异，对传统的柯布－道格拉斯效用函数进行拓展，则有

$$Y = AK^{\alpha}H_1^{\beta_1}H_2^{\beta_2}H_3^{\beta_3} \tag{3-2}$$

其中，H_1 为初级人力资本（小学学历人数）；H_2 为中级人力资本（初中、高中学历人数之和）；H_3 为高级人力资本（大专及以上学历人数）；β_1，β_2，β_3 为产出弹性。

中国经济增长的核算模型有必要考虑能源要素。考虑能源消耗在经济增长中的作用，核算模型如下：

$$Y = AK^{\alpha}H_1^{\beta_1}H_2^{\beta_2}H_3^{\beta_3}E^{\gamma} \tag{3-3}$$

其中，E 为能源使用量；γ 为其产出弹性。针对式（3-3）进行回归分析可以估算出各要素的产出弹性系数。

二、投入与产出数据整理

本书使用教育水平分类指标来说明不同区域的异质型人力资本投入，以测算出来的区域固定资产存量为物质资本投入，将 GDP 作为产出指标。利用历年 GDP 平减指数进行调整，以 2004 年为基年，将名义 GDP 转化为实际 GDP，得到价格调整后的可比数据。物质资本（固定资产存量）的计算采用永续盘存法，某年资本存量等于上一年存量减去折旧，加上该年新增加的资本。估算得出 2004—2018 年各省份固定资产存量的估计数据，折旧率取 10%。能源消耗量根据各省份统计局和国家统计局官网年度数据获得。技术交易额数据利用历年 GDP 平减指数进行调整。数据采集时间的范围为 2004—2018 年。相关原始数据来自《中国统计年鉴》（2005—2022 年）。

本小节主要使用以下指标及相关数据：第一产业产值（G_1，单位为亿元）、第二产业产值（G_2，单位为亿元）、第三产业产值（G_3，单位为亿元）、物质资本存量（K，单位为亿元）、初级人力资本（H_1，单位为万人）、中级人力资本（H_2，单位为万人）、高级人力资本（H_3，单位为万人）、技术成交额（T，单位为亿元）、能源消耗总量（E，单位为万吨标准煤）。

不同投入要素对经济增长贡献不同，为了得到不同投入要素的产出弹性系数，本书利用逐步回归法对数据进行模型估计。回归结果表明函数拟合情况很好，基本消除了序列相关性，拟合结果多在 1% 水平上显著。用要素产出弹性乘以要素投入量增长率，便是各要素投入对经济增长率的贡献。用总产出增长率减去各要素对总产出增长率贡献，可得技术进步对经济增长率的贡献。

三、模型估计结果与贡献率分析

华东地区在人才与技术方面有优势，但是经济增长依赖于物质资本和能源的投入，这导致自身的人才优势和技术优势难以显现。不少实证研究发现发展中国家的经济增长对能源的依赖。以中国经济系统为研究对象的实证分析中，对能源作为经济增长动力的理解不仅局限于能源本身，能源要素的含义在研究中被扩展为“自然资源要素”或“以能源为代表的资源要素”。物质资本与人力资本之间有着微妙的关系，即“资本—劳动替代弹性”。如果能在现有条件下，加大人力资本开发力度，适当提高中级和高级人力资本的比重，有利于降低对资本的依赖。劳动对能源的替代性较强，资本和能源之间是先替代后互补的关系。不同要素对不同产业的作用是不同的，据此，有必要按三次产业进行产出要素弹性研究。按三次产业分别计算的投入要素产出弹性见表 3–1 至表 3–3。

表 3–1　投入要素对第一产业的增长产出弹性

区域增长		K	H_1	H_2	H_3	E
上海 –1.50%	要素弹性	–0.218** （–2.820）			–0.394** （–2.595）	0.982*** （13.575）
	要素增幅	13.79%			7.94%	4.32%
	增长贡献	–3.00%			–3.13%	4.25%
	贡献份额	200.29%			208.86%	–283.47%
江苏 6.10%	要素弹性			0.222** （2.415）		0.497*** （5.868）
	要素增幅			1.51%		8.33%
	增长贡献			0.33%		4.14%
	贡献份额			5.49%		67.85%
浙江 3.60%	要素弹性	–0.054** （–2.887）		0.649*** （33.341）	0.377*** （10.513）	
	要素增幅	24.53%		2.13%	11.56%	
	增长贡献	–1.32%		1.38%	4.36%	
	贡献份额	–36.56%		38.42%	121.09%	
安徽 5.26%	要素弹性					0.780*** （767.568）
	要素增幅					7.18%
	增长贡献					5.60%
	贡献份额					106.50%
福建 5.37%	要素弹性			0.327** （3.058）		0.497*** （5.630）
	要素增幅			2.09%		10.48%
	增长贡献			0.68%		5.21%
	贡献份额			12.72%		96.91%
江西 4.40%	要素弹性			0.295*** （4.963）		0.520*** （9.870）
	要素增幅			2.45%		7.78%
	增长贡献			0.72%		4.05%
	贡献份额			16.43%		92.05%

续表

区域增长		K	H_1	H_2	H_3	E
山东 5.82%	要素弹性	0.126*** （6.778）		0.376*** （3.915）		0.286** （3.108）
	要素增幅	29.28%		1.88%		6.34%
	增长贡献	3.69%		0.71%		1.81%
	贡献份额	63.37%		12.11%		31.14%

注：被解释变量为 $\ln G_1$。*、**、*** 分别表示在 10%、5%、1% 的水平上显著。括号内为 T 值。

传统的第一产业主要利用自然力进行生产，对技术进步、能源的要求不高。随着区域生产力的发展，第一产业的生产情况出现差异化。通过对要素产出弹性的分析，可以看出不同区域第一产业生产的各自特点。观察表 3–1 发现：上海第一产业（按可比价格计算）出现负增长（–1.50%），对第一产业作用显著的要素是物质资本、高级人力资本和能源，能源起到延缓第一产业衰退的作用。江苏第一产业的增长依赖于能源和中级人力资本，在能源要素的强力推动下，江苏第一产业增长率在华东地区名列首位。浙江第一产业的增长依赖于中级与高级人力资本。安徽第一产业的增长依赖于能源的投入。福建第一产业的增长依赖于能源与中级人力资本，能源要素对第一产业增长率的贡献达到 90% 以上。江西第一产业依靠能源与中级人力资本实现持续增长。山东第一产业的平均增长率仅次于江苏，高增长得益于物质资本、能源和中等人力资本的投入。在多数区域（浙江除外），能源要素对第一产业的增长有着显著的促进作用。

表 3–2　投入要素对第二产业的增长产出弹性

区域增长		K	H_1	H_2	H_3	E
上海 3.56%	要素弹性	–0.12** （–2.97）				1.06*** （24.15）
	要素增幅	13.79%				4.32%
	增长贡献	–1.66%				4.56%
	贡献份额	–46.76%				128.22%
江苏 8.73%	要素弹性	0.143** （3.42）	0.202** （2.78）		–0.051** （–2.77）	0.644*** （6.13）
	要素增幅	26.44%	–2.06%		23.07%	8.33%
	增长贡献	3.77%	–0.42%		–1.18%	5.36%
	贡献份额	43.14%	–4.76%		–13.54%	61.40%

续表

区域增长		K	H_1	H_2	H_3	E
浙江 7.60%	要素弹性	0.14***（17.63）				0.81***（96.16）
	要素增幅	24.53%				5.75%
	增长贡献	3.32%				4.62%
	贡献份额	43.71%				60.79%
安徽 12.93%	要素弹性		−1.258***（−11.61）	0.851***（4.37）	0.109**（2.58）	1.128***（10.24）
	要素增幅		−2.83%	0.97%	14.64%	7.18%
	增长贡献		3.56%	0.82%	1.59%	8.10%
	贡献份额		27.54%	6.38%	12.33%	62.65%
福建 10.70%	要素弹性	0.38***（24.07）		0.58***（26.64）	0.08**（2.75）	
	要素增幅	25.91%		2.09%	22.35%	
	增长贡献	9.84%		1.21%	1.75%	
	贡献份额	91.95%		11.33%	16.32%	
江西 12.95%	要素弹性	0.130**（2.64）	−0.34**（−3.12）			1.07***（7.40）
	要素增幅	35.79%	−1.24%			7.78%
	增长贡献	4.69%	0.42%			8.33%
	贡献份额	36.19%	3.26%			64.28%
山东 8.02%	要素弹性	0.32***（20.89）	0.56***（6.29）	0.19*（1.98）		
	要素增幅	29.28%	−0.87%	1.88%		
	增长贡献	9.46%	−0.49%	0.36%		
	贡献份额	117.97%	−6.08%	4.53%		

注：被解释变量为 $\ln G_2$。*、**、*** 分别表示在 10%、5%、1% 的水平上显著。括号内为 T 值。

表 3-2 数据说明：在华东地区，上海第二产业的增长速度是最低的。上海作为经济发达地区，早已实现工业化。故第二产业难以有较大幅度的增长，能源要素的投入保证了上海第二产业的持续增长。江苏在能源和物质资本的共同促进下，保持了 8% 以上的第二产业增长率。能源对浙江、安徽、江西第二产业增长率的贡献均达到 60% 以上。福建、山东第二产业的增长主要依靠物质资本的贡献。

表 3–3　投入要素对第三产业的增长产出弹性

区域增长		K	H_1	H_2	H_3	E
上海 10.95%	要素弹性	0.60*** （9.97）			0.46*** （4.68）	
	要素增幅	13.79%			7.94%	
	增长贡献	8.33%			3.64%	
	贡献份额	76.01%			33.20%	
江苏 14.01%	要素弹性	0.52*** （50.30）	0.38*** （42.19）			
	要素增幅	26.44%	–2.06%			
	增长贡献	13.91%	–0.79%			
	贡献份额	99.32%	–5.64%			
浙江 11.09%	要素弹性	0.35*** （21.77）		0.50*** （29.94）	0.22*** （7.08）	
	要素增幅	24.53%		2.13%	11.56%	
	增长贡献	8.57%		1.07%	2.53%	
	贡献份额	77.26%		9.67%	22.85%	
安徽 10.92%	要素弹性	0.15*** （5.95）				0.71*** （25.31）
	要素增幅	31.07%				7.18%
	增长贡献	4.72%				5.11%
	贡献份额	43.25%				46.79%
福建 10.35%	要素弹性	0.354*** （25.23）		0.578*** （29.83）	0.083** （3.29）	
	要素增幅	25.91%		2.09%	22.35%	
	增长贡献	9.17%		1.21%	1.86%	
	贡献份额	88.63%		11.67%	17.95%	
江西 12.39%	要素弹性		–0.57*** （–8.93）			1.36*** （25.34）
	要素增幅		–1.24%			7.78%
	增长贡献		0.71%			10.60%
	贡献份额		5.75%			85.54%
山东 12.91%	要素弹性	0.422*** （18.90）		0.492*** （20.07）		
	要素增幅	29.28%		1.88%		
	增长贡献	12.37%		0.92%		
	贡献份额	95.82%		7.15%		

注：被解释变量为 $\ln G_3$。*、**、*** 分别表示在 10%、5%、1% 的水平上显著。括号内为 T 值。

表 3-3 中的数据说明：在华东地区，物质资本是促进第三产业增长的主要投入要素。多数地区物质资本对第三产业的增长有显著作用，贡献率多在 70% 以上。上海、浙江、福建第三产业的增长得益于物质资本与人力资本。能源要素在安徽与江西第三产业的增长中扮演着重要角色。

四、技术进步与增长收敛性测度

经济增长的持续动力来自技术进步。目前在经济发展新常态、供给侧结构性改革、经济结构调整背景下，我们应参照国际经验，思考在当前形势下应如何促进技术进步并充分利用技术进步。技术进步受到技术变化和技术效率两个因素的影响。技术变化可以改进或创造新的事物，如新产品开发。技术效率指在生产运作过程中减少低效率、无效率活动，如规模经济、管理活动等。技术进步的类型受制于技术变化和效率变化两个要素的不同组合。技术变化和效率变化均正向发展，或者两要素中至少一种正向发展且占主导作用，则技术进步也正向发展。技术变化可以使生产前沿面发生变动。技术效率进步表现为使生产向生产前沿面的位置移动。

动态失衡是健康经济的常态。创新是创造，也是对旧方法和旧产品的重塑。在技术进步的过程中，技术变化的影响显著大于效率变化的影响。发达经济体的实践也印证了以上理论。18 世纪中叶以来，人类历史上先后发生的三次工业革命，均由西方国家的技术进步主导。促进技术变化和效率变化均需要投入大量人力、物力、财力等资源，在进行创新资源分配时需要加以权衡。

为了进一步分析技术进步及其增长收敛性，本小节以全要素生产率作为技术进步的衡量指标，进行 Malmquist 指数测算。基于投入的全要素生产率指数（tfpch）可以用 Malmquist 指数来表示，即

$$M_0^{t+1}=\left[\frac{D^t(x_0^{t+1},y_0^{t+1})}{D^t(x_0^t,y_0^t)}\times\frac{D^{t+1}(x_0^{t+1},y_0^{t+1})}{D^{t+1}(x_0^t,y_0^t)}\right] \tag{3-4}$$

将 Malmquist 指数与 DEA 方法相结合，用于测算种群生产率的变动情况，可以把 Malmquist 指数分解为两部分：一部分是效率变化（effch）；另一部分是技术变化（techch）。Malmquist 指数公式可以表达为

$$M=\frac{D^{t+1}(x_0^{t+1},y_0^{t+1})}{D^t(x_0^t,y_0^t)}\left[\frac{D^t(x_0^{t+1},y_0^{t+1})}{D^{t+1}(x_0^{t+1},y_0^{t+1})}\times\frac{D^t(x_0^t,y_0^t)}{D^{t+1}(x_0^t,y_0^t)}\right]=\text{effch}\times\text{techch} \tag{3-5}$$

全要素生产率变化可以分解为效率变化（effch）和技术变化（techch），效率变化又可以分解为纯技术效率变化（pech）和规模效率变化（sech），即

$$\text{tfpch}=\text{effch}\times\text{techch} \tag{3-6}$$

$$\text{effch}=\text{pech}\times\text{sech} \tag{3-7}$$

effch > 1 表示效率提高，effch < 1 表示效率降低；techch > 1 表示技术进步，techch < 1 表示技术退步。基于柯布 – 道格拉斯效用函数来确定投入产出指标。本小节使用如下两个投入产出模型对华东地区进行 Malmquist 指数测算。

模型 a：基于要素扩展后的柯布 – 道格拉斯效用函数选定初级人力资本、中级人力资本、高级人力资本、固定资产、能源、技术交易额为投入指标，产出指标为第一、第二、第三产业增加值。

模型 b：基于经典柯布 – 道格拉斯效用函数选定人力资本总量、固定资产为投入指标，产出指标为 GDP。

本小节采用 DEAP 软件进行 Malmquist 指数测算，运算结果见表 3–4、表 3–5。

表 3–4　Malmquist 指数结果平均值

模型	全要素生产率变化	技术变化	效率变化	纯技术效率变化	规模效率变化
模型 a	0.999	1.000	0.999	1.000	0.999
模型 b	0.973	0.999	0.974	0.981	0.994

表 3–4 中的数据说明：模型 a 和模型 b 的运算结果有着明显的区别。模型 a 的数据显示华东地区的全要素生产率变化主要是由技术变化引起的。效率变化在多数年份保持在 1。模型 b 的数据显示华东地区的全要素生产率变化由技术变化和效率变化共同构成。

表 3–5　华东地区 Malmquist 指数结果平均值

	模型 a					模型 b				
	全要素生产率变化	技术变化	效率变化	纯技术效率变化	规模效率变化	全要素生产率变化	技术变化	效率变化	纯技术效率变化	规模效率变化
上海	1.039	1.039	1.000	1.000	1.000	1.026	1.026	1.000	1.000	1.000
江苏	1.027	1.027	1.000	1.000	1.000	1.011	1.010	1.001	1.000	1.001
浙江	1.016	1.016	1.000	1.000	1.000	0.989	1.009	0.981	0.986	0.994
安徽	0.966	0.966	1.000	1.000	1.000	0.933	0.979	0.953	0.959	0.994
福建	0.987	0.987	1.000	1.000	1.000	0.987	0.997	0.991	0.982	1.009
江西	0.958	0.958	1.000	1.000	1.000	0.905	0.972	0.931	0.958	0.972
山东	1.004	1.008	0.996	1.000	0.996	0.964	0.999	0.965	0.980	0.985
平均值	0.999	1.000	0.999	1.000	0.999	0.973	0.999	0.974	0.981	0.994

由表 3–5 中的数据可得，根据模型 a，研究周期内，华东地区总体保持了每年平均 –0.1% 的全要素生产率变化水平。上海的全要素生产率变化水平最高，保持每年 3.9% 的增长水平。江苏、浙江、山东的全要素生产率变化均大于 1。模型 b 的各项指标测算值略低于模型 a。多要素生产函数模型的要素生产率好于经典模型的生产率水平。效率变化值围绕指数值 1 上下波动，波动幅度较小，效率变化呈收敛特征，这说明效率变化趋于稳定状态。可见研究时段内，华东地区总体看来没有明显的技术进步，这再次说明华东地区经济增长的粗放型特征，华东地区经济增长的可持续性面临着挑战。上海、江苏和浙江是华东地区有显著技术进步的省级区域，这三地可以看作华东地区技术进步的引擎。

五、研究发现

关于经济增长决定论，学术界存在资本决定型、技术决定论、人力资本决定论和制度变迁决定论之争。在中国经济转型发展背景下，异质型人力资本、物质资本、创新和能源消耗多要素模型可以更好地描述我国华东地区经济增长的动因，也可以区分出不同省份、不同产业的增长过程中的要素贡献情况。多要素增长模型回归分析结合系统动力学仿真研究可以比较好地对经济增长过程进行模拟。

对华东地区整体而言，物质资本与能源是推动其经济增长的主要动力。仿真结果显示，增加能源、物质资本、中级人力资本的投入最有利于经济增长。具体到三次产业的研究，第一产业增长中的主要推动要素是能源与中级人力资本，第二产业增长中的主要推动要素是物质资本与能源，第三产业增长中的主要推动要素是物质资本、中高级人力资本与能源。华东地区依然没有摆脱粗放型的增长模式。创新能力与高级人力资本的区域优势没有被充分利用。粗放增长的模式不符合新常态下供给侧结构性改革的要求，难以持续。

具体到不同省份，上海和江苏是两个典型区域。上海经济增长子系统的主要输入要素是能源、物质资本与高级人力资本。作为华东地区乃至全国经济增长的引擎，上海在经济发展所需的人（高级人力资本）、财（物质资本）、物（能源）等方面供应充足，属于高投入、高产出的增长模式。上海如果继续保持目前的经济系统不变，华东地区如果继续以上海为经济增长的火车头，那就要求在要素投入上继续输入大量的物质资本、能源、高级人力资本。这无疑是投入要素的高消费，将来不一定能保持这种物质资本、能源、高级人力资本等要素的高投入。江苏经济子系统需要的投入要素更加多样化，创新要素对经济增长有显著作用。初级人力资本、中级人力资本、高级人力资本均有自己的用武之地，这比上海子系统主要依靠高级人力资本更具适应性，且抗人力资本供给风险的能力更强，同时也能提供更加多样性的就业机会。推广江苏增长模式，华东地区经济增长以江苏为领头羊，或者培养具有创新能力与创新产出的省份（如山东）为新的经济增长点，可以减轻上海这一增长引擎的负荷压力。

第三节 本章小结

在华东地区的经济增长过程中，物质资本依然是经济增长的主要动力。能源要素有着特殊的研究意义。虽然目前能源要素没有扮演经济增长的主导角色，但是能源要素在系统仿真中显示出对经济增长的巨大推动力。在将来，物质资本在产出弹性与增长率方面均有可能出现下降，能源的重要性可能会进一步得到提升。同时，简单粗放式地增加能源投入会加重环境污染，使环境不堪重负。新能源与清洁能源开发、能源消费结构优化等措施可以提高能源要素的配置效率，也可以促进相关技术进步。

不同区域经济增长模式不同，对不同投入要素的需要程度不同。一种投入要素在某省区的产出弹性低，在另一个地区的产出弹性可能会比较高。促进投入要素的跨区域合理流动可以提高要素利用效率。投入要素的结构优化和合理流动有利于产业结构、经济结构的提升，有助于更好地推进供给侧结构性改革，推动经济系统从粗放增长模式转变为可持续增长模式。

第四章　创新种群成长动力学分析

本章以生物系统中的种群动力学为主要理论依据，开发了汽车制造企业种群成长动力学模型。模型方程组推导结果表明：汽车制造种群的成长过程中存在一定的均衡条件。汽车制造种群之间存在显著的激励机制，企业种群对创新资源的占用存在一定的比例关系。企业种群的增长受多种因素的影响，政府部门、服务机构、科研种群的影响均不同。企业种群的总量平衡点受总体环境制约。

第一节　企业创新种群的成长动力学模型

一、研究背景

创新活动是一个系统工程，单一组织很难拥有创新所需要的全部资源。构建创新生态系统是变革时代创新、创业、公共管理、产业发展的重要基础。创新生态系统是指一定区域内各种创新种群之间、创新种群与创新环境之间，通过物质流（物质、信息、能量）、人才流的联结传导，形成共生竞合、动态演化的开放、复杂系统。构成创新生态系统的基本要素是物种，如企业、高校、科研机构、政府等。创新物种的集合是创新种群。多种创新种群联结形成各种群落，种群和群落在共生竞合的相互作用中动态演化，并形成系统整体演化。构建企业创新生态系统、有效激励创新行为需要回答的核心问题是：创新种群之间存在怎样的作用机制？本小节将生态系统理论与企业创新理论相结合，以生态理论的种群生命周期理论、种群合作原理为主要测度方法和依据，构建创新种群动力学模型。

二、模型构建思路

首先，本章的创新种群动力学模型建立在一定区域（斑块）范围之内，研究具有区域约束特征。生态学意义上的种群是指一定时空范围内的某一种生物体的集合。斑块是指不同于周围背景的、相对均质的非线性区域。自然界各种等级系统都普遍存在时间和空间的斑块化，它反映了系统内部和系统间的相似性或相异性。不同斑块的大小、形状、边界性质及斑块的距离等空间分布特征构成了不同的生态带，形成了生态系统的差异，调节着生态过程。

其次，本章的模型主要关注创新种群的数量变化，其变化遵循生物种群数量的非线性增长规律。自然界中的很多物种是非线性（指数或几何级数）增长的。创新种群的非线性增长现象也很常见。某一区域在特定时期的激励政策作用下，创新企业数可能会出现快速膨胀。本章在充分借鉴生物种群指数模型的基础上，开发符合创新种群的动力学模型，从而得出一系列创新种群独特的研究结论。

再次，本章的模型中，外部环境是重要的影响因素。创新种群的成长过程受到外部环境的重要影响，但又有其独特性。创新过程中的大量资源来自外部环境中的不同相关种群（组织或个体），很多外部种群通过相互合作、共同发展实现对创新过程的不同影响。因此，本章开发的创新种群动力学模型需要体现多样化的种群—环境作用机制，从而挖掘创新种群的发展特征。

最后，种群内部的竞争和协同机制同样是重要的影响因素，这一设定是基于生物种群的内部竞争原理。自然界的生物种群内部存在竞争现象，种群数量越多，竞争越激烈。种群内部的竞争具有调节种群规模的作用。创新种群内同样存在一定的竞争机制，这种竞争机制会在一定程度上抑制创新种群过分膨胀，因此种群内部的竞争实际上也是创新种群实现优胜劣汰的过程，因此这一机制同样应成为创新种群成长模型的重要构成。

基于以上基本原理，本章借助生物种群的成长动力学模型研究创新种群的发展特征，构建种群内部动力学模型和种群外部动力学模型。

第二节　模型设定与运行机理

一、创新种群内部关系模型

根据相关假设，构建企业创新种群（种群 1）内部关系模型。根据 logistic 模型可得

$$g_1(t)=\frac{\mathrm{d}N_1(t)}{\mathrm{d}t}=\alpha_1 N_1(t-1)\left[1-\frac{N_1(t-1)}{K}\right] \tag{4-1}$$

其中，$g_1(t)$ 表示第 t 期种群增长率；$N_1(t)$ 表示第 t 期种群个体数量；$\frac{N_1(t-1)}{K}$ 表示第 $t-1$ 期种群占用的资源量，创新生态系统内某一种群中每个单位占用资源为$\frac{1}{K}$。

因为 $dN_1(t) \approx \Delta N_1(t)=N_1(t)-N_1(t-1)$，$dt \approx \Delta t=t-(t-1)=1$，所以可设定：

$$\Delta N_1(t)=\beta_1 N_1(t-1)+\beta_2 N_1^2(t-1) \tag{4-2}$$

其中，$\Delta N_1(t)$ 为第 t 期种群中个体数量的变化量；$\beta_1=\alpha_1$，通常 $\beta_1>0$，表示种群内部的协同效应；$\beta_2=\frac{-\alpha_1}{K}$，通常 $\beta_2<0$，表示种群的内部竞争效应，称为内部竞争系数或种群密度抑制系数。

式（4-2）可变形为

$$\Delta N_1(t)=[\beta_1+\beta_2 N_1(t-1)]N_1(t-1) \tag{4-3}$$

若 $[\beta_1+\beta_2 N_1(t-1)]>0$，则 $\Delta N_1(t)>0$，种群内部以协同效应为主，创新生态系统内的资源可以支撑创新种群中个体数量的增加，增长得以维持。若 $[\beta_1+\beta_2 N_1(t-1)]<0$，则 $\Delta N_1(t)<0$，种群内部以竞争效应为主，创新资源难以支撑创新种群中个体数量的增加，增长难以维持。

二、环境对创新种群的影响

首先要考虑科研种群对企业创新种群的影响。

$$N_1(t)=\beta_{12}+N_2(t) \tag{4-4}$$

其中，$N_2(t)$ 为高校和科研机构等科研种群（种群 2）在 t 时期的个体数量；β_{12} 为种群 2 对种群 1 的影响系数。

logistic 模型可以修改为

$$g_1(t)=\frac{dN_1(t)}{dt}=\alpha_1 N_1(t-1)\left[1-\frac{N_1(t-1)}{K}+\frac{\beta_{12}N_2(t-1)}{K}\right] \tag{4-5}$$

将式（4-4）代入式（4-5）变形得

$$\Delta N_1'(t)=\gamma_1 N_2(t-1)+\gamma_2 N_2^2(t-1) \tag{4-6}$$

其中，$\gamma_1=\alpha_1\beta_{12}$，$\gamma_2=\frac{2\alpha_1\beta_{12}^2}{K}$，可得

$$\Delta N_1(t)=[\gamma_1+\gamma_2 N_2(t-1)]N_2(t-1) \tag{4-7}$$

可以根据 γ_1，γ_2 的取值来判断种群 1 和种群 2 之间的关系。

若 $[\gamma_1+\gamma_2 N_2(t-1)]>0$，则 $\Delta N_1(t)>0$，种群之间以协同效应为主，创新资源可以支撑创新种群个体数量的增加，增长得以维持。若 $[\gamma_1+\gamma_2 N_2(t-1)]<0$，则 $\Delta N_1(t)<0$，种群之间以竞争效应为主，创新资源难以支撑创新种群个体

数量的增加，增长难以维持。

其次考虑政府和各种服务机构（如律师事务所、会计师事务所、咨询公司、广告公司、人力资源服务机构等）的影响，式（4–4）可进一步扩展为

$$N_1(t)=\beta_{12}N_2(t)+\alpha_{zf}N_1(t-1)+\alpha_{fw}N_1(t-1) \tag{4-8}$$

其中，α_{zf} 为政府对创新种群的激励系数，且 $\alpha_{zf}=j-s$，j 为政府各种鼓励创新的优惠政策，s 为税收等各种费用；α_{fw} 为各种服务机构对创新种群的影响。

科研种群内部也存在竞争或协同关系。因此

$$g_2(t)=\frac{\mathrm{d}N_2(t)}{\mathrm{d}t}=\alpha_2N_2(t-1)\left[1-\frac{N_2(t-1)}{K}\right] \tag{4-9}$$

其中，$g_2(t)$ 为第 t 期种群增长率；$N_2(t)$ 为第 t 期种群个体数量；$\frac{N_2(t)}{K}$为第 t 期种群占用的资源量，创新生态系统内某一种群中每个单位占用资源为$\frac{1}{K}$。

三、综合考虑种群内部关系与环境影响

由上文公式可得

$$\begin{aligned}N_1(t)&=[1+g_1(t)+g'_1(t)]\,N_1(t-1)+\alpha_{zf}N_1(t-1)+\alpha_{fw}N_1(t-1)\\&=\left\{1+\alpha_1N_1(t-1)\left[1-\frac{N_1(t-1)}{K}\right]+\alpha_1N_1(t-1)\left[1-\frac{N_1(t-1)}{K}+\frac{\beta_{12}N_2(t-1)}{K}\right]\right\}N_1(t-1)+\\&\quad\alpha_{zf}N_1(t-1)+\alpha_{fw}N_1(t-1)\end{aligned} \tag{4-10}$$

整理得

$$N_1(t)=(1+\alpha_{zf}+\alpha_{fw})N_1(t-1)+2\alpha_1N_1^2(t-1)-\frac{2\alpha_1}{K}N_1^3(t-1)+\frac{\alpha_1\beta_{12}}{K}N_1^2(t-1)N_2(t-1) \tag{4-11}$$

令 $1+\alpha_{zf}+\alpha_{fw}=\eta_1$，则

$$N_1(t)=\eta_1N_1(t-1)+2\alpha_1N_1^2(t-1)-\frac{2\alpha_1}{K}N_1^3(t-1)+\frac{\alpha_1\beta_{12}}{K}N_1^2(t-1)N_2(t-1) \tag{4-12}$$

因为：

$$N_2(t)=[1+g_2(t)]N_2(t-1)=\left\{1+\alpha_2N_2(t-1)\left[1-\frac{N_2(t-1)}{K}\right]\right\}N_2(t-1) \tag{4-13}$$

所以：

$$N_2(t)=N_2(t-1)+\alpha_2 N_2^2(t-1)-\frac{\alpha_2}{K}N_2^3(t-1) \quad (4-14)$$

$$\begin{cases}\dfrac{\partial N_1(t)}{\partial N_1(t-1)}=\eta_1+4\alpha_1 N_1(t-1)-\dfrac{6\alpha_1}{K}N_1^2(t-1)+\dfrac{2\alpha_1\beta_{12}}{K}N_1(t-1)N_2(t-1)\\ \dfrac{\partial N_2(t)}{\partial N_2(t-1)}=1+2\alpha_2 N_2(t-1)-\dfrac{3\alpha_2}{K}N_2^2(t-1)\end{cases} \quad (4-15)$$

$$\begin{cases}\dfrac{\partial^2 N_1(t)}{\partial N_1(t-1)}=4\alpha_1-\dfrac{12\alpha_1}{K}N_1(t-1)+\dfrac{2\alpha_1\beta_{12}}{K}N_2(t-1)\\ \dfrac{\partial^2 N_2(t)}{\partial N_2(t-1)}=2\alpha_2-\dfrac{6\alpha_2}{K}N_2(t-1)\end{cases} \quad (4-16)$$

可得方程组：

$$\begin{cases}4\alpha_1-\dfrac{12\alpha_1}{K}N_1(t-1)+\dfrac{2\alpha_1\beta_{12}}{K}N_2(t-1)=0\\ 2\alpha_2-\dfrac{6\alpha_2}{K}N_2(t-1)=0\end{cases} \quad (4-17)$$

解以上方程组可以得到唯一非负解，即均衡点为 $\left(\frac{K}{3}+\frac{K\beta_{12}}{18},\frac{K}{3}\right)$。该均衡点表示企业创新种群和科研机构种群所占有创新资源的均衡态。将该点数值除以创新种群各单位平均获得的创新资源量（$\frac{1}{K}$），则可以得到均衡态的创新种群规模。

第三节　本章小结

企业创新生态系统中，多个相关种群互相影响。企业创新种群内部也存在互相影响的行为。这种互相影响的行为，可以表现为协同，也可以表现为竞争。由于受到创新环境中资源总量的约束，种群之间或者种群内部的协同未必一定可以促进创新。模型中设置了资源总量这一变量，充分体现了资源约束机制。创新生态系统可以进行自组织进化，种群间和种群内企业之间的合作可以促成多种群共赢。创新生态系统是一个复杂的系统，系统运作必然受到各个子系统之间的互动影响。模型中充分考虑了政府、辅助服务机构等生态子系统对生态系统演进的影响。核心企业（种群）在创新生态系统的演进中起着主导作用。模型中以创新企业种群和科研种群为核心种群，创新企业种群和科研种群之间的关系为创新生态系统中的主要关系。

第五章　新能源汽车与燃油汽车共生机理

发展新能源汽车有助于经济实现绿色可持续发展，而现阶段要实现新能源汽车和燃油汽车的良性共生。本章利用 Lotka–Volterra 模型构造异质型汽车的共生系统。研究发现，中国新能源汽车产品和燃油汽车产品的共生关系在总体上表现为竞争关系。新能源汽车的市场集中度高于燃油汽车。共生系统数据模拟结果表明，新能源汽车和燃油汽车之间的互惠共生关系是汽车产业可持续发展的基本路径。微观视角下，企业内部新能源汽车和燃油汽车共生关系呈现出多样化的特点。总体来看，中国新能源汽车和燃油汽车的共生水平需要从协同合作角度进行优化。

第一节　共生机理分析

一、燃油汽车和新能源汽车共生系统

为了进一步研究中国新能源汽车产业的成长可持续性，本小节选取从 2013 年 12 月到 2023 年 5 月中国（不含港、澳、台地区，下同）汽车市场月度销量数据进行分析。样本数据统计特征如表 5–1 所示。

表 5–1　样本数据统计特征

统计特征	观测数	最大值	最小值	均值	标准差
汽车销量	114	2672264	216481	1835421	381990
燃油汽车销量	114	2568264	203573	1689333	397363
新能源汽车销量	114	717000	1822	146088	177395

资料来源：乘用车市场信息联席会官网。

由表 5-1 可知，样本数据呈现出显著的波动性。2013—2023 年，中国汽车产品市场的成长性显著，这也造成了销量月度数据变化较大。

燃油汽车和新能源汽车构成了一个汽车产品种群共生系统。在汽车市场规模一定时，燃油汽车和新能源汽车构成竞争关系。如果汽车市场规模处于一个比较好的增长期，燃油汽车和新能源汽车均有可能呈现比较好的销售增长性。对于整个汽车产业链而言，汽车制造技术的发展对燃油汽车和新能源汽车均有可能产生推动作用。但是，汽车产业创新资源的分配受到多种因素的影响。燃油汽车和新能源汽车对产业链上游资源也有可能存在争夺行为。在汽车产业绿色可持续发展的过程中，许多汽车企业面临产品转型的压力。在产品转型过程中，基于燃油车型开发新能源车型是一个比较普遍的做法，同平台燃油汽车和新能源汽车构成了微妙的共生关系。同平台燃油汽车和新能源汽车通过共享技术、财务资源、人力资源和分销渠道实现协作共生。

燃油汽车和新能源汽车共生系统可以用生态学中的 Lotka-Volterra 系统来进行阐释。燃油汽车销量（N_1）和新能源车销量（N_2）构成的 Lotka-Volterra 动力系统如下：

$$\begin{cases} \Delta N_1(t) = \alpha_1 N_1\left(1 - \dfrac{N_1}{K_1} + \dfrac{\beta_{12} N_2}{K_2}\right) \\ \Delta N_2(t) = \alpha_2 N_2\left(1 - \dfrac{N_2}{K_2} + \dfrac{\beta_{21} N_1}{K_1}\right) \end{cases} \tag{5-1}$$

β_{12} 为新能源汽车对燃油汽车的影响因子。当 $\beta_{12} > 0$ 时，新能源汽车对燃油汽车的影响表现为协同效应；当 $\beta_{12} < 0$ 时，新能源汽车对燃油汽车的影响表现为竞争抑制效应。

β_{21} 是燃油汽车对新能源汽车的影响因子。当 $\beta_{21} > 0$ 时，燃油汽车对新能源汽车的影响表现为协同效应；当 $\beta_{21} < 0$ 时，燃油汽车对新能源汽车的影响表现为竞争抑制效应。

二维的 Lotka-Volterra 模型可表达生态系统中两个实体的共生动态，能够准确描述种群之间的共生关系，可以确定种群在整个生态系统演化中的影响。

基于 β 值，可以判断燃油汽车和新能源汽车共生作用机制类型：

（1）当 $\beta_{12}=0$，$\beta_{21}=0$ 时，燃油汽车产品种群和新能源汽车产品种群独立发展，变量之间彼此没有显著影响。

（2）当 $\beta_{12} < 0$，$\beta_{21} < 0$ 时，燃油汽车产品种群和新能源汽车产品种群呈相互竞争的态势，一方占用的资源多，另一方占用的资源就会变少。

（3）当 $\beta_{12} > 0$，$\beta_{21} < 0$ 或 $\beta_{12} < 0$，$\beta_{21} > 0$ 时，在变量的共生进化过程中，表现出一种偏利模式（寄生模式）。

（4）当 $\beta_{12} > 0$，$\beta_{21}=0$ 或 $\beta_{12}=0$，$\beta_{21} > 0$ 时，汽车产品种群共生系统处

于部分受益的偏利共生模式。

（5）当 $\beta_{12}>0$，$\beta_{21}>0$ 时，燃油汽车产品种群和新能源汽车产品种群处于互利共生模式。

对于离散数据而言，Lotka-Volterra 系统计量模型如下所示：

$$\begin{cases}\Delta N_1(t)=\alpha_1 N_1(t-1)-\dfrac{\alpha_1 N_1^2(t-1)}{K_1}+\dfrac{\alpha_1\beta_{12}N_1(t-1)N_2(t-1)}{K_2}\\ \Delta N_2(t)=\alpha_2 N_2(t-1)-\dfrac{\alpha_2 N_2^2(t-1)}{K_2}+\dfrac{\alpha_2\beta_{21}N_1(t-1)N_2(t-1)}{K_1}\end{cases} \tag{5-2}$$

$$\Rightarrow\begin{cases}\Delta N_1(t)=\alpha_1 N_1(t-1)+\gamma_1 N_1^2(t-1)+\eta_1 N_1(t-1)N_2(t-1)\\ \Delta N_2(t)=\alpha_2 N_2(t-1)+\gamma_2 N_2^2(t-1)+\eta_2 N_1(t-1)N_2(t-1)\end{cases}$$

其中，α_1 为燃油汽车产品种群的内禀增长率，一般情况下大于零，它代表燃油汽车产品种群内的协同作用，也被称为产品种群的内部协同系数。令$\gamma_1=-\dfrac{\alpha_1}{K_1}$，通常，$\gamma_1<0$，用来表示燃油汽车种群内的竞争效应，它被称为内部竞争系数或种群密度抑制系数。令$\eta_1=-\dfrac{\alpha_1\beta_{12}}{K_2}$，表示新能源汽车（种群 2）对燃油汽车（种群 1）的影响。γ_1 的符号性质与 β_{12} 相同。

α_2 为新能源汽车产品种群的内禀增长率，一般情况下大于零，它代表新能源汽车产品种群内的协同作用，也被称为产品种群的内部协同系数。令$\gamma_2=-\dfrac{\alpha_2}{K_2}$，通常，$\gamma_2<0$，用来表示种群内的竞争效应，它被称为内部竞争系数或种群密度抑制系数。令$\eta_2=-\dfrac{\alpha_2\beta_{21}}{K_1}$，表示燃油汽车（种群 1）对新能源汽车（种群 2）的影响。γ_2 的符号性质与 β_{21} 相同。

种群进化的平衡点意味着双方的产出已经达到最大值并保持稳定。以下是稳定性分析。在稳定状态下，方程为

$$\begin{cases}\Delta N_1(t)=\alpha_1 N_1\left(1-\dfrac{N_1}{K_1}+\dfrac{\beta_{12}N_2}{K_2}\right)=0\\ \Delta N_2(t)=\alpha_2 N_2\left(1-\dfrac{N_2}{K_2}+\dfrac{\beta_{21}N_1}{K_1}\right)=0\end{cases} \tag{5-3}$$

平衡点是

$$P_1(0,0),P_2(N_1,0),P_3(0,N_2),P_4\left[\frac{K_1(1+\beta_{12})}{1-\beta_{12}\beta_{21}},\frac{K_2(1+\beta_{21})}{1-\beta_{12}\beta_{21}}\right]$$

由于燃油汽车和新能源汽车两个汽车产品种群之间的相互依赖性，种群规模不应为零。P_4 点分别对应于种群 1（P_1）和种群 2（P_2）的规模

$\left[\frac{K_1(1+\beta_{12})}{1-\beta_{12}\beta_{21}},\frac{K_2(1+\beta_{21})}{1-\beta_{12}\beta_{21}}\right]$。同时，有意义的 P_4 的条件是

$$\begin{cases}\dfrac{K_1(1+\beta_{12})}{1-\beta_{12}\beta_{21}}>0\\ \dfrac{K_2(1+\beta_{21})}{1-\beta_{12}\beta_{21}}>0\end{cases} \tag{5-4}$$

通过求解上述方程，可以得到唯一的非负解。均衡解如下：

$$\left[\frac{K_1(1+\beta_{12})}{1-\beta_{12}\beta_{21}},\frac{K_2(1+\beta_{21})}{1-\beta_{12}\beta_{21}}\right] \tag{5-5}$$

该均衡解表示汽车产品共生系统的平衡状态。汽车产品系统的平衡状态表示新能源汽车和燃油汽车在自身发展的同时有效支持了相关种群的发展，在一定发展和创新范围之内可以实现稳定的互惠共生关系。稳定的互惠共生关系是燃油汽车和新能源汽车实现可持续发展的基础。相反，如果燃油汽车和新能源汽车既争夺汽车产业供应链和创新资源，又争夺汽车产品市场，则将会导致汽车行业的恶性竞争，阻碍汽车产业实现可持续发展。

二、共生机制分析

本小节对 2014—2023 年的数据进行分析，测算共生系统 Lotka-Volterra 模型的参数，同时利用样本数据进行分时段测算，据此进行共生系统参数的变化趋势分析。燃油汽车与新能源汽车共生系统分时段参数如表 5-2 所示。

表 5-2 燃油汽车与新能源汽车共生系统分时段参数

时间段	N_1			N_2			共生机制
	α_1	γ_1	η_1	α_2	γ_2	η_2	
2022—2023 年	0.546 （1.407）	-3.050×10^{-7} （−1.614）	-2.969×10^{-7} （−0.549）	0.944*** （2.832）	-8.612×10^{-7}* （−1.787）	-3.401×10^{-7}** （−2.461）	竞争
2020—2021 年	0.577* （1.743）	-4.201×10^{-7}** （−2.385）	7.072×10^{-7} （1.070）	0.329 （0.970）	6.073×10^{-7} （1.033）	-2.213×10^{-7} （−1.220）	偏利
2018—2019 年	0.658*** （3.172）	-4.092×10^{-7}*** （−3.785）	7.784×10^{-7} （1.111）	1.311** （2.524）	-5.007×10^{-7}*** （−2.997）	-3.914×10^{-7} （−1.310）	偏利
2016—2017 年	0.576*** （2.952）	-3.477×10^{-7}*** （−3.381）	2.722×10^{-7}** （2.489）	0.927 （1.260）	1.099×10^{-6} （0.224）	-4.337×10^{-7} （−0.989）	偏利
2014—2015 年	0.635*** （3.124）	-4.443×10^{-7}*** （−3.499）	1.533×10^{-5}*** （3.348）	0.305 （0.603）	3.637×10^{-5}** （2.309）	-3.846×10^{-7} （−1.080）	偏利
2014—2023 年	0.436*** （4.130）	-2.334×10^{-7}*** （−4.376）	-2.222×10^{-7}* （−1.741）	0.805*** （6.196）	-5.506×10^{-7}*** （−4.077）	-3.643×10^{-7}*** （−5.910）	竞争

注：*、**、*** 分别表示在 10%、5%、1% 的水平上显著。括号内为 T 值。

表 5-2 中的数据表明，中国新能源汽车和燃油汽车共生系统能够比较好地通过 Lotka-Volterra 进行测度。从内禀增长率来看，新能源汽车的内禀增长率显著高于燃油汽车的内禀增长率。从整个观测时间段来看，燃油汽车的内禀增长率为 0.436，新能源汽车的内禀增长率为 0.805。新能源汽车是汽车行业的新生事物，处于产品生命周期的初期，产品的内禀增长率比较高是正常现象。但是，这种比较高的内禀增长率不一定能够实现长期稳定的增长。从分时段的测度结果可以看出，新能源汽车的内禀增长率的波动比较大。2018—2019 年的内禀增长率为 1.311，而 2014—2015 年的内禀增长率为 0.305。对比之下，燃油汽车的内禀增长率保持在 0.6 左右。

从共生机制角度来看，燃油汽车和新能源汽车的互动作用机制以竞争关系为主。在一个以竞争为主的产品共生系统中，异质型汽车产品之间争夺资源和市场，不利于汽车产业的可持续发展。例如，2023 年年初开始，以特斯拉（中国）为代表的新能源汽车企业主动进行产品价格下调。在新能源汽车产品价格下降的影响下，燃油汽车企业必须积极应对汽车价格下降问题。这可能会导致燃油汽车企业在不具备下调价格的情况下进行价格下调，从而导致行业的恶性竞争。

表 5-3 为 2014—2023 年燃油汽车和新能源汽车共生系统参数。基于 Lotka-Volterra 模型可以进一步测算出汽车产品系统的共生影响系数和汽车产品共生系统的均衡点。均衡点数值低于产品种群的理论上限值（K 值），这说明从理论上来讲，新能源汽车和燃油汽车的产品发展和销售还有一定的上升空间。

表 5-3　2014—2023 年燃油汽车和新能源汽车共生系统参数

时间区间	产品	α_i	K_i	β_{ij}	均衡点
2014—2023 年	N_1	0.436	1869063.890	−0.744	1291681.476
	N_2	0.805	1461133.585	−0.846	536137.311

三、共生机制优化

将表 5-3 的参数代入 Lotka-Volterra 模型，可以得到如下共生系统方程：

$$\begin{cases} \Delta N_1(t)=\alpha_1 N_1(t-1)-\dfrac{\alpha_1 N_1^2(t-1)}{K_1}+\dfrac{\alpha_1\beta_{12}N_1(t-1)N_2(t-1)}{K_2} \\ \Delta N_2(t)=\alpha_2 N_2(t-1)-\dfrac{\alpha_2 N_2^2(t-1)}{K_2}+\dfrac{\alpha_2\beta_{21}N_1(t-1)N_2(t-1)}{K_1} \end{cases} \tag{5-6}$$

$$\Rightarrow\begin{cases} \Delta N_1(t)=0.436N_1(t-1)-\dfrac{0.436N_1^2(t-1)}{1869063}+\dfrac{0.436\beta_{12}N_1(t-1)N_2(t-1)}{1461133} \\ \Delta N_2(t)=0.805N_2(t-1)-\dfrac{0.805N_2^2(t-1)}{1461133}+\dfrac{0.805\beta_{21}N_1(t-1)N_2(t-1)}{1869063} \end{cases}$$

以 2023 年 5 月的数据为基础进行数据模拟，变换模型中的共生系数参数。进行数据模拟时一共选用 5 个模型进行对比分析，如表 5-4 所示。

表 5-4　共生系统模拟模型参数对比

模型	β_{12}	β_{21}	共生机制
M1	–0.744	–0.846	竞争
M2	0.000	0.000	相互独立
M3	0.500	0.000	偏利
M4	0.000	0.500	偏利
M5	0.500	0.500	互惠

如表 5-4 所示，本小节利用 5 种不同的模型对新能源汽车和燃油汽车共生系统进行数据模拟。其中，模型 1（M1）是共生系统的现有实际参数，代表竞争型共生系统；模型 2（M2）代表独立型共生系统；模型 3（M3）和模型 4（M4）代表偏利型共生系统；模型 5（M5）代表互惠型共生系统。汽车共生系统模拟数据如表 5-5 所示。

表 5-5　汽车共生系统模拟数据　　单位：万辆

模拟周期	M1		M2		M3		M4		M5	
	N_1	N_2	N_1	N_2	N_1	N_2	N_1	N_2	N_1	N_2
1	101.8	75.8	117.3	101.1	127.6	101.1	117.3	116.0	127.6	116.0
2	104.9	77.0	136.3	126.1	164.5	126.1	136.3	164.5	167.4	167.1
3	107.0	76.9	152.4	140.0	204.1	140.0	152.4	196.1	216.8	208.0
4	108.7	76.2	164.7	144.7	238.6	144.7	164.7	206.5	269.0	234.2
5	110.1	75.4	173.2	145.8	261.4	145.8	173.2	211.0	311.5	256.2
6	111.4	74.5	178.8	146.1	272.8	146.1	178.8	214.3	340.0	272.7
7	112.6	73.6	182.2	146.1	277.6	146.1	182.2	216.3	356.9	282.2
8	113.7	72.8	184.2	146.1	279.4	146.1	184.2	217.5	365.7	287.5
9	114.7	72.0	185.4	146.1	280.0	146.1	185.4	218.2	370.0	289.9
10	115.7	71.3	186.0	146.1	280.2	146.1	186.0	218.6	372.0	291.2
11	116.6	70.6	186.4	146.1	280.3	146.1	186.4	218.9	373.0	291.7
12	117.4	70.0	186.6	146.1	280.3	146.1	186.6	219.0	373.4	292.0
13	118.2	69.4	186.7	146.1	280.4	146.1	186.7	219.1	373.7	292.1
14	119.0	68.8	186.8	146.1	280.4	146.1	186.8	219.1	373.7	292.2
15	119.6	68.3	186.9	146.1	280.4	146.1	186.9	219.1	373.8	292.2
16	120.3	67.8	186.9	146.1	280.4	146.1	186.9	219.2	373.8	292.2
17	120.9	67.3	186.9	146.1	280.4	146.1	186.9	219.2	373.8	292.2
18	121.4	66.9	186.9	146.1	280.4	146.1	186.9	219.2	373.8	292.3

续表

模拟周期	M1		M2		M3		M4		M5	
	N_1	N_2	N_1	N_2	N_1	N_2	N_1	N_2	N_1	N_2
19	121.9	66.5	186.9	146.1	280.4	146.1	186.9	219.2	373.8	292.2
20	122.4	66.1	186.9	146.1	280.4	146.1	186.9	219.2	373.8	292.3
21	122.9	65.7	186.9	146.1	280.4	146.1	186.9	219.2	373.8	292.2
22	123.3	65.4	186.9	146.1	280.4	146.1	186.9	219.2	373.8	292.2
23	123.7	65.1	186.9	146.1	280.4	146.1	186.9	219.2	373.8	292.2
24	124.0	64.8	186.9	146.1	280.4	146.1	186.9	219.2	373.8	292.2
25	124.4	64.5	186.9	146.1	280.4	146.1	186.9	219.2	373.8	292.2
26	124.7	64.3	186.9	146.1	280.4	146.1	186.9	219.2	373.8	292.2
27	125.0	64.0	186.9	146.1	280.4	146.1	186.9	219.2	373.8	292.2
28	125.3	63.8	186.9	146.1	280.4	146.1	186.9	219.2	373.8	292.2
29	125.5	63.6	186.9	146.1	280.4	146.1	186.9	219.2	373.8	292.2
30	125.8	63.4	186.9	146.1	280.4	146.1	186.9	219.2	373.8	292.2

表5-5给出了5个模型30个周期（月）的模拟数据。在现有竞争机制下（模型1），燃油汽车销量会缓慢增加，新能源汽车销量会缓慢下降，这两类汽车销量模拟数值均向均衡点靠拢。竞争机制下的均衡是一种低水平的市场均衡。可见，竞争机制不是可持续发展路径。在相互独立的共生机制下，这两类汽车产品逐渐增长到自身发展的理论上限。在几个模型中，互惠机制能够实现这两种汽车产品的增长和市场均衡。互惠型共生系统最适合汽车产业可持续发展。

第二节　模型稳定性与拓展分析

一、市场集中度分析

为了补充说明共生系统下新能源汽车和燃油汽车之间的互动关系，本小节引入市场集中度分析。市场集中度能反映一个行业的市场结构的集中程度，能够通过计算相应指标来体现市场中企业的市场势力。市场集中度的大小决定了市场的竞争和垄断程度，而绝对集中度（CR）是测量市场集中度最常用的测算方式。本小节选择汽车产业中销售靠前的企业2022年全年的销售量，来测算绝对集中度指数 CR_4 和 CR_8，具体公式如下所示：

$$CR_n = \sum_{i=1}^{n} \left(\frac{X_i}{X} \times 100\% \right) \tag{5-7}$$

其中，CR_n 为新能源汽车产业中最大的前 n 个企业所占份额之和；X_i 为第 i 个企业的销量；X 为汽车销售总量。

本小节依据乘用车市场信息联席会发布的相关数据，搜集并整理出 2022 年汽车行业的前十大厂商销量排名和新能源汽车行业的前十大厂商销量排名，并计算出前十大厂商的市场占有率，以及市场集中度 CR_4 和 CR_8，见表 5-6 和表 5-7。

表 5-6　2022 年汽车厂商销量市场占有率

销量排名	全部车型		新能源车型	
	厂商	占比	厂商	占比
1	比亚迪	8.0%	比亚迪	30.2%
2	上汽大众	5.8%	上汽通用五菱	8.5%
3	上汽通用五菱	4.8%	特斯拉（中国）	8.4%
4	长安汽车	4.5%	长安汽车	4.2%
5	一汽大众	4.5%	广汽埃安	4.1%
6	广汽丰田	4.5%	奇瑞新能源	3.3%
7	吉利汽车	4.3%	吉利汽车	3.0%
8	一汽丰田	3.7%	合众汽车	2.8%
9	东风日产	3.5%	理想汽车	2.6%
10	广汽本田	3.3%	小鹏汽车	2.3%

表 5-7　2022 年汽车厂商市场集中度

车型	CR_4	CR_8
全部车型	23.1%	40.1%
新能源车型	51.3%	64.5%

由表 5-6 和表 5-7 可知，新能源汽车的市场集中度水平显著高于整个汽车市场的市场集中度水平。从市场集中度视角来看，新能源汽车领域的竞争水平没有总体汽车市场高。新能源汽车销量排名靠前的厂商主要以自主品牌为主，全部车型销量排名靠前的厂商以合资企业为主，这也说明中国本土企业在新能源汽车领域有一定的优势。

二、共生系统鲁棒性分析

为了验证 Lotka-Volterra 模型的鲁棒性，同时补充企业内部燃油汽车和新能源汽车共生系统分析，本小节根据2020年1月至2023年5月的数据，从总销量排名前20的厂商中选取上海大众、一汽大众等7家厂商作为研究样本，进行共生系统分析，如表5-8所示。

表5-8　企业内部新能源汽车与燃油汽车共生系统分析

厂商	N_1			N_2			共生机制
	α_1	γ_1	η_1	α_2	γ_2	η_2	
上海大众	0.724^{**}（2.287）	$-5.058\times10^{-5***}$（−2.492）	-5.942×10^{-5}（−0.704）	0.661（1.527）	$-3.443\times10^{-4***}$（−2.887）	$-1.841\times10^{-5**}$（−0.588）	竞争
一汽大众	0.589^{**}（2.259）	$-3.359\times10^{-5***}$（−2.462）	-1.236×10^{-4}（−1.220）	0.435（1.345）	$-2.463\times10^{-4*}$（−1.797）	-1.475×10^{-5}（−0.822）	竞争
长安汽车	1.000^{***}（4.883）	$-6.492\times10^{-5***}$（−4.527）	-6.456×10^{-5}（−1.251）	0.830^{***}（2.723）	$-4.419\times10^{-4**}$（−2.628）	-3.997×10^{-6}（−0.191）	竞争
一汽丰田	0.384^{***}（3.339）	$-4.801\times10^{-6***}$（−3.058）	$-3.119\times10^{-4*}$（−1.821）	1.077^{**}（2.334）	-0.001^{**}（−2.226）	-1.556×10^{-5}（−0.896）	竞争
一汽奥迪	0.501^{***}（2.580）	$-4.016\times10^{-5***}$（−3.994）	1.777×10^{-4}（0.746）	−0.336（−0.956）	-2.358×10^{-4}（2.309）	2.418×10^{-5}（0.970）	协同互利
吉利汽车	0.708^{**}（2.436）	$-3.765\times10^{-5***}$（−2.937）	-5.895×10^{-5}（−1.009）	0.361（0.804）	$-2.336\times10^{-4*}$（−2.015）	8.059×10^{-6}（0.415）	偏利
华晨宝马	−2.159（−1.209）	-1.429×10^{-5}（−0.031）	$1.522\times10^{-4*}$（1.974）	0.271（0.756）	$-1.143\times10^{-4**}$（−2.198）	1.138×10^{-5}（0.455）	协同互利

注：*、**、*** 分别表示在10%、5%、1%的水平上显著。括号内为 T 值。

表5-8中的数据说明，企业内部的燃油汽车和新能源汽车共生机制呈现出多样化的特征，有协同互利型共生机制，也有偏利型和竞争型共生系统，但是属于竞争型机制的企业更多。企业在内部产品种群共生关系分析的基础上需要深入分析同平台新能源汽车和燃油汽车的共生关系。如果共生关系为竞争，则企业需要重新思考自己的产品开发战略和具体的创新措施，努力将竞争关系变为协同关系。

三、研究发现与讨论

本章的研究发现，我国新能源汽车和燃油汽车的共生关系在总体上表现为竞争关系。新能源汽车的市场集中度高于燃油汽车。共生系统数据模拟结果表明，新能源汽车和燃油汽车之间的互惠共生关系是汽车产业可持续发展的基本路径。微观视角下，企业内部新能源汽车和燃油汽车共生关系呈现多样化的特点。

现有研究主要通过空间计量学、消费心理学、效率分析和综合评价等方法对新能源汽车的可持续发展进行解析。与现有的研究方法相比，本章采用种群共生模型下的可持续发展评价方法，开辟了可持续发展定量分析方法的新视角。本章提出的评价方法的优点在于分析了不同层次新能源汽车与燃油汽车的共生动力机制。本章提出的共生评价方法能够呈现企业发展的动态特征，从一个新的视角关注新能源汽车制造企业的可持续发展。

我国现有的有关新能源汽车的研究主要集中在产业发展与激励政策和政府补贴等政策的影响方面。与上述研究相比，本章的研究跨越新能源汽车企业的宏观和微观发展机制，研究发现，宏观层面新能源汽车和燃油汽车共生机制与企业内部异质型产品的共生机制不同。现有对新能源企业的研究并不多，如对企业技术创新效率的研究不多。与技术创新效率的研究相比，本章没有局限于企业层面数据和企业内部的产品共生机制，而是构建了一个市场共生机制的研究模型。

第三节　本章小结

本章的研究目的是构建一种基于生态学共生理论的燃油汽车和新能源汽车互动机制的测度方法。这种方法要能够体现燃油汽车和新能源汽车的互动关系。本章的研究实现了以上研究目标，实践表明，Lotka-Volterra 模型可以比较好地测度燃油汽车和新能源汽车的共生关系。本章的研究亮点为：第一，用共生系统原理来分析新能源汽车和燃油汽车之间的关系，没有简单地将这两类汽车产品定义为竞争关系，拓宽了研究视野；第二，利用共生系统进行跨层次分析，进行了一种新研究范式的尝试；第三，综合使用 Lotka-Volterra 模型，利用模型参数进行共生机制优化模拟，在研究方法上尝试创新。本章的研究不足在于：一是研究样本容量有限。中国的新能源汽车发展时间不长，研究数据容量不足。二是研究主要利用汽车销售量数据，数据来源比较单一。在将来的研究中，笔者将拓展研究样本和数据类型，以弥补以上不足。

第六章　汽车制造企业生命周期测度

企业生命周期分析有助于企业进行精准的战略分析和管理决策。我国汽车制造企业处于不同的生命周期阶段，有必要对不同企业所处的生命周期进行测度。本章开发了一种基于两阶段 logistic 模型的企业生命周期评价方法，以中国汽车制造企业为例进行分析。

第一节　企业生命周期与研究样本

一、企业生命周期

企业在生命周期中一般会经历成长、壮大、衰退等不同阶段，并在不同阶段有不同的目标，面临不同的风险。企业生命周期理论重视企业不断变化的演进过程，分析企业不同发展阶段的规律性特征和导致不同阶段递进演变的内在因素。因此，如何对企业生命周期作不同阶段的合理划分，是科学研究企业生命周期问题的重点内容。在经济社会中，只有根据企业生命周期不同阶段进行合理划分，才能正确判断和把握企业发展所处的不同阶段，从而设定相应的战略目标，采取有效的实施措施，进而保证企业健康稳定可持续发展。鉴于此，研究企业生命周期科学合理的划分方法，不仅具有重要的理论意义，而且具有重大的实际意义。

研究中国汽车制造企业样本的成长，尤其是中国汽车制造企业样本的衰退现象，将汽车企业生命周期划分为成长期、成熟期和衰退期三个阶段。研究将初创期和成长期合并为一个阶段，将复苏期看作衰退期中一类特殊的“逆生长”。

在一个社会经济生态系统中，企业之间的协同进化本质上是以不断创新为导向的。生态系统的协同进化包括市场与企业的有机组合。社会经济生态系统是一个复杂的自适应系统，自适应系统的功能是抵御外部冲击和利用外部机会。协同进化的机制在于种群之间的共生关系的良性演进。种群动力学模型可以很好地表达种群之间的共生关系。

二、研究样本与数据来源

本章以中国汽车销售总量数据作为分析中国汽车行业发展的整体评价依据，然后挑选在中国汽车市场出现运营困境的企业和退市的企业作为研究样本，并选取销量排名靠前的企业作为对比分析的研究样本。样本中运营业绩下滑的企业有长安福特、北京现代，退市的汽车制造企业有力帆、广汽吉普、广汽菲亚特、观致、宝沃，经营处于成熟期且销量比较大的企业样本为上汽大众、吉利汽车。

长安福特成立于 2001 年 4 月 25 日，总部位于重庆市两江新区，由长安汽车股份有限公司和福特汽车公司共同出资成立。长安福特现有重庆、杭州、哈尔滨三个生产基地，现共有七个工厂，包括五个整车工厂、一个发动机工厂和一个变速箱工厂，其中重庆已成为福特汽车继底特律之外全球最大的生产基地。

北京现代成立于 2002 年 10 月 18 日，是中国加入世界贸易组织后被批准的第一个汽车生产领域的中外合资项目，被确定为振兴北京现代制造业、发展首都经济的龙头项目和示范工程。历经 20 多年的发展，北京现代已构建起百万产销体系，产品线涵盖了 A0 级、A 级、B 级及 SUV 等主流细分市场，产销累计超过 600 万辆，实现销售总收入超过 6000 亿元，纳税超过 800 亿元，带动就业超过 20 万人，为北京市经济增长、中国汽车工业发展做出了重要贡献，被誉为中韩经贸合作的典范。

力帆成立于 1992 年，现已发展为以新能源产业为战略发展方向，集汽车、摩托车、发动机、通机的研发、生产、销售为一体的大型企业。力帆于 2010 年 11 月 25 日在上海证券交易所成功上市，股票代码为 601777。2020 年，力帆在各方的努力下重整成功，引进满江红基金和吉利科技旗下的吉利迈捷投资有限公司成为战略投资者和产业投资人。

广汽菲亚特克莱斯勒汽车有限公司（简称“广汽菲克”）成立于 2010 年 3 月 9 日，由广汽集团、Stellantis 集团以 50∶50 的股比共同投资建设，总投资约 170 亿元，主营业务涵盖乘用车整车、发动机、零部件的研究开发、生产制造、销售及售后服务。广汽菲克总部位于湖南长沙经济技术开发区，整车产能 16.4 万辆，发动机产能 48.8 万台，在职员工近 2000 人，主要生产车型包括 Jeep 品牌自由光、新指南者，以及 Jeep 全球首款新能源车型——新大指挥官。长沙工厂融合了先进的规划布局、工艺装备和管理模式，拥有冲压、焊装、涂装和总装四大工艺车间。与此同时，毗邻公司厂区东部还建有首期约 800 亩的零部件园，已有 9 家世界 500 强或行业领先零部件企业进驻。为给广大中国消费者提供更高品质的产品和满意的服务，2015 年，广汽菲亚特克莱斯勒汽车销售有限公司在长沙注册成立，运营中心设在上海，全面负责菲亚特、Jeep、克莱斯勒等品牌在华国产和进口车的相关业务，包括产品规划、市场推广、销售管理和售后服务等。由于广汽吉普和广汽菲亚特的汽车产品类别不同、市场定位不同、品牌历史渊源不同，因此将二者数据进行拆分分析。

观致成立于 2007 年，总部位于常熟。观致在常熟建有一个生产基地，该生产基地的初始产能为每年 15 万辆，最大产能可达到每年 30 万辆。观致在德国慕尼黑、中国上海拥有设计中心。观致致力于打造符合欧洲最高质量标准的产品。

宝沃成立于 2015 年，具备整车、发动机、新能源车的自主正向开发能力，拥有柔性生产的整车智能制造工厂和发动机厂，以及传统能源和新能源整车双生产资质。

上汽大众是一家中德合资企业，由上汽集团和大众汽车集团合资经营。上汽大众于 1984 年 10 月签约奠基，是国内历史悠久的汽车合资企业之一。上汽大众总部位于上海安亭，并先后在南京、仪征、乌鲁木齐、宁波、长沙等地建立生产基地。上汽大众生产与销售大众和斯柯达两个品牌的产品。上汽大众几十年的风雨兼程，是中国汽车工业实现“从小到大”发展的缩影。

浙江吉利控股集团（简称“吉利控股集团”）始建于 1986 年，1997 年进入汽车行业，一直专注实业，专注技术创新和人才培养，不断打基础、练内功，坚定不移地推动企业转型升级和可持续发展。现资产总值超 5100 亿元，员工总数超过 12 万人，连续十年进入《财富》世界 500 强（2023 年排名第 225 位）。吉利控股集团致力于成为具有全球竞争力和影响力的智能电动出行和能源服务科技公司，业务涵盖汽车及上下游产业链、智能出行服务、绿色运力、数字科技等。集团总部设在杭州，旗下吉利、领克、极氪、沃尔沃、极星、路特斯、伦敦电动汽车、远程新能源商用车、曹操出行等品牌围绕各自品牌定位，积极参与市场竞争。吉利控股集团以汽车产业电动化和智能化转型为核心，在新能源科技、共享出行、车联网、智能驾驶、车载芯片等前沿技术领域，打造科技护城河，做强科技生态圈。吉利控股集团在中国上海、杭州、宁波，以及瑞典哥德堡、英国考文垂、美国加州、德国法兰克福等地建有造型设计和工程研发中心，研发、设计人员超过 2 万人，拥有国内外有效专利 1.4 万项。在中国、美国、英国、瑞典、比利时、马来西亚建有世界一流的现代化整车和动力总成制造工厂，拥有各类销售网点超过 4000 家，产品销售及服务网络遍布世界各地。

篇幅所限，本小节给出样本企业销售数据的描述统计，统计特征如表 6–1 所示。

表 6–1　样本企业销售数据的描述统计

	观测数	最大值	最小值	均值	平均差
上汽大众	186	205610	8400	99348	42495
吉利汽车	186	153659	11391	57288	35877
长安福特	186	100005	3469	36508	24966
北京现代	186	146008	1696	58628	29053
力帆	170	24742	2	6846	5762
广汽吉普	76	20721	1	7740	5574
广汽菲亚特	72	9497	1	2493	2558
观致	88	7028	30	1831	1738
宝沃	60	7153	1	2495	1859
全国总销量	186	2672264	216481	1564217	482967

第二节　实证分析

一、第一阶段 logistic 模型

本小节利用第一阶段 logistic 模型对样本数据进行企业成长性分析。在本阶段研究中，先对样本数据进行分段，然后按照样本数据所属的年份进行月度销售数据 logistic 模型回归。篇幅所限，本小节给出 2007—2022 年中国汽车销售数据，如表 6–2 所示。

表 6-2　2007—2022 年中国汽车销售数据

单位：辆

年份	12 月	11 月	10 月	9 月	8 月	7 月	6 月	5 月	4 月	3 月	2 月	1 月
2022 年	2190865	2007402	2172374	2275494	2219832	2125896	2162839	1577056	942539	1819813	1451420	2140089
2021 年	2398523	2175564	1990339	1737510	1543903	1543474	1553528	1642018	1746754	1914414	1148130	2358372
2020 年	2285751	2098448	2300447	2075889	1754600	1664826	1720593	1673900	1536600	1039532	216481	1696520
2019 年	2213089	2056669	1927669	1930637	1652908	1527912	1727910	1561172	1574877	2019443	1219497	2021089
2018 年	2233108	2173485	2046840	2060478	1789871	1589544	1874181	1889414	1914369	2168570	1475512	2456157
2017 年	2653255	2589477	2352462	2342567	1875193	1678433	1831847	1751294	1722243	2096286	1632748	2218215
2016 年	2672264	2590157	2344128	2268338	1795512	1604530	1784053	1793035	1779130	2055706	1376681	2228705
2015 年	2442126	2196773	1936875	1751215	1418462	1268597	1511439	1609274	1668824	1870357	1396733	2038003
2014 年	2061044	1775320	1708861	1696001	1468166	1357948	1564117	1590354	1609035	1710067	1312197	1846846
2013 年	1776937	1696278	1605748	1593512	1353235	1237596	1403453	1396871	1441441	1585509	1111892	1725525
2012 年	1462874	1461303	1605980	1617358	1218884	1120206	1284175	1607200	1647600	1880600	1213100	1389800
2011 年	1689600	1656000	1524822	1646100	1381100	1275300	1435900	1382800	1552000	1828500	1267000	1894300
2010 年	1666700	1967000	1538600	1556700	1322000	1244000	1412100	1438000	1555000	1735000	1234000	1664000
2009 年	1413700	1337700	1226300	1331800	1138500	1085600	1142000	1120000	1153000	1110000	828000	735000
2008 年	740000	690000	720000	750000	630000	670000	840000	840000	920000	1060000	660000	860000
2007 年	840000	800000	690000	770000	670000	640000	730000	710000	810000	850000	550000	720000

如表 6–2 所示，中国汽车销售总量有一个明显的增长过程。2018—2021 年，每年同期月度销售量基本稳定。中国汽车销售有着明显的季度波动特征，每年的 7 月和 8 月是销售的淡季，每年的 1 月和 12 月则是销售的旺季。中国汽车月度销售数据理论值上限如表 6–3 所示。

表 6–3　中国汽车月度销售数据理论值上限（一）

年份	内禀增长率（α_1）	内部抑制系数（γ_1）	销量理论上限（K_1）/ 辆
2022 年	0.879 （1.374）	-4.926×10^{-7} （−1.540）	1784317
2021 年	0.801** （2.195）	-4.268×10^{-7}** （−2.286）	1876178
2020 年	0.392 （0.644）	-2.281×10^{-7} （−0.727）	1718278
2019 年	0.929** （2.436）	-5.093×10^{-7}** （−2.520）	1824591
2018 年	0.757** （2.661）	-3.776×10^{-7}*** （−2.829）	2007332
2017 年	0.396* （1.454）	-1.878×10^{-7}* （−1.521）	2114168
2016 年	0.406 （1.181）	-1.936×10^{-7} （−1.211）	2101360
2015 年	0.330 （0.966）	-1.767×10^{-7} （−0.950）	1870568
2014 年	0.852* （2.023）	-5.127×10^{-7}* （−2.015）	1662429
2013 年	1.052** （2.719）	-6.953×10^{-7}** （−2.725）	1514122
2012 年	0.787** （2.356）	-5.298×10^{-7}** （−2.472）	1485556
2011 年	1.113*** （3.494）	-7.094×10^{-7}*** （−3.571）	1569069
2010 年	0.842** （2.639）	-5.403×10^{-7}** （−2.672）	1558485
2009 年	0.343* （1.788）	-2.611×10^{-7}* （−1.572）	1315140
2008 年	0.653* （2.044）	-8.233×10^{-7}* （−2.158）	793564
2007 年	1.057** （2.473）	-1.427×10^{-6}** （−2.482）	740539

注：*、**、*** 分别表示在 10%、5%、1% 的水平上显著。括号内为 *T* 值。

如表 6–3 所示，中国汽车市场的总销量的第一阶段 logistic 模型回归模型效果比较好。中国汽车市场的总销量呈现出蓬勃发展的势头。汽车市场的内禀增长率一直保持在正值，其中 2007 年、2011 年和 2013 年的内禀增长率达到了 1 以上。汽车市场的内部抑制系数的值一直保持在一个合理的区间。2007—2011 年，内部抑制系数逐渐增加。2012—2017 年，内部抑制系数逐渐缩小。2018—2022 年，内部抑制系数在震荡之中上升。这说明最近几年汽车市场的竞争加剧。2007—2022 年，汽车市场容量的理论上限也有着明显的提升。从 2007 年的每月 74 万辆的销量上涨至 2017 年的每月 211 万辆的市场容量上限。2018—2022 年，市场出现小幅震荡，维持在每月 180 万辆左右的水平。综上可得，2007—2017 年，中国汽车市场仍然处于发展期。2018 年以后，中国汽车市场进入成熟期。

如表 6-4 所示，基于观测数据的年份差异对样本数据进行分段，然后分别测算不同年份的内禀增长率、内部抑制系数和种群理论上限。表 6-4 所示就是种群理论上限，即企业销售量的理论上限。

表 6-4 样本企业月度销售数据理论值上限（K_1） 单位：辆

年份	上汽大众	吉利汽车	长安福特	北京现代	力帆	广汽吉普	广汽菲亚特	观致	宝沃
2022年	92109	78576	11730	8938	—	1404	—	—	—
2021年	105638	93034	19710	31621	1403	1456	—	-5738	421
2020年	128655	96790	19370	33423	80	3606	—	1238	-4765
2019年	140509	103614	16164	65487	1915	6627	—	-821	5015
2018年	144375	110423	22085	71996	3280	10237	241	5731	2787
2017年	149811	79540	72534	78236	10160	17605	292	1662	3898
2016年	142810	89925	82560	99290	39441	13260	1243	2022	—
2015年	131981	45686	75553	94268	11637	—	2108	1761	—
2014年	122531	38445	67306	94408	13310	—	6251	743	—
2013年	109591	48195	63347	86933	16033	—	5661	—	—
2012年	88246	47917	44707	91512	21174	—	—	—	—
2011年	80702	43587	27533	64576	10083	—	—	—	—
2010年	66978	32608	25776	59774	4745	—	—	—	—
2009年	67985	32374	20910	51338	2319	—	—	—	—
2008年	36593	23824	12654	25127	3084	—	—	—	—
2007年	36250	15177	15214	18135	2798	—	—	—	—

观察表 6-4 中的数据可以发现，绝大多数企业的销售量最大上限值出现在 2016 年或 2017 年。这一点与中国汽车市场总体销量的变化趋势基本吻合。个别企业的 K 值出现了小于 0 的情况，这是由其内禀增长率和内部抑制系数

均小于0造成的。在现实生活中，一般不会遇到销量为负的情形，如企业遭遇消费者大量退车。多数企业在销量下滑严重时，甚至销量为0的时候会选择放弃该市场。力帆、广汽吉普、广汽菲亚特、观致和宝沃销量的理论上限都很低，实际上已经没有继续维持其生产运营的必要了。本小节研究的一个主要目标是构建一套分析企业衰退期测量的方法，因此本小节将进行第二阶段logistic模型回归分析。在第二阶段分析中以第一阶段测得的种群理论上限值（K值）为分析对象。

二、第二阶段logistic模型

本阶段利用企业的成熟期、衰退期的销量理论上限值进行logistic模型回归分析，重点探究企业衰退期的种群动力学机制，归纳衰退企业的生态学特征。模型回归结果见表6–5。

表6–5 中国汽车月度销售数据理论值上限（二）

企业名称	内禀增长率（α_1）	内部抑制系数（γ_1）	销量理论上限（K_1）/辆
上汽大众	-0.489^{*} （-2.163）	2.966×10^{-6} （1.809）	164843
吉利汽车	1.086 （1.540）	-1.115×10^{-5} （-1.569）	97510
长安福特	0.059 （0.359）	$-1.043\times10^{-5**}$ （-4.058）	5731
北京现代	-0.735 （-1.388）	7.643×10^{-6} （0.999）	96189
力帆	-0.632^{***} （-5.405）	$-2.779\times10^{-6***}$ （-0.904）	-227807
广汽吉普	-0.407^{**} （-4.130）	$-2.030\times10^{-7*}$ （-0.031）	-2007569
广汽菲亚特	-0.137 （-0.128）	-3.425×10^{-5} （-0.184）	-4012
观致	-0.523 （-0.239）	-9.843×10^{-5} （-0.231）	-5314
宝沃	-0.985 （-1.501）	-2.113×10^{-5} （-0.145）	-46638

注：*、**、*** 分别表示在10%、5%、1%的水平上显著。括号内为T值。

如表6–5所示，基于内禀增长率（α_1）、内部抑制系数（γ_1）和市场理论容量（K_1）的正负可以将以上样本企业的销售情况进行分类。

第一类企业是吉利汽车和长安福特，它们的内禀增长率大于0，内部抑制系数小于零，市场理论容量大于零。这类企业的相关回归系数的取值严格符合种群生态学的理论要求。其中，吉利汽车的经营情况良好，其理论市场容量比较高；长安福特的内禀增长率偏低，已经接近 0，这也导致其理论市场容量只有每月 5731 辆的销售上限。

第二类企业是上汽大众和北京现代，它们的内禀增长率小于 0，内部抑制系数大于零，市场理论容量大于零。这两家企业的市场理论容量还是比较高的，分别达到每月 164843 辆（上汽大众）和 96189 辆（北京现代）。简单地从每月实际销量和理论销量上限来评价这两家企业是片面的。这两家企业的销量数据是令人乐观的，但是它们在实际运营中却面临着许多困境。这种困境可以通过内禀增长率（α_1）和内部抑制系数（γ_1）的数值得以体现。从生态学角度加以分析可得，这两家企业的内部资源难以支撑其保持比较高的内禀增长率。对于上汽大众和北京现代而言，其内部资源难以支撑起新产品开发、竞争优势保持和市场份额保持与扩张。这种情况在中国新能源汽车市场飞速发展的当下尤其明显。上汽大众的资源与能力要远高于北京现代。同时，内部抑制系数大于0说明这两家企业内部协同、分工合作和管理效率都是比较高的。高水平的内部管理弥补了内禀增长率的不足。

第三类企业是力帆、广汽吉普、广汽菲亚特、观致和宝沃。这些企业的内禀增长率和内部抑制系数都小于 0，因此市场理论容量也表现为负数。市场容量为负说明这些企业应该选择破产清算、重组或退出该市场。这一类企业的内部资源与能力不足以维持企业产品销售和市场占有率，同时企业内部还存在非常显著的内部竞争、内部消耗情况。这些企业的实际市场表现和管理决策也验证了模型参数回归结果。这些企业在中国市场表现不佳，最终退出了中国市场。其中，力帆选择重组，观致和宝沃选择退出该市场，广汽吉普和广汽菲亚特也选择退出中国本地化生产之路。2022 年 7 月 18 日，根据广汽集团与 Stellantis 集团的消息，由于广汽菲克近几年持续亏损，且 2022 年 2 月以来一直无法恢复正常生产经营，双方正在协商有序终止合资公司。今后 Stellantis 集团将只在中国地区保留 Jeep 品牌的进口业务。国产 Jeep 将不复存在，消费者仍可购买到进口 Jeep 的产品。在中国汽车市场急速扩张的时代，专注SUV的广汽吉普享受到市场的红利。在经历了蛰伏期后，其快速走向辉煌。但在中国汽车市场进入存量竞争时代之后，一批相对小众的车企开始快速陨落，广汽吉普也是其中之一。Fiat 与 Jeep 品牌在中国发展的命运有些许相似。广汽菲亚特在 2014 年取得年销售最佳业绩后便急转直下，到 2017 年其销量仅剩不足 3000 辆。

尽管中国汽车市场的规模仍然很大，但“躺着赚钱”的时代早已成为过去。

近年来，包括长安铃木、东风雷诺、长安 PSA 等在内的合资品牌，外方相继宣布退出中国市场。例如，最早一批进入中国的汽车企业铃木，在 20 世纪 90 年代就分别与长安和昌河成立合资公司。但在 2018 年，为了快速结束中国合资公司的业绩拖累，铃木甚至仅以 1 元的价格将长安铃木的股份转让给了长安集团。以个性著称的法系品牌雷诺与东风汽车集团在 2013 年成立合资公司，之后相继推出的国产科雷傲、科雷嘉等产品的销量在经历了短暂的爬坡期之后便快速回落，最终，雷诺在 2020 年选择了退出中国市场。

部分外资汽车品牌多次进入和退出中国市场，体现了中国市场的魅力和充分竞争性。弱势外资汽车品牌退出中国市场，体现了中国汽车市场已进入优胜劣汰的淘汰期，也警示了其他合资品牌要投入更多的精力进行产品本土化和技术创新。中国汽车行业的生命周期处于成熟期，而且规模很大，但是汽车企业的生命周期不一定能够和行业周期保持一致。利用本书所构建的两阶段 logistic 模型可以比较好地对企业所处的生命周期进行判定，有助于汽车制造企业进行更加精准的决策。

三、logistic 模型稳健性检验

为了验证 logistic 模型的稳健性，本小节采用一个改变样本、改变主要指标、改变观测周期的案例进行模型验证分析。本小节选取比亚迪的主营业务收入数据作为样本数据进行单一 logistic 模型分析。研究的样本数据如表 6-6 所示。

表 6-6　比亚迪营业收入　　单位：元

报告期	营业总收入	报告期	营业总收入
2022 年 3 月	66825185000	2019 年 6 月	62184263000
2021 年 12 月	216142395000	2019 年 3 月	30304111000
2021 年 9 月	145192358000	2018 年 12 月	130054707000
2021 年 6 月	90885400000	2018 年 9 月	88981326000
2021 年 3 月	40991873000	2018 年 6 月	54150930000
2020 年 12 月	156597691000	2018 年 3 月	24737565000
2020 年 9 月	105022633000	2017 年 12 月	105914702000
2020 年 6 月	60502986000	2017 年 9 月	73932895000
2020 年 3 月	19678542000	2017 年 6 月	45037637000
2019 年 12 月	127738523000	2017 年 3 月	21046138000
2019 年 9 月	93821797000	2016 年 12 月	103469997000

续表

报告期	营业总收入	报告期	营业总收入
2016 年 9 月	72797790000	2013 年 6 月	26040933000
2016 年 6 月	44949565000	2013 年 3 月	12883871000
2016 年 3 月	20285247000	2012 年 12 月	46904292000
2015 年 12 月	80008968000	2012 年 9 月	33108940000
2015 年 9 月	48493574000	2012 年 6 月	22582012000
2015 年 6 月	31582366000	2012 年 3 月	11734272000
2015 年 3 月	15282504000	2011 年 12 月	48826919000
2014 年 12 月	58195878000	2011 年 9 月	34334089000
2014 年 9 月	40408603000	2011 年 6 月	22544664000
2014 年 6 月	26715706000	2011 年 3 月	11710335000
2014 年 3 月	11723871000	2010 年 12 月	48448416000
2013 年 12 月	52863284000	2009 年 12 月	41113912000
2013 年 9 月	38704489000	2008 年 12 月	27727209000

资料来源：证券之星官网。

如表 6-6 所示，比亚迪的主营业务收入呈现出一个持续的上升态势，那么这个上升态势是否是可持续的呢？我们将采用 logistic 回归模型对样本数据进行分析。研究的结果如表 6-7 所示。

表 6-7　2010—2022 年比亚迪主营业务收入数据理论值上限

报告期	内禀增长率（α_1）	内部抑制系数（γ_1）	销量理论上限（K_1）/ 辆
2010—2022 年	0.574^{***} （2.623）	$-5.931\times10^{-6***}$ （-4.162）	85543722701
2020—2022 年	1.129^{*} （1.857）	$-8.876\times10^{-12**}$ （-2.429）	127272881597
2017—2019 年	1.855^{***} （4.408）	$-2.105\times10^{-11***}$ （-5.028）	88129201177
2014—2016 年	1.157^{*} （1.840）	$-2.056\times10^{-11*}$ （-2.035）	56314432274
2010—2013 年	2.039^{***} （6.494）	$-5.448\times10^{-11***}$ （-7.064）	37427458675

注：*、**、*** 分别表示在 10%、5%、1% 的水平上显著。括号内为 T 值。

如表 6–7 所示，模型的回归效果较好，不同时段的数据均可以得到比较好的拟合效果。这说明，企业的主营业务收入数据也可以很好地利用种群动力学模型。2010—2022 年，比亚迪的主营业务收入的理论上限也在逐渐加大，这说明比亚迪的主营业务还处在上升阶段，比亚迪处于生命周期的成长阶段。比亚迪在发展过程中，借助全球化资源，积极推动创新驱动和市场驱动模式的发展。比亚迪的内禀增长率在震荡中下调，其内部抑制系数出现有规律的下降。内部抑制系数的下降主要依赖管理创新和管理效率的提升。高水平管理减少了企业内耗，各部门可以在企业内部实现协同发展。本小节的验证性案例充分说明了 logistic 模型的稳健性，该模型在异质性样本和数据条件下依然可以正常使用。

第三节　结果与讨论

本章将生态学和种群动力学理论与模型运用于汽车企业生命周期分析。研究中将样本企业的销售量看作种群的规模，通过构建两阶段 logistic 模型，对样本企业的汽车销售数据进行分析。本章在种群动力学成长机制研究的基础上讨论了汽车企业所处的不同生命周期，重点分析了处于生命周期衰退期的企业特点。

研究结果表明，当企业的内禀增长率大于 0，内部抑制系数小于 0，市场理论容量充足时，企业处于成熟期。当企业的内禀增长率小于 0，内部抑制系数大于 0，市场理论容量充足时，企业处于成熟期和衰退期的临界点。这时企业需要提高警惕，认真分析，找准对策。当企业的内禀增长率小于 0，内部抑制系数小于 0，市场理论容量不足时，企业处于衰退期并且即将走到企业生命周期的终点。这时企业需要寻求破产清算或者并购与重组。

本章的研究与传统的企业生命周期测度研究相比，最大的特点就是回归了生态学研究的理论与方法，基于生态学和种群动力学方法对生命周期测度进行了探讨。生命周期理论本就来源于生态学研究。在社会经济与管理领域，学者们广泛使用这一概念，但是借助生态学理论与方法的研究均不是非常深入。

与传统的生命周期测度方法相比较，本章不仅对生命周期进行分析，还借助内禀增长率和内部抑制系数对企业成长机制进行深入分析。与基于企业复杂财务数据的生命周期测度方法相比较，本章的研究方法简单易行，数据更容易获得，模型拟合效果更好。与基于年龄的生命周期测度方法相比较，本章可以分析出处于相同生命周期企业的不同生存特征和发展机制。与基于雇员增长率的生命周期测度方法相比较，本章基于销售量的 logistic 回归的测度指标更加直接和合理。

第四节　本章小结

本章的研究目的是构建一种基于生态学理论的企业生命周期测度方法。这种方法要能够体现企业成长的生态学特征，可以精准体现企业所处生命周期。本章的研究实现了以上研究目标，实践表明种群动力学的 logistic 模型可以比较好地测度企业所处的生命周期。本章开发的两阶段 logistic 模型不仅可以比较好地测度企业所处的生命周期，还可以重点分析企业处于衰退阶段的种群动力学特征。因此，本章的两阶段 logistic 模型可以为企业科学决策提供支持。

本章的研究亮点如下：第一，基于种群动力学理论的 logistic 模型开发测度企业生命周期的新方法。第二，利用第一阶段 logistic 模型测算企业的内禀增长率、内部抑制系数和销售量理论上限。基于第一阶段模型参数值对企业发展趋势进行研判。第三，利用第二阶段 logistic 模型对销售量理论上限数据进行处理，测算第二阶段模型的内禀增长率、内部抑制系数和销售量理论上限。基于第二阶段模型参数值对企业发展生命周期特征进行归纳。

第七章　低碳排放发动机对汽车产品生命周期的影响

新能源汽车全面普及之前，使用低碳排放发动机是一个很好的替代方案。低碳排放发动机的使用可以有效降低碳排放，但是，低碳排放发动机也可能对产品的生命周期造成影响。本章将通过实证分析对低碳排放发动机的影响进行分析。

第一节　中国低碳排放发动机的运用

一、低碳排放（三缸）发动机的发展

2015 年之前，中国乘用车市场三缸发动机车型主要集中在自主品牌微型轿车。随着机动车节能法规趋严，从 2015 年起，逐渐有主流汽车品牌推出三缸发动机车型。

2015 年 3 月 16 日，标致 408 全系更换 1.2T 三缸发动机，是新时代中国乘用车市场推出的第一款主流品牌三缸机车型。同年 7 月，福特福克斯推出 1.0T 三缸发动机车型，雪铁龙 C4L 推出 1.2T 三缸发动机车型。随后，豪华车品牌宝马，合资品牌别克、雪佛兰、本田，自主品牌吉利、领克相继推出三缸机车型产品。截至 2021 年前三季度，已有 24 个品牌推出 80 余款搭载三缸发动机的车型。

虽然搭载三缸发动机的企业及车型不断增多，但三缸发动机车型的销量并没有持续增加，而是在 2019 年达到销量最高峰，全年销售 125.3 万辆，占国产乘用车市场 6.1% 的份额，即使是在销量最高的年份，三缸发动机车型的占比仍然处于较低的水平。截至 2021 年前三季度，三缸发动机车型销量占比

跌至 3.0%，不及 2019 年的一半。

在全球发动机小排量的趋势下，中国汽车市场三缸发动机却一直难以被消费者广泛接受。中国汽车市场最初的三缸发动机应用在微型车上，如夏利、奥拓、QQ 等，由于当时的技术水平及产品为微型车的定位，被消费者打上了廉价、动力差、抖动、低端等负面标签。即使随着技术水平的发展，现在的三缸发动机在动力、噪声、节能等方面已经超越当时的四缸发动机，但人们对三缸发动机的印象依旧停留在诸多负面评价上。另外，中国大力发展新能源汽车，实行双积分政策，在节能技术路线的选择上多了一条新能源的道路，综合考虑研发支出、销量水平、节能水平等因素，企业将更多精力转向新能源技术的研发上。在此影响下，自主企业与合资企业的产品策略有各自不同的侧重。

自 2015 年起，中国乘用车市场中的多家乘用车企业基于不同定位推出搭载三缸发动机的产品。整体来看，合资品牌更热衷于推出三缸发动机产品，一方面是由于合资品牌迫于节能法规的油耗目标，另一方面是因为合资品牌在发动机技术方面的储备要领先于自主品牌，可根据市场变化快速推出三缸发动机产品。在三缸发动机销量占比方面，美系与自主品牌的表现明显优于其他系别。目前，在乘用车市场占比最大的德系品牌并不急于推出三缸发动机产品，仅宝马品牌旗下有三缸发动机车型在售，德系品牌 2021 年前三季度三缸发动机产品的销量累计占比仅 10.6%。在车型类别方面，企业更愿意优先在轿车产品上推行三缸发动机，各品牌旗下首款车型多为轿车，选择 SUV 的用户更加看重车辆动力因素。在首款搭载车型方面，除福特和通用外，其他品牌的首款三缸发动机产品多选择旗下次核心车型。之所以做出这样的选择，一方面是尽量减少对核心车型销量的影响，另一方面是考虑销量不能太低，否则没有规模优势。

中国的新能源汽车正在经历突飞猛进的发展。2020 年 11 月，国务院办公厅印发的《新能源汽车产业发展规划（2021—2035 年）》提出：到 2025 年，新能源汽车新车销售量达到汽车新车销售总量的 20% 左右；到 2035 年，纯电动汽车成为新销售车辆的主流，公共领域用车全面电动化。插电式混合动力车型作为新能源类型中的一种，在目前阶段既能够满足新能源汽车要求，又能够消除消费者的里程焦虑，逐渐被市场接受。插电式混合动力车型采用三缸发动机占比显著高于传统燃料车型中的三缸发动机占比，新能源汽车用户更多关注续驶里程、动力系统总功率等指标，发动机缸数不再是消费者关注的重点。理想、吉利、领克等品牌旗下有多款三缸发动机插电式混动车型在销售，进入 2021 年，林肯、路虎等豪华品牌也纷纷推出搭载三缸发动机的新能源车型。

二、低碳排放发动机对汽车产品生命周期的影响

雷蒙德·弗农（Raymond Vernon）在其所著的《产品周期中的国际投资与国际贸易》中首次提出产品生命周期（product life cycle）理论。产品生命周期指产品的市场寿命。弗农认为，产品生命周期是指一种新产品从开始进入市场到被市场淘汰的营销生命。产品生命周期一般可以分成四个阶段，即产品的形成阶段（介绍期）、产品的成长期、产品的成熟期、产品的衰退期。

第一阶段：产品的形成阶段。从市场的角度来看，产品的形成原因是现有市场上没有类似的产品，所以顾客对处于产品形成阶段的新产品还不是很了解，除少数追求新奇的顾客有实际购买行为外，大多数人持观望的态度。为了扩大销售和占有更大的市场份额，让消费者尽早地接受新产品，企业不得不投入大量技术、人力对产品进行研发和改进，同时加大对产品的宣传推广力度。企业在该阶段由于技术尚不成熟、生产数量小、营销成本高、销售量少等通常不能获利，反而很有可能亏损。

第二阶段：产品的成长期。产品在试销售的过程中市场效果很好，那些一直观望的消费者开始购买该产品，产品进入需求高增长阶段。随着市场需求量的上升，企业的生产成本大幅度地下降，利润迅速增长。利润吸引着竞争者进入市场参与竞争，竞争者多采用已经开发出来的技术或在已有产品上进行改进，从而大大降低产品的研发成本和生产成本，所以进入市场的产品价格相对较低，这使先进入市场的企业利润率开始下降，最后达到产品生命周期利润的最高点。

第三阶段：产品的成熟期。产品进入成熟期之后，产品总量随着竞争者的进入而增加，市场需求趋于饱和，销售价格下降。由于竞争的加剧，企业不得不加大在产品花色、包装规格、售后服务等方面的投入，这在一定程度上增加了生产成本，使企业利润呈下降的趋势。

第四阶段：产品的衰退期，也称产品的淘汰阶段，是从完全撤出市场到产品生命周期结束的过程。随着科技的发展，新的替代品陆续进入市场，新产品影响并吸引着消费者，已有产品的使用价值在市场上开始老化，价格不断下滑，企业利润趋于最小。由于较高的企业成本，企业陆续停止生产利润较低的产品，该类产品的生命周期也就终结了。

通过对前人研究成果的研究和挖掘，我们发现目前的研究存在以下问题：第一，对低碳排放车型的研究注意力主要集中在新能源汽车上，对燃油汽车发动机的低碳排放改进的关注度并不高。第二，汽车使用三缸发动机的研究

主要集中在技术层面，将三缸发动机的使用和产品的生命周期联系起来的研究较少。第三，较少从生态学和种群动力学角度研究汽车产品的生命周期。以往学者在定量研究中静态分析较多，动态考虑较少，这使结论的说服力大大减弱。多数评价建立在构建评价指标体系之上，对企业发展的动力机制研究较少。

本章在深入研究分析的基础上，尝试构建汽车使用三缸发动机对汽车产品生命周期发展的种群动力学理论模型，并在此基础上对中国三缸发动机汽车产品可持续发展水平进行测度，以及构建 logistic 模型和 Lotka–Volterra 模型，分析三缸发动机汽车产品与企业产品总量互动机制的演化方向。研究成果能够丰富和完善社会经济生态系统理论的研究体系，同时为中国低碳排放汽车产品的发展研究提供新视角。本章通过对 2015—2021 年第三季度国产乘用车销量数据进行研究，深入分析中国三缸发动机乘用车的发展历程，探究三缸发动机的发展趋势。

第二节　生态系统种群互动机制

任何种群的发展都会受到自身增长能力和资源环境的制约，大部分物种遵循生命周期的规律。本小节将汽车制造企业销售的汽车产品看作汽车产品种群，利用种群数量对汽车产品进行研究。同样，种群在社会经济体系中的增长也不应是无限的。如果将一个汽车市场视为一个生态系统，那么系统中不同品牌的汽车可以视为生态系统中的种群。种群动力学模型主要关注种群数量的变化，其变化规律基于生物种群数量的非线性增长规律。汽车产品种群内部的竞争和协同机制也是一个重要因素。该生态系统设置基于生物种群的种内竞争原则。相关研究表明，汽车产品的共生机制适合用种群动力学进行分析 [100–107]。

一、样本介绍

本小节所选取的三缸发动机车型主要是中国市场上的合资汽车企业推出的畅销车型，至少曾经是畅销的车型。本小节选取的三缸发动机车型及其基本信息如表 7–1 所示。

表 7-1　三缸发动机车型及其基本信息

产品车型	开发企业	发动机排量	综合油耗 /（升・百公里 $^{-1}$）	投放市场时间
福克斯	CA-Ford	1.0T	5.4	2015 年 7 月
标致 408	标致	1.2T	5.2	2015 年 3 月
C4L	雪铁龙	1.2T	5.4	2015 年 7 月
昂科拉	上汽别克	1.0T	5.5	2019 年 7 月
凌派	广汽本田	1.0T	5.5	2018 年 9 月
迈锐宝	雪佛兰	1.3T	5.9	2019 年 1 月

如表 7-1 所示，本小节选择了来自六家中外合资企业的六种主力车型进行研究。综合油耗是指工业和信息化部发布的汽车行驶百公里综合油耗。这六种车型曾经均是中国乘用车市场上的热门产品。但是，近几年这几种车型遭遇了销售困境，销量出现显著下滑。

以长安福特福克斯车型为例，其在 2018 年 11 月终于迎来全新换代，距离上一代产品上市（2012 年 4 月，第三代福克斯在中国市场上市）已经接近 7 年时间，而其竞争对手——目前 A 级车市场代表车型之一的日产轩逸则分别在 2012 年、2016 年进行车型换代。在 2019 年上海车展，轴距加长 12 毫米的日产轩逸最新一代产品正式发布，日产轩逸的更新频率远超福克斯。

产品更新停滞的代价，是销量和影响力的双双下滑。数据显示，福克斯作为 A 级车市场曾经的标杆产品，不仅实现过月销超过 3 万辆的壮举，更在 2012—2014 年连续三年夺得细分市场销量冠军。随着竞争对手的奋起，以及福克斯自身的不思进取，其销量从 2015 年起便开始走下坡路。如今，即使全新一代福克斯“千呼万唤始出来”，也很难重现当年的辉煌。长安福特旗下其他车型，也都有类似的经历。福特家族最“年轻”的产品——福睿斯，自 2014 年 12 月上市至今，在 2018 年 10 月进行了中期改款。作为一款薄利多销的车型，改款后全系只搭载争议颇多的三缸发动机，销量也一落千丈，年销量甚至不及其巅峰期一个月的销量。在长安福特 SUV 阵营中，翼虎、锐界也纷纷进入产品周期的末端。长安福特的发展是某些中外合资汽车企业发展的一个缩影。许多人将长安福特面临的困境归咎于三缸发动机。然而，实际情况未必如此，这也是本书想揭示的一个谜团。

二、logistic 模型分析结果

本小节利用 logistic 模型来分析汽车产品的成长机制和模式，尤其是对比

该产品装备三缸发动机前后的差异，试图探讨采用三缸发动机是否会显著改变产品的成长机制和模式。研究结果如表 7–2 所示。

表 7–2　车型及企业销量的 logistic 模型结果

产品车型	装配三缸发动机之前			装配三缸发动机之后		
	内禀增长率（α_1）	内部抑制系数（γ_1）	销量理论上限（K_1）/ 辆	内禀增长率（α_1）	内部抑制系数（γ_1）	销量理论上限（K_1）/ 辆
福克斯	0.093^{*}（1.529）	$-3.819\times10^{-6*}$（−1.883）	24481	0.191^{**}（2.019）	$-1.346\times10^{-5***}$（−2.625）	14205
长安福特	0.127^{**}（2.173）	$-2.378\times10^{-6***}$（−2.456）	53707	0.186^{**}（2.091）	$-3.019\times10^{-6***}$（−2.633）	61715
标致 408	0.376^{***}（2.173）	$-6.451\times10^{-5***}$（−2.456）	5825	0.247^{***}（2.532）	$-3.388\times10^{-5***}$（−3.532）	7304
标致	0.234^{***}（2.734）	$-8.654\times10^{-6***}$（−2.929）	27076	0.164^{*}（1.588）	$-7.371\times10^{-6**}$（−2.296）	22364
C4L	0.498^{***}（2.527）	$-2.163\times10^{-4***}$（−3.533）	2305	0.178（1.114）	-3.678×10^{-5}（−1.353）	4839
雪铁龙	0.316^{**}（2.283）	$-1.732\times10^{-5***}$（−2.951）	18220	0.532^{**}（2.464）	$-2.200\times10^{-5***}$（−2.654）	24167
昂科拉	0.679^{***}（4.807）	$-1.095\times10^{-4***}$（−5.347）	6204	−0.109（−0.781）	$-6.559\times10^{-5***}$（−2.567）	−1668
上汽别克	0.402^{***}（3.133）	$-4.531\times10^{-6***}$（−3.454）	88673	0.473^{*}（1.793）	$-6.084\times10^{-6**}$（−2.012）	71798
凌派	0.518^{**}（4.058）	$-4.525\times10^{-5***}$（−5.452）	11439	0.118（0.552）	-1.444×10^{-5}（−0.895）	8169
广汽本田	0.718^{***}（5.839）	$-1.276\times10^{-5***}$（−6.604）	56256	0.948^{***}（3.701）	$-1.402\times10^{-5***}$（−3.907）	67595
迈锐宝	0.375^{***}（3.752）	$-3.715\times10^{-5***}$（−4.431）	10099	0.792^{***}（2.563）	$-1.688\times10^{-4***}$（−3.168）	4698
上汽雪佛兰	0.405^{***}（4.531）	$-7.487\times10^{-5***}$（−4.880）	54140	0.351^{**}（1.961）	$-1.135\times10^{-5***}$（−2.885）	30927

注：*、**、*** 分别表示在 10%、5%、1% 的水平上显著。括号内为 *T* 值。

表 7–2 中的数据说明，部分车型在换装低碳三缸发动机后销量理论上限出现下降，这些车型包括福克斯、标致、昂科拉、上汽别克、凌派、迈锐宝、上汽雪佛兰。长安福特、标致 408、C4L、雪铁龙、广汽本田的销量理论上限出现上升。

福克斯在推出搭载三缸发动机车型后，内禀增长率出现了上升，同时，内部抑制系数也出现上升，最终导致销量理论上限的下降。有趣的是，长安福特在福克斯推出三缸发动机产品后，全企业的汽车销量上限出现显著上升。在推出以福克斯为代表的低碳排放发动机汽车车型后，整个企业的销量上限实现上升。由此可以初步判定，低碳排放发动机可能是企业焕发新机的一个动力源。

标致 408 车型的表现与福克斯的情形正好相反。标致 408 车型在推出三缸机以后，内禀增长率下降，同时内部抑制系数也在下降，最终该车型的理论销售上限在提升。同时，东风标致的整体销量上限在下降。

东风雪铁龙和 C4L 车型搭载三缸发动机以后，该车型及整个企业的汽车销售理论上限都有显著提升。观察其回归模型可以发现，低碳发动机车型和企业理论销量的上升得益于内部抑制系数的下降。

在安装三缸发动机之后，昂科拉和上汽别克的销量理论上限均出现下降。这说明对于上汽通用别克而言，低碳排放的三缸发动机未能给企业带来显著的业绩改观。凌派和迈锐宝的情况与之类似。

单种群的分析显示，样本中多数车型在换装三缸发动机后，企业竞争力、企业产品的竞争力及企业产品销售的理论上限未得到显著提升。同时，多数产品的销售没有摆脱衰退的势头。那么我们是否可据此得出三缸发动机不利于汽车产品的发展这样的结论呢？为了进一步搞清楚这个问题，我们需要利用两种群 Lotka-Volterra 模型来进一步从种群共生视角来看待三缸发动机车型和企业总体销量之间的共生作用机制。

三、Lotka-Volterra 模型分析结果

仅从单种群成长角度研究三缸发动机对产品生命周期的影响是比较片面的。本小节利用 Lotka-Volterra 模型来分析汽车产品及其所属企业产品总和的共生机制与互动模式，尤其是对比该产品装备三缸发动机前后的差异，试图探讨采用三缸发动机是否会显著改变产品及其所属企业产品总和的共生机制及互动模式。研究结果如表 7-3 所示。

表 7-3　车型及企业销量的 Lotka-Volterra 模型结果

产品车型	装配三缸发动机之前				装配三缸发动机之后			
	内禀增长率（α_1）	内部抑制系数（γ_1）	共生系数（γ_2）	种群影响系数（β_{12}）	内禀增长率（α_1）	内部抑制系数（γ_1）	共生系数（γ_2）	种群影响系数（β_{12}）
福克斯	0.100* （1.638）	-1.832×10^{-7} （−0.054）	-2.132×10^{-6} （−1.355）	−0.719	0.170* （1.672）	-1.957×10^{-5}* （−1.599）	1.694×10^{-6} （0.550）	0.232
长安福特	0.103* （1.560）	-3.075×10^{-6}** （−2.333）	2.254×10^{-6} （0.781）	11.875	0.221*** （2.533）	-9.468×10^{-6}*** （−3.425）	2.687×10^{-5}*** （2.574）	1.060
标致408	0.328*** （3.078）	-7.950×10^{-5}*** （−4.863）	7.827×10^{-6}** （2.470）	0.375	0.177 （1.165）	-3.365×10^{-5}*** （−3.491）	2.632×10^{-6} （0.607）	0.046
标致	0.186* （1.962）	-1.183×10^{-5}*** （−2.955）	2.157×10^{-5} （1.172）	0.479	0.026 （0.235）	-8.382×10^{-6}*** （−2.721）	2.750×10^{-5}*** （2.988）	5.621
C4L	0.516*** （2.604）	1.549×10^{-5} （0.478）	-2.505×10^{-5}*** （−2.527）	−0.921	0.730*** （3.085）	-1.057×10^{-4} （−1.195）	-2.235×10^{-5}* （−1.704）	−0.446
雪铁龙	0.523** （2.420）	-2.756×10^{-5}*** （−2.707）	2.886×10^{-5} （0.944）	−1.838	0.437*** （2.700）	-3.008×10^{-5}*** （−2.791）	8.119×10^{-5} （1.406）	1.280
昂科拉	0.797*** （4.083）	-1.086×10^{-4}*** （−5.288）	-1.441×10^{-6} （−0.875）	−0.188	−0.668* （−1.859）	-4.787×10^{-5}* （−1.772）	7.566×10^{-6}* （1.680）	−0.723
上汽别克	0.472*** （3.381）	-4.555×10^{-6}*** （−3.485）	-1.387×10^{-5} （−1.247）	−0.215	0.382* （1.523）	-5.989×10^{-6}** （−1.975）	3.916×10^{-5} （0.926）	−1.430
凌派	−0.028 （−0.116）	-3.462×10^{-5}*** （−3.882）	8.732×10^{-6}*** （2.599）	−23.739	0.644* （1.523）	-1.085×10^{-5} （−0.672）	-8.251×10^{-6} （−1.436）	−0.861
广汽本田	1.058*** （6.498）	-1.373×10^{-5}*** （−7.435）	-3.025×10^{-5}*** （−2.967）	0.023	0.947*** （3.647）	-1.407×10^{-5}*** （−3.776）	4.621×10^{-7} （0.056）	0.029
迈锐宝	0.577*** （3.137）	-4.148×10^{-5}*** （−4.617）	-3.250×10^{-6} （−1.306）	−0.327	0.791** （2.521）	-1.597×10^{-4}** （−2.537）	-1.462×10^{-6} （−0.278）	−0.070
雪佛兰	0.446*** （3.967）	-7.671×10^{-6}*** （−4.887）	-3.795×10^{-6} （−0.604）	−0.118	0.382* （2.027）	-1.013×10^{-5}** （−2.254）	-1.746×10^{-5} （−0.581）	−0.226

注：*、**、*** 分别表示在 10%、5%、1% 的水平上显著。括号内为 T 值。

如表 7-3 所示，Lotka-Volterra 模型的回归效果良好，这说明两种群 Lotka-Volterra 模型比较适合汽车企业的共生机制研究。模型回归结果中有少数汽车企业（如长安福特、凌派）的 β 系数出现超越生态学理论边界的情况。在这种情况下重点关注其系数值的正负。样本中，长安福特、标致 408、标致、广汽本田使用三缸机之后对所属企业汽车总销量有促进作用。

福克斯和长安福特在汽车产品共生关系中表现为互利模式。装配低碳三缸发动机之前，福克斯与长安福特之间为竞争关系；装配低碳三缸发动机之后，福克斯与长安福特之间为协同共生关系。这说明，低碳产品发动机有效改变了福特内部的产品共生机制，优化了产品生态系统。同时，长安福特在中国市场的表现难以让人满意，但主要原因并不在于使用了三缸发动机，长安福特不应该把近年来产品市场竞争力和市场份额下降归咎于三缸发动机的使用。标致 408、C4L、凌派等产品在使用三缸发动机后依然可以实现对企业产品总量的协同效应。其中标致 408 和福克斯与其所属企业产品线总和之间均是双向协同关系。昂科拉、迈锐宝采用三缸发动机之后均对所属企业构成竞争关系。但是，昂科拉、迈锐宝采用三缸发动机之前也对所属企业构成竞争关系，三缸发动机的使用加剧了这一内部竞争关系。

第三节　结果与讨论

一、结　果

本章将生态学和种群动力学理论与模型运用于汽车产品生命周期分析，对比汽车产品使用三缸发动机对产品生命周期的影响。本章将样本企业的销售量看作种群的规模，通过构造两阶段 logistic 模型和 Lotka-Volterra 模型，对样本汽车产品的销售数据进行分析。在种群动力学成长机制研究的基础之上，本章讨论了汽车企业所处的不同生命周期。本章重点分析了采用新款低碳三缸发动机对产品生命周期的影响。研究结果表明，低碳排放的三缸发动机对汽车产品的生命周期衰退影响并不显著。相反，多数研究样本产品换装三缸发动机后对产品和企业产品销售总量均有正面影响。部分汽车企业及其主流产品市场竞争力的衰退不能简单地归咎于三缸发动机的使用，而应深入分析企业所面临的深层次的运营问题。

二、讨　论

本章的研究与传统的产品生命周期测度研究相比，最大的特点就是聚焦于生态学研究的理论与方法，基于生态学和种群动力学方法对产品周期测度进行探讨。生命周期理论本就来源于生态学研究。与传统的低碳排放汽车研究相比较，本章从三缸发动机对消费者市场选择角度展开研究，拓展了低碳排放汽车研究的领域和视角。与目前的低碳排放汽车市场消费者接受程度研究相比较，本章从企业产品种群共生关系角度来展开市场接受程度研究。这种方法采用了销售量这一客观数据指标，开拓了相关研究的思路。与传统的汽车三缸发动机研究相比较，本章从产品生命周期的角度开展定量分析，拓展了三缸发动机研究的领域和视角。

三、管理启示

在混合动力汽车、纯电动汽车等新能源汽车完全普及之前，小排量的低碳环保发动机是一个很好的过渡产品。企业开发汽车产品时，既要把握产品的未来技术要求，也要重视当前市场对新能源汽车和低碳环保发动机的接受程度。

（一）低碳环保发动机的前景

2020 年 9 月，国家主席习近平在第七十五届联合国一般性辩论上发表重要讲话，他提出："中国将提高国家自主贡献力度，采取更加有力的政策和措施，二氧化碳排放力争于 2030 年前达到峰值，努力争取 2060 年前实现碳中和。"可以预见，机动车节能与排放的相关法规要求将与碳达峰、碳中和的行动方案相一致。同时，随着发动机技术的不断进步，三缸发动机在动力水平、油耗指标、NVH（noise、vibration、harshness，噪声、振动和声振粗糙度）等方面的技术参数将会有更好的表现，为三缸发动机的大面积应用铸就成熟条件。随着全球越来越多的国家宣布未来将停售传统燃料汽车，各大车企同样发布了停售传统燃油汽车的计划。随着技术的进步，三缸发动机配合新能源技术打造的新能源产品必将在未来一段时间取得更大的发展。

三缸发动机有诸多优势，如结构简单，质量轻，横向尺寸较小，在减少质量、降低成本的同时，也为发动机舱的布置提供了更大的空间，更加适用于混动车型。同时，同排量发动机缸数越少，油耗就越低。

发动机的缸数从单缸发展到十二缸甚至更多，现在随着科技的进步和国家环保政策的完善，发动机的气缸数又慢慢退回到三缸。汽车制造企业经过这么多年技术的沉淀，制造发动机的技术越来越成熟。在环境保护意识越来越强的今天，节能减排是对各大车企的一次考验。三缸发动机具有成本更低、研发周期更短、燃烧效率更高等优势。由此，我们也有理由相信，随着三缸发动机技术的日益成熟，其市场认可度将不断提升，在纯电动汽车时代到来之前，三缸发动机将是内燃机领域愈加主流的存在。

（二）低碳排放汽车的市场策略

中国乘用车市场的实践表明，许多企业成功地在新产品的开发中使用了三缸低碳发动机。这些企业的产品开发各具特色，市场策略切中要害。首先，汽车制造企业需要使用一种循序渐进的方式来推广三缸发动机产品。在一种车型的改款中，尝试性地推出部分安装三缸发动机的车型。在使用三缸发动机的初期不急于求成，对市场和消费者要表现出更多的宽容和耐心，正确面对消费者的心理适应过程。其次，企业要切实推出高质量的三缸发动机产品。同时，企业要重视新产品的价格策略，适当让利于消费者。最后，企业要做好市场营销、广告宣传和产品推广。

第四节　本章小结

本章的研究目的是构建一种基于生态学理论的汽车产品生命周期测度方法。这种方法要体现低碳排放三缸发动机对汽车品牌生命周期的影响。实践表明，种群动力学的 logistic 模型和 Lotka–Volterra 模型可以比较好地测度产品所处的生命周期。本章开发的 logistic 模型和 Lotka–Volterra 模型不仅可以比较好地测度汽车产品所处的生命周期，还可以重点分析汽车产品处于衰退阶段的种群动力学特征。本章的两阶段 logistic 模型和 Lotka–Volterra 模型可以为企业科学决策提供支持。

本章的研究亮点如下：第一，基于种群动力学理论的 logistic 模型、Lotka–Volterra 模型，开发测度产品生命周期的新方法。第二，利用 logistic 模型测算汽车产品的内禀增长率、内部抑制系数和销量理论上限，并通过对产品装配三缸发动机前后情况进行对比来研判产品的生命周期变化。第三，利用 Lotka–Volterra 模型测算汽车产品和企业产品总体的共生关系，并通过对产品装配三缸发动机前后情况进行对比来研判产品的生命周期变化。

第八章　新能源汽车企业成长机制与同步效应

目前，关于新能源汽车的研究大多以新能源汽车制造企业这一群体为研究对象，对新能源汽车企业和企业间互动行为的研究较少。在产业研究中，不同企业之间的竞争与协同关系是产业研究的经典问题。近几年，新能源汽车产业快速发展，但对相关产业共生关系的研究不足。政策研究和市场研究均是关注新能源汽车产业的总体业绩，缺少对新能源汽车企业共生关系和共生行为同步性的分析。目前的研究方法多是简单的数学分析和孤立的模型，缺乏系统性分析步骤和方法。针对以上不足，本章给出以下研究目标：一是选择并构造合适的模型进行新能源汽车成长机制分析；二是设计直观便捷的方法评价新能源汽车的成长绩效；三是对新能源汽车的成长进行共生性和同步性评价，以便深入分析企业的成长行为。

第一节　生态共生与同步效应

一、共生与协同

本章从生态系统角度研究中国新能源汽车企业的成长机制，使用移动logistic 模型对企业销售数据进行动态成长机制分析，计算得到样本企业的内禀增长率、内部抑制系数和销售量理论上限值。为了研究新能源汽车企业种群的群体行为，本章使用 Kuramoto 模型的变形和衍生模型测度样本企业的种群耦合度和种群整体的同步效应水平。

自然界生态系统的网络架构、互惠共生机制是一个复杂的多层次网络。社会经济系统与自然生态系统在运行机制和演化特征上有着广泛的相似之处。生态学是研究生物之间及生物与非生物环境之间相关关系的学科，社会经济生态系统是多边合作的组合结构，以实现主要价值主张。这些互动基于多边相互依存关系，不能简单地分解为多重二元关系。多边依存和共生关系不能看作多重二元关系的简单叠加。与交易成本经济学、价值链、战略联盟网络等其他理论中的经济关系相比，这种共生关系使生态系统成为一种新的经济关系结构。

社会经济生态系统研究聚焦于协同进化概念。促进种群协同进化是生态系统的一项基本功能。通过协同进化过程，两个组织之间的互补性得到加强。协同进化的基础应该被理解为一个机会空间，这个机会空间是相对无界的、开放的、存在未被探索的区域。一个生态系统同时受到宏观层面相对稳定机构的下行力和微观层面互动行动者之间出现的上行力的影响。协同进化不仅发生在生态系统内部，也存在于生态系统外部环境之间。

在一个社会经济生态系统中，企业之间的协同进化本质上是以不断创新为导向的。生态系统的协同进化包括市场与企业的有机组合。社会经济生态系统是一个复杂的自适应系统，自适应系统的功能是抵御外部冲击和利用外部机会。协同进化的机制在于种群之间的共生关系良性演进。任何种群的发展都会受到自身增长能力和资源环境的制约，物种遵守生命周期的规律。同样地，企业种群在社会经济体系中的发展也不应是无限增长。如果将一个社会经济系统视为一个生态系统，那么可以将该社会经济系统中的企业视为生态系统中的种群。种群动力学模型可以很好地表达种群之间的共生关系。

二、同步效应模型

生态系统是一个典型的复杂系统网络。复杂系统网络通常被看作一些事物按照某种特定的关系相互联系在一起所构造成的一个系统。复杂系统网络是动态的，是不断变化的，其中每个顶点都有动力学行为，顶点之间又存在相互作用，因此网络上的动力学行为[103, 104]使各个领域的学者产生了浓厚的兴趣，逐渐得到学者的重视，成为研究热点。

多个性质相同或相近的振子构成的动力学系统，系统内的振子通过耦合作用在一定的初始条件下随时间演化，最终振子的状态变量保持一定相对关系的现象，叫作同步[105]。广义上的同步有相同步、频率同步等。同步的涌现作为一类具有代表性的自组织协同行为广泛存在于自然界诸多系统中，它对理解复杂系统诸多看似不同或无关联的集体行为的物理机制及其某些功能的实现至关重要[106]。例如，约瑟夫森结、大脑神经元集体放电、萤火虫的同步闪烁、鹿群活动与交通事故的涌现，以及社会系统中人群拥塞等行为都会表现出同步的特性[107-110]。因此，深入探索这些自组织协同态的涌现，揭示其内在的动力学机制，不仅对理解复杂系统群体动力学行为有着重要的理论意义，而且对开展相关实验及潜在应用研究起到积极的推动作用[111, 112]。

同步作为一种集体动力学现象，有利有弊。同步现象有时可以促进生产力的发展，如电网的同步。当各电机之间达到同步时，电力传输效率将大大提高。在自然界，鸟类和鱼类的种群同步可以更好地保护种群之中的个体。然而，有时同步现象却是灾难性的。例如，大桥的共振就是一种由大量人群踩踏导致的同步。癫痫的发作则是大脑神经元之间的高度同步放电所致，而这种同步在之前是没有任何征兆的。因此，掌握同步的机制是为了更好地控制同步。

本书基于生态学视角来测定中国新能源汽车企业的成长模式，并在此基础上对新能源汽车企业成长的同步效应进行研究。研究中，我们将新能源汽车企业看作一个特殊的种群，这个种群是整个中国汽车制造生态系统中一个新生的小种群。这个种群受到来自传统汽车制造企业种群的影响，同时也影响着整个中国汽车制造生态系统的演化。一个新生小种群只有出现比较明显的同步行为时，才可以更好地保护其中每一个个体。因此，在新能源汽车的初期发展阶段，比较好的同步效应有利于整个新能源汽车制造种群的可持续发展。

生命运动的重要标志是节律。生物钟是生物体内周而复始的节律。生物节律在物理表现上与其他各种自然节律一样，有幅度、周期、相位，这是生物钟动态行为的外在表现。生物钟作为自我维持行为的节律发生器具有内在机制。对外在表现的内在机制研究，是科学的基本教义，也是应用的基础。复杂系统中涌现的行为，往往有微观层次的基本合作协作机制。生物节律无处不在，不同生物有着不同节律，同一生物也有多种节律。例如，有些动物每年周期性冬眠，有些植物每年周期性长叶、落叶，等等。人们最为熟知的节律是昼夜节律。

企业运营也有周而复始的节律。企业运营节律在物理表现上与其他各种自然节律一样，有幅度、周期、相位，这是企业动态行为的外在表现。企业的研发、生产、销售和采购等活动均有一定的节律。不同企业有着不同节律，企业发展有快慢之分。同一企业也有多种节律，有时企业会有加班赶工等行为。本小节以产品的销售量为主要研究变量。每个企业的销售量均可看作一个振子。

同步效应的理论基础和研究思路确定之后，学者们需要找到一种合适的表达方式进行研究。将大自由度耦合微观个体的协同行为简化为相振子同步的思想已被科学界普遍采用。Winfree[113] 在 20 世纪 60 年代敏锐地认识到振子的相位自由度在同步研究中扮演着重要角色，并通过构造相位的响应函数来刻画弱耦合极限环振子的同步。Kuramoto[114] 在此基础上做了进一步简化，假设相振子之间的相互作用为相位差正弦函数的平均场耦合。Kuramoto 模型形式简洁，在统计物理的意义上可解，针对大量振子的同步相变给出了丰富的物理内涵。研究表明，当振子的自然频率分布满足单峰对称且振子之间的耦合强度超过某一临界值时，系统会自发地经历从无序（非同步态）到有序（同步态）的二级相变。基于该模型的可解性，人们将 Kuramoto 模型作为研究同步问题的经典范例，并在其基础上进行了一系列的改进和推广，并在实验研究和实际应用的多个方面取得了重要进展。1975 年，Kuramoto 提出了 M 个相振子耦合的网络模型 [114]，该 Kuramoto 模型可作如下描述：

$$\frac{\mathrm{d}\theta_i}{\mathrm{d}t}=\omega_i+\frac{P}{M}\sum\nolimits_{j=1}^{N}\sin(\theta_j-\theta_i),\quad i=1,2,\cdots,M \tag{8-1}$$

其中，$\theta_i=\theta_i(t)\in\mathbf{R}$ 表示第 i 个振子的相位；ω_i 表示第 i 个振子的固有频率；P 表示振子之间的耦合强度；M 表示振子个数。

因为该 Kuramoto 模型相对简单，容易进行数值计算，并且能广泛应用于各种学科中，所以经典的 Kuramoto 模型得到了许多学者的广泛关注。本小节基于 Kuramoto 模型构造了离散系统的 Kuramoto 模型，并通过对离散系统的 Kuramoto 模型进行变形得到离散系统耦合度测量的方程。推导过程如下：

因为 $\mathrm{d}\theta_i(t)\approx\Delta\theta_i(t)$，$\Delta\theta_1(t)=\theta_1(t)-\theta_1(t-1)$，$\mathrm{d}t\approx\Delta t=t-(t-1)=1$，故

$$\frac{\mathrm{d}\theta_i(t)}{\mathrm{d}t}\approx\frac{\Delta\theta_i(t)}{\Delta t}\approx\Delta\theta_i(t)=\theta_i(t)-\theta_i(t-1) \tag{8-2}$$

可得

$$\Delta\theta_i(t)=\omega_i+\frac{P}{M}\sum\nolimits_{j=1}^{N}\sin(\theta_j-\theta_i),\quad i=1, 2, \cdots, M \tag{8-3}$$

本小节利用 P 值来测定系统中各个振子（新能源汽车企业）之间的耦合强度。P 值求解公式如下：

$$P=\frac{\Delta\theta_i-\omega_i}{\frac{1}{M}\sum\nolimits_{j=1}^{M}\sin(\theta_j-\theta_i)},\quad i=1, 2, \cdots, M \tag{8-4}$$

在本小节的研究设定中，$\omega_i\approx\frac{\overline{\Delta\theta_i(t)}}{\Delta t}, \Delta t=t-(t-1)=1$，得 $\omega_i\approx\overline{\Delta\theta_i(t)}$。

Pluchino 等 [115] 提出了一个巧妙的方法来测度社会经济生态系统中的离散数据的同步性，具体如下：

$$\begin{cases} R_{(t)}=1-\sqrt{\frac{1}{M}\sum\nolimits_{j=1}^{M}\left(\bar{x}_{j(t)}-\overline{X}_{(t)}\right)^2} \\ \overline{X}_{(t)}\text{为 }\bar{x}_{j(t)}\text{的平均值} \\ R=1\text{，完全同步阶段} \\ R<1\text{，非同步与部分同步阶段} \end{cases} \tag{8-5}$$

由式（8-5）可知，新能源汽车企业处于完全同步阶段时，所有新能源汽车具有完全相同的销量变化率。在非同步或部分同步阶段，新能源汽车企业具有不同的销量变化率和不同的销量。

第二节　实证分析

一、样本企业移动 logistic 回归模型结果

本小节选取"双积分"政策中积分超过8万的新能源汽车制造企业为样本。[1]新能源汽车样本企业内禀增长率见表 8-1。

表 8-1　新能源汽车样本企业内禀增长率

时间	比亚迪	特斯拉（中国）	小鹏	哪吒（合众）	威马	理想	蔚来①	零跑
2022 年 5 月	0.417** （2.280）	1.587* （1.895）	0.956* （2.022）	1.120*** （3.460）	0.743 （1.225）	0.841 （1.511）	1.564** （2.789）	0.659 （1.331）
2022 年 4 月	0.443*** （2.945）	1.184* （1.756）	0.892* （1.881）	0.948*** （3.163）	0.623 （0.980）	0.510 （1.063）	1.728** （2.806）	0.663 （1.454）
2022 年 3 月	0.397** （2.684）	0.537* （2.138）	0.755* （1.727）	0.815** （2.452）	0.932* （1.784）	0.687 （2.042）	1.588** （2.867）	−0.629* （−2.069）
2022 年 2 月	0.322** （2.761）	0.530** （2.468）	0.402 （1.199）	0.542** （2.427）	0.629 （1.282）	0.482 （1.391）	1.373** （2.249）	0.665* （2.150）
2022 年 1 月	0.300*** （3.074）	0.361 （1.442）	0.443* （2.096）	0.259** （2.910）	0.843* （1.856）	0.425 （1.447）	1.294** （2.254）	0.059 （0.315）
2021 年 12 月	0.320** （2.623）	0.330 （0.968）	0.332* （1.694）	0.324** （3.107）	0.692* （1.814）	0.421 （1.269）	1.462** （2.761）	−0.223 （−0.555）
2021 年 11 月	0.043 （0.178）	0.422 （1.566）	−0.120 （−0.340）	0.173 （1.329）	0.509 （1.140）	0.500 （0.796）	2.330*** （6.368）	0.192 （0.263）
2021 年 10 月	−0.083 （−0.248）	0.258 （0.840）	0.134 （0.455）	0.156 （1.020）	0.678 （1.161）	0.382 （0.871）	2.041*** （5.555）	−0.073 （−0.112）
2021 年 9 月	−0.046 （−0.088）	−0.084 （−0.190）	0.199 （0.412）	0.182 （1.390）	0.235 （0.517）	0.434 （1.053）	1.828*** （4.488）	0.176 （0.294）
2021 年 8 月	0.448 （0.792）	0.811* （1.742）	0.718 （1.335）	0.153 （0.792）	0.188 （0.446）	0.296 （0.670）	1.190*** （2.912）	0.137 （0.235）
2021 年 7 月	0.750 （1.329）	0.799* （2.139）	0.820 （1.371）	0.092 （0.413）	0.288 （0.626）	0.501 （0.994）	0.614* （1.962）	0.290 （0.468）

1　见工业和信息化部官网，https://www.miit.gov.cn/jgsj/zbys/qcgy/art/2022/art_031bc64d8eaf4064a31f66d714603438.html。

续表

时间	比亚迪	特斯拉（中国）	小鹏	哪吒（合众）	威马	理想	蔚来①	零跑
2021 年 6 月	0.865** （1.833）	0.719* （1.970）	1.204* （1.842）	0.228 （0.853）	0.421 （0.663）	1.368 （2.493）	0.764** （2.723）	0.527 （0.672）
2021 年 5 月	0.725* （1.697）	0.719* （2.023）	1.295* （2.134）	0.315 （1.040）	0.593 （1.083）	0.974** （2.325）	0.609** （2.562）	0.697 （0.992）
2021 年 4 月	0.579 （1.388）	0.561* （1.671）	1.190* （1.996）	0.389 （0.989）	0.634 （1.170）	0.901** （2.270）	0.396 （1.519）	0.690 （1.060）

注：*、**、*** 分别表示在 10%、5%、1% 的水平上显著。括号内为 T 值。

①蔚来由江淮代工，下表同。

如表 8-1 所示，蔚来的拟合度最好，比亚迪、特斯拉（中国）、小鹏、哪吒（合众）的拟合度处于中等水平。零跑、理想、威马的拟合度最差。这说明蔚来、比亚迪、特斯拉（中国）、小鹏、哪吒（合众）等企业的销售量成长机制更符合生态系统中种群成长的动力特征。理论层面，企业行为越是符合生态系统特征，则该企业越能更好地适应外部市场环境。蔚来汽车有着与众不同的运行模式。蔚来汽车的生产制造完全外包给安徽江淮汽车集团有限公司，实现了企业制造虚拟化。蔚来汽车将其主要精力集中于研发、产品开发和市场开发。实践表明，蔚来汽车的运行模式取得了比较好的新能源汽车生态系统适应性。

样本企业的内禀增长率趋势曲线多数处在横轴以上（内禀增长率大于零）。蔚来汽车内禀增长率的趋势线显著高于其他样本企业的趋势线。除蔚来以外，其他样本企业的内禀增长率有着非常相似的变化趋势。多数样本企业的内禀增长率先是下降，然后缓慢上升。近年来，中国汽车市场面临着许多不确定因素。随着经济下行压力加大，居民收入增长明显放缓，这使人们购买汽车的需求下降。同时，政府出台了促进汽车消费尤其是新能源汽车消费的政策，这进一步刺激了人们对新能源汽车的需求。新能源汽车市场在多种因素的影响下出现了波动和振荡。

如表 8-2 所示，logistic 方程回归结果中另一个重要变量就是种群成长过程中的内部抑制系数。表 8-2 给出了新能源汽车样本企业的内部抑制系数。蔚来的拟合优度是最好的。其他企业内部抑制系数的拟合优度不如内禀增长率的拟合优度。内部抑制系数是一个越小越好的逆向指标。根据内禀增长率和内部抑制系数可计算出汽车销量的理论上限。本小节将这个汽车销量的理论上限值称作市场潜力值。新能源汽车样本企业市场潜力值的计算结果见表 8-3。

表 8-2 新能源汽车样本企业内部抑制系数

时间	比亚迪	特斯拉（中国）	小鹏	哪吒（合众）	威马	理想	蔚来	零跑
2022 年 5 月	$-3.90\times10^{-6*}$ （−1.988）	$-2.89\times10^{-5*}$ （−2.045）	$-7.77\times10^{-5*}$ （−2.221）	$-1.16\times10^{-4***}$ （−3.476）	-2.02×10^{-4} （−1.470）	-7.96×10^{-5} （−1.648）	$-1.86\times10^{-4**}$ （−3.066）	-8.42×10^{-5} （−1.358）
2022 年 4 月	$-4.36\times10^{-6**}$ （−2.608）	$-2.24\times10^{-5*}$ （−1.939）	$-7.33\times10^{-5*}$ （−2.094）	$-1.01\times10^{-4***}$ （−3.324）	-1.75×10^{-4} （−1.207）	-5.23×10^{-5} （−1.246）	$-2.02\times10^{-4**}$ （−3.052）	-9.39×10^{-5} （−1.555）
2022 年 3 月	$-3.93\times10^{-6*}$ （−2.286）	$-8.91\times10^{-6*}$ （−1.993）	-5.99×10^{-5} （−1.771）	$-8.64\times10^{-5**}$ （−2.321）	$-2.31\times10^{-4*}$ （−1.937）	$-6.11\times10^{-5*}$ （−2.065）	$-1.84\times10^{-4**}$ （−3.001）	1.21×10^{-4} （3.012）
2022 年 2 月	$-3.33\times10^{-6**}$ （−2.416）	$-9.11\times10^{-6**}$ （−2.356）	-3.55×10^{-5} （−1.370）	$-6.10\times10^{-5**}$ （−2.450）	-1.66×10^{-4} （−1.468）	-4.52×10^{-5} （−1.492）	$-1.64\times10^{-4**}$ （−2.436）	-1.22×10^{-4} （−2.427）
2022 年 1 月	$-2.90\times10^{-6**}$ （−2.436）	-6.29×10^{-6} （−1.349）	$-3.21\times10^{-5*}$ （−1.953）	-1.91×10^{-5} （−1.773）	$-2.12\times10^{-4*}$ （−2.024）	-3.59×10^{-5} （−1.358）	$-1.53\times10^{-4**}$ （−3.066）	1.42×10^{-5} （0.390）
2021 年 12 月	$-2.88\times10^{-6*}$ （−1.818）	-4.82×10^{-6} （−0.661）	-1.76×10^{-5} （−1.020）	$-2.80\times10^{-5*}$ （−2.061）	-1.57×10^{-4} （−1.710）	-3.30×10^{-5} （−0.982）	$-1.79\times10^{-4**}$ （−3.052）	7.35×10^{-5} （0.776）
2021 年 11 月	8.61×10^{-7} （0.243）	-8.17×10^{-6} （−1.368）	3.69×10^{-5} （0.858）	-3.48×10^{-6} （−0.177）	-1.24×10^{-4} （−1.069）	-5.46×10^{-5} （−0.663）	$-3.05\times10^{-4**}$ （−3.001）	-2.99×10^{-5} （−0.154）
2021 年 10 月	2.54×10^{-6} （0.449）	-4.72×10^{-6} （−0.639）	-1.16×10^{-5} （−0.296）	-8.08×10^{-6} （−0.316）	-1.93×10^{-4} （−1.117）	-5.50×10^{-5} （−0.941）	$-2.71\times10^{-4**}$ （−2.436）	1.32×10^{-5} （0.075）
2021 年 9 月	1.77×10^{-6} （0.174）	9.54×10^{-6} （0.634）	-1.80×10^{-5} （−0.237）	-1.20×10^{-5} （−0.542）	-8.42×10^{-5} （−0.628）	-6.23×10^{-5} （−1.123）	$-2.46\times10^{-4**}$ （−2.361）	-5.23×10^{-5} （−0.315）
2021 年 8 月	-8.92×10^{-6} （−0.775）	-2.48×10^{-5} （−1.614）	-1.12×10^{-4} （−1.284）	-6.44×10^{-6} （−0.154）	-5.95×10^{-5} （−0.468）	-3.62×10^{-5} （−0.542）	$-1.65\times10^{-4**}$ （−2.845）	-3.47×10^{-5} （−0.201）
2021 年 7 月	-1.59×10^{-5} （−1.325）	$-2.70\times10^{-5*}$ （−2.126）	-1.33×10^{-4} （−1.302）	9.68×10^{-6} （0.172）	-8.21×10^{-5} （−0.550）	-7.94×10^{-5} （−0.914）	$-8.07\times10^{-5***}$ （−6.576）	-8.50×10^{-5} （−0.428）
2021 年 6 月	$-1.88\times10^{-5*}$ （−1.840）	$-2.52\times10^{-5*}$ （−1.955）	-2.13×10^{-4} （−1.786）	-3.05×10^{-5} （−0.397）	-1.38×10^{-4} （−0.596）	$-2.70\times10^{-4**}$ （−2.459）	$-1.06\times10^{-4***}$ （−5.832）	-1.85×10^{-4} （−0.641）
2021 年 5 月	$-1.62\times10^{-5*}$ （−1.727）	$-2.70\times10^{-5*}$ （−1.993）	$-2.43\times10^{-4*}$ （−2.135）	-6.64×10^{-5} （−0.663）	-2.27×10^{-4} （−1.093）	$-2.05\times10^{-4**}$ （−2.447）	$-8.80\times10^{-5**}$ （−2.496）	-2.91×10^{-4} （−1.068）
2021 年 4 月	-1.34×10^{-5} （−1.442）	$-2.40\times10^{-5*}$ （−1.842）	$-2.30\times10^{-4*}$ （−2.027）	-1.14×10^{-4} （−0.737）	-2.55×10^{-4} （−1.187）	$-1.88\times10^{-4**}$ （−2.298）	-5.44×10^{-5} （−1.311）	-3.19×10^{-4} （−1.207）

注：*、**、*** 分别表示在 10%、5%、1% 的水平上显著。括号内为 T 值。

表 8-3　新能源汽车样本企业产品销量理论上限值（市场潜力值）　单位：辆

时间	比亚迪	特斯拉（中国）	小鹏	哪吒（合众）	威马	理想	蔚来	零跑
2022 年 5 月	106859	54862	12297	9681	3674	10561	8414	7829
2022 年 4 月	101555	52920	12172	9432	3567	9743	8540	7061
2022 年 3 月	101083	60264	12609	9436	4037	11248	8621	5186
2022 年 2 月	96841	58152	11335	8887	3794	10656	8378	5439
2022 年 1 月	103310	57392	13788	13568	3975	11834	8466	–4153
2021 年 12 月	111254	68469	18901	11559	4418	12756	8176	3036
2021 年 11 月	–49942	51627	3256	49706	4119	9157	7648	6415
2021 年 10 月	32615	54623	11571	19317	3511	6945	7538	5528
2021 年 9 月	26010	8806	11042	15168	2791	6961	7443	3363
2021 年 8 月	50241	32637	6435	23749	3160	8166	7205	3953
2021 年 7 月	47312	29645	6156	–9504	3507	6311	7605	3412
2021 年 6 月	45921	28490	5641	7471	3049	5066	7223	2845
2021 年 5 月	44733	26649	5340	4745	2613	4746	6918	2391
2021 年 4 月	43229	23381	5179	3408	2485	4785	7284	2163

如表 8-3 所示，比亚迪有着较高的市场理论销量和销售潜力值。特斯拉（中国）也表现出强劲的增长势头。同时，销售潜力值也存在明显的波动和振荡，这也是市场真实环境的体现。表 8-3 中也出现了极少数的特殊值（小于零的值），在实际运算中可以通过增加移动 logistic 模型观测值的数量来降低极端值的出现概率。本小节没有对极端值进行特殊处理，保留了这几个回归的特殊值。

多数企业的市场潜力值的变化趋势是类似的。比亚迪是一个特殊的例子，其市场潜力值经历了显著下滑，然后快速上升。这个变化体现了比亚迪内部的市场成长机制。当感受到销量进入下滑区间时，比亚迪及时进行了应对和运营调整，并成功扭转了下滑的势头。多数样本企业的销售量潜力值不高——每个月几千辆。比亚迪和特斯拉（中国）的市场潜力显著高于其他样本企业。

企业的成长机制更多是体现企业个体的成长模式。除了研究每个样本个体之外，还要对新能源汽车企业种群整体进行成长模式分析。在这个种群整体成长模式分析之中，同步效应是一个非常有意义且有趣的研究领域。基于前文的理论阐释，新能源汽车企业作为新生的造车力量，同步行为有利于新能源汽车种群在汽车市场中赢得一席之地。节能减排的需求和政府的优惠政策促进新能源汽车企业实施同步行为。市场环境的多变、信息不对称和企业间的差异阻碍着同步效应发挥作用。为了更好地了解新能源汽车企业的成长机制，有必要深入研究新能源汽车种群的同步效应。

二、同步效应

同步效应测算主要利用表 8–1 中的内禀增长率数据。首先对数据进行归一化处理。归一化数据处理公式如下：

$$\alpha_i' = \frac{\alpha_i - \alpha_i(\min)}{\alpha_i(\max) - \alpha_i(\min)} \tag{8–6}$$

内禀增长率的归一化数据见表 8–4。

表 8–4　内禀增长率的归一化数据

时间	比亚迪	特斯拉（中国）	小鹏	哪吒（合众）	威马	理想	蔚来	零跑
2022 年 5 月	0.527	1.000	0.760	1.000	0.746	0.508	0.604	0.971
2022 年 4 月	0.555	0.759	0.715	0.833	0.585	0.200	0.689	0.974
2022 年 3 月	0.506	0.372	0.618	0.703	1.000	0.365	0.616	0.000
2022 年 2 月	0.427	0.367	0.369	0.438	0.593	0.174	0.505	0.976
2022 年 1 月	0.404	0.266	0.398	0.162	0.880	0.120	0.464	0.519
2021 年 12 月	0.425	0.248	0.319	0.226	0.677	0.117	0.551	0.306
2021 年 11 月	0.133	0.303	0.000	0.079	0.431	0.190	1.000	0.619
2021 年 10 月	0.000	0.205	0.180	0.062	0.659	0.080	0.851	0.419
2021 年 9 月	0.039	0.000	0.225	0.088	0.063	0.129	0.740	0.607
2021 年 8 月	0.560	0.536	0.592	0.059	0.000	0.000	0.411	0.578
2021 年 7 月	0.879	0.528	0.664	0.000	0.134	0.191	0.113	0.693
2021 年 6 月	1.000	0.481	0.936	0.132	0.313	1.000	0.190	0.872
2021 年 5 月	0.852	0.481	1.000	0.217	0.544	0.632	0.110	1.000
2021 年 4 月	0.698	0.386	0.926	0.289	0.599	0.564	0.000	0.995

如表 8–4 所示，通过归一化运算可以得到内禀增长率的归一化值，然后将内禀增长率的归一化数据转换为相位。在这一处理过程中采用反正弦函数进行计算。内禀增长率归一化数据转换成的相位见表 8–5。

表 8-5 内禀增长率归一化数据转换成的相位

	比亚迪	特斯拉（中国）	小鹏	哪吒（合众）	威马	理想	蔚来	零跑
2022 年 5 月	0.556	1.571	0.864	1.571	0.842	0.533	0.648	1.331
2022 年 4 月	0.588	0.862	0.797	0.984	0.624	0.201	0.760	1.344
2022 年 3 月	0.531	0.381	0.667	0.780	1.571	0.373	0.664	0.000
2022 年 2 月	0.441	0.376	0.378	0.453	0.634	0.174	0.530	1.351
2022 年 1 月	0.416	0.270	0.409	0.163	1.077	0.121	0.483	0.546
2021 年 12 月	0.439	0.250	0.325	0.228	0.744	0.117	0.584	0.311
2021 年 11 月	0.133	0.308	0.000	0.079	0.446	0.191	1.571	0.668
2021 年 10 月	0.000	0.206	0.180	0.062	0.719	0.080	1.017	0.433
2021 年 9 月	0.039	0.000	0.227	0.088	0.063	0.129	0.834	0.652
2021 年 8 月	0.595	0.565	0.634	0.059	0.000	0.000	0.423	0.616
2021 年 7 月	1.073	0.557	0.727	0.000	0.135	0.192	0.113	0.766
2021 年 6 月	1.571	0.501	1.210	0.133	0.319	1.571	0.191	1.059
2021 年 5 月	1.020	0.501	1.571	0.219	0.576	0.685	0.110	1.571
2021 年 4 月	0.773	0.396	1.183	0.293	0.643	0.600	0.000	1.468
ω_i	−0.017	0.090	−0.025	0.098	0.015	−0.005	0.050	−0.011

如表 8-5 所示，每个企业内禀增长率（振子）的相位很容易得到，取其平均数作为振子的固有频率（ω_i），然后计算每个企业销量内禀增长率在不同观测周期的耦合度值（P）。本小节将企业内禀增长率（振子）每一期相位变化的平均值作为振子的固有频率。固有频率值显示，不同企业之间的相位变化方向不同。企业销量内禀增长率的耦合度值见表 8-6。

表 8-6 企业销量内禀增长率的耦合度值

时间	比亚迪	特斯拉（中国）	小鹏	哪吒（合众）	威马	理想	蔚来	零跑
2022 年 5 月	−0.042	1.852	−2.522	1.867	−2.280	0.068	−0.471	2.214
2022 年 4 月	0.430	4.127	7.072	2.388	−0.374	0.745	−22.953	1.304
2022 年 3 月	1.507	0.287	2.069	2.203	1.169	0.762	3.568	0.989
2022 年 2 月	0.491	−0.171	0.604	−1.466	2.143	0.810	−53.986	1.125
2022 年 1 月	−0.444	0.359	1.489	0.596	1.087	1.008	2.343	1.080
2021 年 12 月	−5.052	0.803	2.883	0.779	0.889	1.289	0.949	2.241
2021 年 11 月	0.648	−3.380	0.457	−0.158	7.057	−0.293	1.260	2.068
2021 年 10 月	−0.073	−2.508	−1.094	−0.640	1.887	−0.321	1.505	4.266
2021 年 9 月	−2.694	−0.217	−7.720	−0.952	−0.223	−0.738	1.445	1.504
2021 年 8 月	2.088	0.315	0.057	1.430	1.593	1.653	−2.084	0.045
2021 年 7 月	0.872	−3.781	−1.389	1.949	2.795	3.355	2.543	−1.054
2021 年 6 月	−0.977	3.015	−1.158	1.674	2.320	−0.009	1.887	−2.448
2021 年 5 月	−1.230	1.758	0.800	1.363	2.469	4.501	1.390	0.823

如表 8-6 所示，样本企业耦合度值普遍不高，而且波动较大。在一个具有大量耦合振子的系统中，所有振子都有其作用。耦合度较大时，单个振子的动力学是无法直接剥离出来的。耦合增强可以消除振子差异，并使其达到同步或具有相同的相位速度。

三、种群同步效应 *R* 值的计算

耦合度描述了企业个体销售量和种群整体之间的协同性。为了更加全面地了解新能源汽车种群的同步效应，本小节计算了同步效应值。新能源汽车种群同步效应 *R* 值的计算结果如表 8-7 所示。

表 8-7　种群同步效应 *R* 值的计算结果

时间	*R*	时间	*R*	时间	*R*
2022 年 5 月	0.724	2021 年 12 月	−1.771	2021 年 7 月	0.604
2022 年 4 月	0.138	2021 年 11 月	−0.571	2021 年 6 月	0.752
2022 年 3 月	0.186	2021 年 10 月	−0.694	2021 年 5 月	0.756
2022 年 2 月	−2.655	2021 年 9 月	0.324		
2022 年 1 月	0.521	2021 年 8 月	0.492		

如表 8-7 所示，种群同步效应水平出现比较显著的波动和振荡。这一点和 logistic 模型的回归结果有类似之处。在观测时间区间的起点处，同步效应 *R* 值最高（0.756），然后同步效应水平出现下降和振荡，最终恢复到比较好的水平（0.724）。

种群同步效应的变化趋势与内禀增长率和市场潜力值的变化趋势类似。新能源汽车种群同步效应水平出现下降、振荡，然后上升。这一变化趋势说明 logistic 种群成长模型和 Kuramoto 同步效应模型揭示了类似的机制。这些变化趋势线中的震荡区间是值得重点研究的时段。在趋势振荡线对应的实际市场环境中出现了显著的干扰因素。干扰因素对销售量造成了重要限制。

第三节　结果与讨论

一、结　果

本章将生态学理论和种群动力学模型运用于新能源汽车企业成长机制研究，研究中将样本企业的销售量看作种群的规模，通过构建移动 logistic 模型，

对样本企业的汽车销售数据进行分析。在种群动力学成长机制研究的基础之上，本章讨论了新能源汽车企业的种群同步效应。

研究结果表明，样本企业的内禀增长率趋势曲线多数处在横轴以上（内禀增长率大于零）。蔚来汽车内禀增长率的趋势线显著高于其他样本企业的趋势线。除蔚来以外，其他企业的内禀增长率有着非常相似的变化趋势。多数样本企业的内禀增长率先是下降，然后缓慢上升。多数样本企业的销售量潜力值不高——每个月几千辆。比亚迪和特斯拉（中国）的市场潜力显著高于其他样本企业。种群同步效应的变化趋势与内禀增长率和市场潜力值的变化趋势类似。新能源汽车种群同步效应水平出现下降、振荡，然后上升。这一变化趋势说明 logistic 种群成长模型和 Kuramoto 同步效应模型揭示了相似的机制。

二、讨　论

与传统的企业成长机制研究相比，本章最大的特点就是回归了生态学理论与方法，基于生态学和种群动力学方法对企业成长进行了探讨，并在此基础上对企业种群的同步效应进行探索性研究。

与现有研究的方法相比较，本章使用了一种基于种群生态学模型的动态评价方法，开拓了定量分析的新领域。以前的研究可以看出一个时间段内的 logistic 回归结果，本章的研究方法可以计算出一个 logistic 模型回归参数的时间序列数据。本章提出的方法可以体现企业发展的动态性，比传统的基于评价指标体系的综合评价法更有优势。本章从一个崭新的视角切入，关注新能源汽车制造企业发展的同步性问题。相关文献认为，中国新能源汽车产业已由“政府驱动”转变为“政府驱动 + 市场驱动”，本章部分支持这一论点。本章的研究发现，中国的多数新能源制造企业受市场环境影响显著，中国汽车市场环境的波动性显著影响了新能源汽车企业的成长及其同步性。

与现有的社会和商业生态系统研究相比较，本章提出使用同步效应方法来研究生态系统中种群关系的新视角。传统的 Kuramoto 模型主要解决自然科学领域的问题，本章将该模型引入企业管理和市场研究等管理学领域。

三、管理启示

新能源汽车企业的销售量的同步效应不明显，这说明各家企业的运营活动是不同步的。在新能源汽车企业相关政策影响比较显著时，企业会出现比较一致的运营策略和措施。例如，政府为新能源汽车销售提供税收优惠时，汽车企业为了充分利用这一优惠政策会采取类似的销售策略。企业的行为和销量均会出现同步效应。同步效应不明显这一实证分析结果也从另一个角度印证了中国新能源汽车从“以政策驱动为主”向“以市场驱动为主”的转变。在市场驱动模式下，不同企业的市场信息是不对称的，企业的行为也是异质性的。

第四节　本章小结

本章的研究目的是构建移动 logistic 模型进行新能源汽车成长机制分析，设计便捷的方法评价新能源汽车的成长机制，对新能源汽车的成长进行同步评价，以便深入地分析企业的成长行为。本章实现了以上研究目标，实践表明移动 logistic 模型可以比较好地测度企业的成长机制。本章开发的移动 logistic 模型不仅可以比较好地测度企业的成长机制，还可以得到成长机制的时间序列值和变化趋势。因此，移动 logistic 模型可以为企业科学决策提供支持，Kuramoto 模型及其衍生模型可以清晰地分析新能源汽车种群的同步效应和耦合度。

本章的研究亮点如下：第一，提出了基于种群动力学理论的移动 logistic 模型开发测度企业成长机制的新方法。第二，利用移动 logistic 模型测算企业的内禀增长率、内部抑制系数和销售量理论上限。基于模型参数值对企业发展趋势进行研判。第三，利用 Kuramoto 模型及其衍生模型对内禀增长率数据进行处理，测算同步效应水平和耦合度。基于同步效应和耦合参数值对企业种群共生性进行归纳。但是，本章仅探讨了新能源汽车种群的同步效应，没有将同步效应的研究放到更加广泛的领域中去，如增加研究样本，兼顾燃油汽车的同步效应分析。另外，没有将系统噪声影响引入种群成长和同步效应分析之中是本章研究的另一不足之处。未来的研究将考虑如何测量和评价系统噪声对种群的影响。

第九章　新能源汽车发展可持续性研究

学者大多采用主客观相结合的方法来研究新能源汽车的发展水平。熵权层次分析法、模糊集层次分析法等综合评价方法被用来分析新能源汽车的发展水平。目前，新能源汽车的发展主要依赖于政府政策激励和市场驱动。学者们关注新能源汽车的市场表现，如评价消费者使用新能源汽车的意愿。关于新能源汽车发展的政策研究一直是一个热点，并且学者们也开始探究新能源汽车在减排领域的实际效果。从环境保护的效果和新能源技术角度来看，新能源汽车是接近零排放的汽车，对实现环境、社会和健康目标协同发展具有重大意义。新能源汽车的零废气排放非常适合缓解空气污染问题。然而，新能源汽车是将排放的负担转移给发电厂。一个经济体的发电配置极大地影响了相关地区新能源汽车的环境改善效率。

通过对前人研究成果的研究和挖掘，我们发现以往学者在定量研究中静态分析较多，动态考虑较少，这使结论的说服力大大减弱。以往的多数评价建立在构建评价指标体系之上，对企业发展的动力机制研究较少。本书在对创新生态系统理论进行深入研究分析的基础上，尝试构建中国新能源汽车产业发展的种群动力学理论模型。在此基础上，本章对中国新能源汽车产业可持续发展水平进行测度，并构建 MCGP 模型，分析中国新能源汽车产业可持续发展的演化方向。希望本章的研究成果能够丰富和完善社会经济生态系统理论的研究体系，同时为中国新能源汽车产业的发展研究提供新视角。

第一节　新能源汽车产业可持续发展评价

一、新能源汽车产业发展现状

2009 年 7 月，工业和信息化部制定的《新能源汽车生产企业及产品准入管理规则》对新能源汽车进行了明确界定，强调新能源汽车是指采用非常规的车用燃料作为动力来源（或使用常规的辅燃料，采用新型车载动力装置），综合车辆的动力控制和驱动方面的先进技术，形成的技术原理先进、具有新技术和新结构的汽车。

21 世纪，中国要实现从汽车制造大国到汽车制造强国的转变，关键在于新能源汽车的发展，要形成从关键零部件到整车完整的工业体系和创新体系，保持整体技术水平与国际先进水平同步。新能源汽车主要包括混合动力汽车、纯电动汽车、燃料电池汽车等。相对于传统汽车来说，新能源汽车具有以下特点：技术的创新性、产品的效益性和产业的依托性。

相对于传统汽车而言，新能源汽车从根本上改变了汽车的动力来源，对与之相匹配的整车集成技术、电驱动系统技术、能量存储系统技术等也提出新的更高要求。因此，从一定意义上来说，新能源汽车技术不是对传统汽车技术的简单替代，它在很多方面存在原始创新，是技术的跨越。

新能源汽车采用新能源替代传统能源，缓解了传统能源的消耗，起到了节约能源的社会效益。同时，由于采用新能源，新能源汽车在行驶的过程中，污染气体排放少或零排放、噪声小，极大地减少了对环境的污染程度，具有良好的环境效益。另外，由于目前国家层面大力鼓励、扶持新能源汽车产业的发展，持续加大对新能源汽车制造企业、新能源汽车消费群体的补贴力度，且新能源汽车使用成本相对于传统燃油汽车来说较低，故新能源汽车具有良好的经济效益。

新能源汽车产业是战略新兴产业，其产业链复杂且多样，表现如下：从上游的矿物资源到中游的新能源汽车制造企业再到下游的新能源汽车消费群体，同时还出现了新型的零部件配套企业、新型的服务配套设施。由于新能源汽车仍然属于汽车的范畴，故新能源汽车产业的发展离不开传统汽车产业链的配合，一定意义上来说，其依托于传统汽车产业。

二、新能源汽车产业成长动力

根据 logistic 模型，构建种群 1（P_1）内部的增长动力系统。

$$g_1(t)=\frac{\mathrm{d}N_1(t)}{\mathrm{d}t}=\alpha_1 N_1\left(1-\frac{N_1}{K_1}\right) \tag{9-1}$$

其中，$g_1(t)$ 是第 t 阶段的增长率；$N_1(t)$ 是第 t 期的种群规模；K_1 是最大种群规模；α_1 是内禀增长率；$\left(1-\frac{N_1}{K_1}\right)$是成长迟滞因子。

计量模型如下所示：

因为 $dN_1(t) \approx \Delta N_1(t)$，$\Delta N_1(t)=N_1(t)-N_1(t-1)$，$dt \approx \Delta t=t-(t-1)=1$，故

$$g_1(t) \approx \Delta N(t)=\gamma_1 N_1(t-1)+\gamma_2 N_1^2(t-1) \tag{9-2}$$

令 $\gamma_1=\alpha_1$。一般情况下 $\gamma_1>0$，它代表一个群体内的协同作用，被称为内部协同系数。当 $\gamma_1>1$ 时，协同效应显著。令 $\gamma_2=-\dfrac{\alpha_1}{K_1}$，通常，$\gamma_2<0$，用来表示种群内的竞争效应，它被称为内部竞争系数或种群密度抑制系数。

Lotka–Volterra 模型基于单个物种的 logistic 模型，考虑了生态系统中两个或多个实体同时竞争和共生的动态增长，能够准确描述企业群体之间的竞争和共生。Lotka–Volterra 系统可以确定核心种群在整个生态系统演化中的影响，因此具有更好的数据拟合和预测表达式。

$$\begin{cases} g_1(t)=\dfrac{dN_1(t)}{dt}=\alpha_1 N_1\left(1-\dfrac{N_1}{K_1}+\dfrac{\beta_{12}N_2}{K_2}\right) \\ g_2(t)=\dfrac{dN_2(t)}{dt}=\alpha_2 N_2\left(1-\dfrac{N_2}{K_2}+\dfrac{\beta_{21}N_1}{K_1}\right) \end{cases} \tag{9-3}$$

三、基于熵权 TOPSIS 的企业发展可持续性评价

基于理想解与观测数据的相似性，可对不同企业的发展可持续性进行评价。相似性越高，发展越好。评估矩阵为 $\boldsymbol{A}$。

$$\boldsymbol{A}=\left[\alpha_{ij}\right]_{m\times n} \tag{9-4}$$

本小节采用熵权法来确定 logistic 模型和 Lotka–Volterra 模型参数的权重。采用理想解相似度排序技术（technique for order preference by similarity to ideal solution, TOPSIS）对相似度进行评价。不同企业的理想尺度（最大值）可以作为评价标准。熵权法提供如下。假设 m 是企业个数（$A_1, A_2,\cdots, A_m$），n 是发展可持续性评价参数（$C_1, C_2,\cdots, C_n$）。那么初始决策矩阵是

$$\boldsymbol{A}=\begin{bmatrix} a_{11} & a_{12} & \cdots & a_{1n} \\ a_{21} & a_{22} & \cdots & a_{2n} \\ \vdots & \vdots & & \vdots \\ a_{m1} & a_{m2} & \cdots & a_{mn} \end{bmatrix}=\left[a_{ij}\right]_{m\times n} \tag{9-5}$$

步骤 1：规范化评估矩阵。

$$\boldsymbol{r}_{ij}=\frac{a_{ij}}{\sqrt{\sum_{i=1}^{m} a_{ij}^2}} \tag{9-6}$$

步骤 2：计算熵。

$$e_j = -\frac{1}{\ln m}\sum_{i=1}^{m} \boldsymbol{r}_{ij}\ln \boldsymbol{r}_{ij},\quad j=1,2,\cdots,n \tag{9-7}$$

步骤 3：计算权重。

$$w_j = \frac{1-e_j}{\sum_{i=1}^{n}(1-e_j)},\quad j=1,2,\cdots,n \tag{9-8}$$

TOPSIS 法如下所示。

步骤 1：构建规范化矩阵。

$$\boldsymbol{r}_{ij}=\frac{\boldsymbol{\alpha}_{ij}}{\sqrt{\sum_{i=1}^{m}\boldsymbol{\alpha}_{ij}^{2}}} \tag{9-9}$$

步骤 2：构建加权归一化矩阵。

$$\boldsymbol{v}_{ij} = w_j \boldsymbol{r}_{ij}, \sum_{j=1}^{n} w_j = 1 \tag{9-10}$$

其中，w_j 是第 j 个标准的权重。

步骤 3：计算 A^+ 和 A^-。

A^+ 和 A^- 按以下方式定义：

$$\begin{aligned} A^+ &= \left\{(\max \boldsymbol{v}_{ij} \left| j\in J\right.) \text{ or } (\min \boldsymbol{v}_{ij} \left| j \in J'\right.)\right\},\quad i=1, 2, \cdots, m \\ &= \left\{v_1^+, v_2^+, \cdots, v_n^+\right\} \end{aligned} \tag{9-11}$$

$$\begin{aligned} A^- &= \left\{(\min \boldsymbol{v}_{ij} \left| j\in J\right.) \text{ or } (\max \boldsymbol{v}_{ij} \left| j \in J'\right.)\right\},\quad i=1, 2, \cdots, m \\ &= \left\{v_1^-, v_2^-, \cdots, v_n^-\right\} \end{aligned} \tag{9-12}$$

步骤 4：计算每个企业评价数据与正理想标准集和负理想标准集的距离。

$$S_i^+ = \sqrt{\sum_{j=1}^{n}(\boldsymbol{v}_{ij}-v_j^+)^2},\quad i=1, 2, \cdots, m \tag{9-13}$$

$$S_i^- = \sqrt{\sum_{j=1}^{n}(\boldsymbol{v}_{ij}-v_j^-)^2},\quad i=1, 2, \cdots, m \tag{9-14}$$

步骤 5：对企业可持续发展的顺序进行排序。

$$C_i^+ = \frac{S_i^-}{S_i^+ + S_i^-}, 0 < C_i^+ < 1,\quad i=1, 2, \cdots, m \tag{9-15}$$

$C_i^+ \in [0，1]$，其中 $i=1, 2, \cdots, m$。因此，应以 C_i^+ 的顺序找到最佳企业。C_i^+ 的值越大越好。如果 C_i^+ 接近 1，则备选 $\boldsymbol{A}_i$ 更接近正理想标准集。

四、Lotka-Volterra MCGP 模型

本小节构建了 Lotka-Volterra MCGP 模型，用于新能源汽车制造企业发展在市场驱动模式条件下的优化数据模拟。在相关模型[43-45]的基础上，该问题可以表达如下：

目标过程：$\text{Min } d_1^+ + d_1^- + e_1^+ + e_1^-$

约束条件：
$$\begin{cases} g_1(t) = \dfrac{\mathrm{d}N_1(t)}{\mathrm{d}t} = \alpha_1 N_1\left(1 - \dfrac{N_1}{K_1} + \dfrac{\beta_{12}N_2}{K_2}\right) \\ g_2(t) = \dfrac{\mathrm{d}N_2(t)}{\mathrm{d}t} = \alpha_2 N_2\left(1 - \dfrac{N_2}{K_2} + \dfrac{\beta_{21}N_1}{K_1}\right) \\ -1 < \beta_{12} < 1, -1 < \beta_{21} < 1 \\ N_1 = k_1 + d_1^+ + d_1^-, N_2 = k_2 + e_1^+ + e_1^- \\ d_1^+ \geqslant 0, d_1^- \geqslant 0, e_1^+ \geqslant 0, e_1^- \geqslant 0 \end{cases} \tag{9-16}$$

本小节的研究对象符合生态系统的要求。非共生系统的数据不适合用该模型进行分析。相关研究已经验证了该模型的稳定性，不同类型的数据不会影响该模型的使用。

第二节　可持续发展实证分析

一、样本选择

由于新能源汽车企业是一个比较新的概念，没有具体的行业划分标准。还有一些汽车制造企业在生产燃油汽车的同时也开始生产新能源汽车。样本企业是以新能源汽车生产为主营业务的企业。本小节基于“中国乘用车企业平均燃料消耗量与新能源汽车积分”数据进行样本选择，挑选积分排名靠前的企业作为主要研究样本。2022 年 7 月 5 日，工业和信息化部、商务部、海关总署、国家市场监督管理总局发布《2021 年度中国乘用车企业平均燃料消耗量与新能源汽车积分情况》。该公告显示，2021 年度积分交易规模大幅提升，新能源汽车积分累计交易金额达 141 亿元，总体来看，自主品牌车企的表现优于合资车企。其中，上汽通用五菱汽车股份有限公司、特斯拉（上海）有限公司分别位列平均燃料消耗量积分榜和新能源汽车积分榜第一；上汽通用汽车有限公司、东风汽车有限公司分别位列平均燃料消耗量积分榜和新能

源汽车积分榜倒数第一。2021 年“双积分”榜单中，比亚迪、特斯拉等拥有强势新能源汽车产品的公司成为积分“大户”。公告显示，从单个公司来看，特斯拉（上海）有限公司的新能源汽车积分最高，有 1401690 分；比亚迪旗下两家公司，即比亚迪汽车工业有限公司和比亚迪汽车有限公司的新能源汽车积分相加，合计达 1655615 分。[1]

值得一提的是，主攻新能源汽车的造车新势力普遍表现优异。小鹏汽车、哪吒（合众）汽车、威马汽车、理想汽车、零跑汽车的新能源汽车积分分别为 360928 分、208324 分、159377 分、143507 分、82626 分。蔚来汽车由江淮汽车代工，无具体数据，但是江淮汽车 397017 分的积分主要依赖于蔚来的贡献。另外，一汽大众、东风本田、广汽本田、长安福特、上汽通用、北京现代等合资品牌的表现均不合格。其中，上汽通用平均燃油消耗量积分达 –714682 分，在合资品牌中负积分数排名第一。自主品牌中，奇瑞、吉利未能达标，平均燃油消耗量积分分别为 –468457 分和 –416279 分，平均燃油消耗量负积分数量仅次于上汽通用。此外，主营高端豪华车的进口车企也位列负积分大户行列。其中宝马（中国）汽车贸易有限公司、梅赛德斯 – 奔驰（中国）汽车销售有限公司、捷豹路虎（中国）投资有限公司、大众汽车（中国）销售有限公司、福特汽车（中国）有限公司的平均燃油消耗量积分分别为 –299984 分、–156406 分、–122053 分、–34964 分、–21378 分。一汽大众和上汽通用排名垫底，主要在于合资企业新能源车数量少，所以双积分表现相对较差。[2]

总体来看，新能源汽车销量高，积分表现就相对较好。事实上，汽车工业“双积分”政策实施五年来，中国新能源汽车保有量达 1310 万辆。[3] 中国实施“双积分”的一个重要目的是增加节能汽车和新能源汽车的产量，这对中国节能与新能源汽车发展、交通等领域节能减排起到显著的推动作用。本小节选取积分在 8 万分以上的新能源汽车制造企业作为样本。该样本包括比亚迪、特斯拉（中国）、小鹏汽车、哪吒（合众）汽车、威马汽车、理想汽车、蔚来汽车、零跑汽车。基于种群动力学模型的建模需要，本小节主要选取汽车的销售数量指标作为建模的主要指标。本小节将样本数据进行基于 logistic 模型的单种群成长分析和基于 Lotka–Volterra 模型的市场驱动机制分析。

---

1 见 https://ythxxfb.miit.gov.cn/cms_files/filemanager/431831678/attach/20224/7da6af9501bd496aa571529a2b52d555.pdf.

2 见 https://ythxxfb.miit.gov.cn/cms_files/filemanager/431831678/attach/20224/7da6af9501bd496aa571529a2b52d555.pdf.

3 人民网，见 finance.people.com.cn/n1/2023/0112/c1004–32604671.html.

二、基于 logistic 模型的单种群成长分析

本小节首先进行基于 logistic 模型的单种群成长分析。相关企业的销售量如表 9-1 所示。

表 9-1　2020 年 6 月至 2022 年 5 月中国新能源汽车样本企业月度销售量　　单位：辆

时间	比亚迪	特斯拉（中国）	小鹏	哪吒（合众）	威马	理想	蔚来	零跑
2022 年 5 月	114183	32165	10125	11009	3003	11496	7024	10069
2022 年 4 月	105475	1512	9002	8813	1521	4167	5074	9087
2022 年 3 月	103852	65814	15414	12026	3719	11034	9985	10059
2022 年 2 月	88093	56515	6225	7117	1557	8414	6131	3435
2022 年 1 月	93363	59845	12922	11009	2200	12268	9652	8085
2021 年 12 月	97990	70847	16000	10127	5062	14087	10352	7046
2021 年 11 月	97242	52859	15613	10013	5027	13485	10400	5775
2021 年 10 月	88898	54391	10138	8107	5025	7649	5225	3827
2021 年 9 月	79037	56006	10168	7699	2635	7094	9227	3766
2021 年 8 月	62848	44264	7265	6613	3627	9433	4365	4270
2021 年 7 月	56975	32968	7460	6011	4027	8589	8800	4157
2021 年 6 月	49765	33155	7061	5138	4007	7713	8438	4050
2021 年 5 月	45176	33463	5944	4508	3082	4323	6822	3121
2021 年 4 月	44606	25845	5605	4015	3027	5539	8155	2864
2021 年 3 月	37189	35478	4423	3246	2503	4900	7449	2863
2021 年 2 月	19529	18318	3035	2002	1006	2300	5890	393
2021 年 1 月	42094	15484	5180	2195	2040	5379	7748	1668
2020 年 12 月	55075	23804	6420	3015	2588	6126	6623	3024
2020 年 11 月	52806	21604	4650	2122	3018	4646	5500	2032
2020 年 10 月	46560	12143	815	2056	3003	3692	5145	1743
2020 年 9 月	40905	11329	853	2023	2107	3504	5003	1050
2020 年 8 月	30024	11811	623	1205	2057	2711	3761	928
2020 年 7 月	27890	11014	551	1016	2036	2445	3680	884
2020 年 6 月	31738	14954	821	1333	2028	1834	4018	879

如表 9-1 所示，中国新能源汽车制造企业的产品销量差异非常大。比亚迪和特斯拉（中国）的新能源汽车销量名列前茅，比亚迪的销量在各个观测时期均高于特斯拉（中国）。其他几家新能源汽车企业的月销量在一万辆左右。可见，比亚迪是中国新能源汽车领域的核心企业与领军企业。

中国新能源汽车基于 logistic 模型的单种群成长分析如表 9-2 所示。

表 9-2 中国新能源汽车基于 logistic 模型的单种群成长分析

企业名称	内禀增长率（α_1）	内部抑制系数（γ_2）	销量理论上限（K_1）/ 辆
比亚迪	0.104 （0.945）	−0.00000068 （−0.524）	153407
特斯拉（中国）	0.550* （1.790）	−0.00001201** （−2.141）	45795
小鹏	0.563** （2.393）	−0.00005074*** （−2.729）	11098
哪吒（合众）	0.577*** （3.443）	−0.00006184*** （−3.406）	9327
威马	0.487* （1.866）	−0.00014673** （−2.198）	3317
理想	0.471* （1.907）	−0.00004985** （−2.133）	9452
蔚来	0.919*** （3.630）	−0.00011973*** （−3.947）	7680
零跑	0.390* （1.552）	−0.00005330* （−1.593）	7320

注：*、**、*** 分别表示在 10%、5%、1% 的水平上显著。括号内为 *T* 值。

如表 9-2 所示，模型的回归效果很好，绝大多数企业销售量数据的 logistic 回归能通过显著性检验。所有新能源汽车制造样本企业的内禀增长率都处在一个比较低的水平。在种群动力学理论中，内禀增长率大于 1 时，才能说种群的内禀增长属性较好。样本企业中没有一家企业的内禀增长率大于 1。内禀增长率最好的是蔚来汽车的 0.919，多数企业的内禀增长率在 0.5 左右。比亚迪的内禀增长率为 0.104，在样本企业中最低。为了更好地分析汽车制造企业的成长趋势，本小节引入销售量名列前茅的燃油汽车企业作为对比样本。相关企业的销售量如表 9-3 所示。

表 9-3 2020 年 6 月至 2022 年 5 月中国汽车销量领先样本企业月度销售量 单位：辆

时间	全国总销量	一汽大众	广汽丰田	上汽大众	上汽通用五菱	长安	吉利汽车	华晨宝马	东风日产
2022 年 5 月	1576803	89025	83730	83502	71493	66091	60197	62567	52531
2022 年 4 月	950343	39444	68450	28685	44002	47980	49137	31743	37636
2022 年 3 月	1819405	76586	96984	104200	102951	110015	75447	35723	56114
2022 年 2 月	1451420	70638	49710	86076	43645	53034	55357	43558	74308
2022 年 1 月	2138181	103462	99707	124491	72639	123707	112325	79087	110996
2021 年 12 月	2398523	113635	93587	130878	151144	64830	122056	51427	88326
2021 年 11 月	2175564	87518	81099	127201	128951	76113	103497	47158	92360
2021 年 10 月	1990339	85096	56921	112400	115808	82402	86047	54836	78971
2021 年 9 月	1737510	58593	44704	116840	75343	72032	84500	53837	74297
2021 年 8 月	1543903	57844	38756	117644	100033	62997	77278	58511	80662
2021 年 7 月	1543474	39391	75130	68451	72446	70200	79185	43466	74813
2021 年 6 月	1553528	53688	73210	63671	61571	68086	81502	59640	77078
2021 年 5 月	1642018	96495	70018	107370	69914	75820	76575	62858	73864
2021 年 4 月	1746754	67003	73900	101349	79732	83912	80549	61303	79744
2021 年 3 月	1914414	129871	68800	107537	82734	83737	82668	65543	72746
2021 年 2 月	1148130	69160	41500	48039	40957	81934	64860	41696	50985
2021 年 1 月	2358372	120848	89800	85422	60933	114048	129644	73333	108274
2020 年 12 月	2285751	123029	72159	145983	112855	68887	127932	54834	121886
2020 年 11 月	2098448	154391	77400	145735	95663	97054	125712	61219	117430
2020 年 10 月	2300447	141050	72000	137300	84716	95266	116244	47166	110507
2020 年 9 月	2075889	137077	81000	156839	75526	81796	102451	56350	110523
2020 年 8 月	1754600	112508	66314	129046	64770	73831	91641	65558	101901
2020 年 7 月	1664826	92150	73952	122000	50506	69657	86508	63596	93787
2020 年 6 月	1720593	105421	66888	127794	43151	68608	92593	46597	106570

如表 9-3 所示，本小节选取中国汽车销售总量和燃油汽车销量排名名列前茅的 8 家企业作为对比样本。这些企业中有著名的中外合资汽车企业，也有自主品牌企业。在样本观测期内，中国汽车销售总量高的时候可以达到 2398523 辆，销量少的时候也有近 100 万辆。中国燃油汽车销量领先企业成长分析如表 9-4 所示。

表 9-4 中国燃油汽车销量领先企业成长分析

企业名称	内禀增长率（α_1）	内部抑制系数（γ_2）	销量理论上限（K_1）/ 辆
全国总销量	0.697^{***} （2.758）	-0.000000372^{***} （-2.909）	1878113
一汽大众	0.421^{*} （1.615）	-0.00000424^{*} （-1.892）	99518
广汽丰田	1.214^{***} （4.778）	-0.00001613^{***} （-5.013）	75265
上汽大众	0.441 （1.303）	-0.00000405^{*} （-1.499）	108821
上汽通用五菱	0.620^{***} （2.601）	-0.00000686^{***} （-3.002）	90348
长安	1.217^{***} （5.843）	-0.00001462^{***} （-6.330）	83228
吉利汽车	0.410^{*} （1.916）	-0.00000439^{**} （-2.136）	93256
华晨宝马	1.201^{***} （5.188）	-0.00002081^{***} （-5.412）	57710
东风日产	0.296 （1.385）	-0.00000352^{*} （-1.619）	84042

注：*、**、*** 分别表示在 10%、5%、1% 的水平上显著。括号内为 T 值。

如表 9-4 所示，模型的回归效果很好，绝大多数企业销售量数据的 logistic 回归能通过显著性检验。汽车制造样本企业的内禀增长率参差不齐。全国总销量的内禀增长率为 0.697，这说明中国汽车销量的增长动力还是比较平稳的。样本企业中的广汽丰田、长安和华晨宝马的内禀增长率大于 1.2，这三家企业的内禀成长性很好，企业内部资源能充分地支持企业获得市场竞争优势和市场份额。内禀增长率最好的是长安汽车，为 1.217。东风日产的内禀增长率为 0.296，在样本企业中是最低的，这也符合东风日产这两年市场表现不佳的实际情况。

对比表 9-4 和表 9-2 的数据可以发现，除了蔚来汽车，其他新能源汽车企业的内禀增长率均明显低于全国汽车销售的整体水平。新能源汽车企业的内禀增长率远低于传统汽车中的优质企业。为了更好地分析汽车制造企业的成长趋势，本小节进一步引入销售量明显下滑，甚至面临退出中国汽车市场风险的燃油汽车企业作为对比样本。相关企业的销售量如表 9-5 所示。

表 9–5　2020 年 6 月至 2022 年 5 月汽车销量衰退样本企业月度销售量　单位：辆

时间	广汽讴歌	长安福特	上汽斯柯达	广汽吉普
2022 年 5 月	617	16296	3300	0
2022 年 4 月	458	9292	3284	1
2022 年 3 月	11	6931	1200	52
2022 年 2 月	412	13031	5501	91
2022 年 1 月	36	8097	4270	132
2021 年 12 月	101	18069	5800	1724
2021 年 11 月	5158	24627	5704	1376
2021 年 10 月	376	25412	7800	1829
2021 年 9 月	394	22483	7601	2171
2021 年 8 月	445	22930	6600	1735
2021 年 7 月	134	22754	4400	724
2021 年 6 月	221	18436	2900	528
2021 年 5 月	406	14032	1900	555
2021 年 4 月	524	13367	4000	1503
2021 年 3 月	643	10074	8300	2176
2021 年 2 月	756	15171	5000	2523
2021 年 1 月	362	8192	2500	2501
2020 年 12 月	825	22331	5000	2502
2020 年 11 月	1224	25661	7000	5176
2020 年 10 月	906	22683	9000	3655
2020 年 9 月	1260	20584	11000	4007
2020 年 8 月	1163	21388	13500	3862
2020 年 7 月	802	15740	16000	3201
2020 年 6 月	1002	16702	11960	3034

如表 9–5 所示，本小节选取燃油汽车销量显著下滑的 4 家合资企业作为对比样本。这些著名的中外合资汽车企业包括广汽讴歌、长安福特、上汽斯柯达和广汽吉普。长安福特的汽车销量一度在中国汽车市场排名前 10，现在销量排名在 30 名左右徘徊。在观察长安福特的产品战略时，人们惊奇地发现，在一个蓬勃向上的市场上，长安福特的新产品更新竟出现离奇的停滞。长安福特产品更新停滞的代价是其销量、影响力的双双下降。同时，决策失误对

长安福特的发展造成了显著的影响。类似的情况均发生在其他几家销量衰退的企业身上。广汽讴歌和广汽吉普几乎已经放弃中国汽车市场了。

汽车销量衰退样本企业成长分析如表 9–6 所示。

表 9–6 汽车销量衰退样本企业成长分析

企业名称	内禀增长率（α_1）	内部抑制系数（γ_2）	销量理论上限（K_1）/ 辆
广汽讴歌	0.305 （0.803）	-0.00025116^{***} （–2.868）	1215
长安福特	0.417^{*} （1.535）	-0.00002241^{*} （–1.743）	18606
上汽斯柯达	–0.018 （–0.106）	–0.00000867 （–0.588）	–2140
广汽吉普	0.227 （1.080）	-0.00009241^{*} （–1.583）	2462

注：*、**、*** 分别表示在 10%、5%、1% 的水平上显著。括号内为 T 值。

如表 9–6 所示，汽车销量衰退样本企业的内禀增长率均不高。长安福特的内禀增长率为 0.417，在样本企业中是最高的。长安福特也是样本企业中生存情况最好的，目前没有退市、清算的迹象，而其他三家企业的情况不容乐观。上汽斯柯达甚至出现了内禀增长率小于 0 这样一种极端数值，这说明该企业实际上已经不适合继续运营下去了，应该选择退出中国市场。广汽讴歌、广汽吉普也面临着和上汽斯柯达类似的选择。

三、基于 Lotka–Volterra 模型的市场驱动机制分析

自然生态环境中，一个种群的成长离不开生态环境的支撑，也离不开其他种群的影响。同样，新能源汽车企业的成长要依托外部经济环境的发展，新能源汽车的销量也要依赖于汽车市场的总体需求。在短期内，政府的有利政策可能会促进新能源汽车销量的增加，而要想实现新能源汽车的可持续发展，本质上取决于汽车市场的良性发展。本小节利用 Lotka–Volterra 模型来考察市场容量对新能源汽车的影响。本小节的研究以同时期全国汽车销售总量来表示市场容量。

汽车销量市场驱动机制分析如表 9–7 所示。

表 9–7 汽车销量市场驱动机制分析

企业名称	内禀增长率（α_1）	内部抑制系数（γ_2）	销量理论上限（K_1）/ 辆	γ_3	β_{12}	市场影响机制
比亚迪	0.425***（2.895）	–0.00000103（–0.907）	439740	–0.00000017***（–2.819）	–0.725	市场竞争
特斯拉（中国）	0.481（0.889）	–0.00001241*（–1.981）	38757	0.00000005（0.157）	0.184	市场驱动
小鹏	0.707*（1.751）	–0.00004523*（–1.994）	15628	–0.00000011（–0.442）	–0.287	市场竞争
哪吒（合众）	0.867***（3.674）	–0.00005261***（–2.882）	16494	–0.00000020*（–1.681）	–0.436	市场竞争
威马	1.130*（2.559）	–0.00010121*（–1.473）	11161	–0.00000042*（–1.762）	–0.703	市场竞争
理想	0.738*（1.597）	–0.00003884（–1.359）	19004	–0.00000019（–0.687）	–0.491	市场竞争
蔚来	0.794**（2.198）	–0.00012581***（–3.784）	6313	0.00000009（0.495）	0.218	市场驱动
零跑	1.012**（2.226）	–0.00006453*（–1.956）	15685	–0.00000031（–1.616）	–0.567	市场竞争
一汽大众	0.684*（1.626）	–0.00000272（–0.924）	251192	–0.00000022（–0.800）	–0.598	市场竞争
广汽丰田	1.109***（3.821）	–0.00001773***（–4.611）	62511	0.00000012（0.778）	0.203	市场驱动
上汽大众	0.768*（1.844）	–0.00000152（–0.463）	504277	–0.00000033（–1.307）	–0.800	市场竞争
上汽通用五菱	1.010**（2.267）	–0.00000463*（–1.476）	218156	–0.00000031（–1.036）	–0.573	市场竞争
长安	0.767***（3.198）	–0.00001813***（–7.723）	42289	0.00000040***（2.844）	0.971	市场驱动
吉利汽车	0.431*（1.522）	–0.00000385（–0.760）	111727	–0.00000004（–0.116）	–0.167	市场竞争
华晨宝马	1.169***（4.025）	–0.00002113***（–4.923）	55332	0.00000003（0.188）	0.043	市场驱动
东风日产	0.355*（1.345）	–0.00000266（–0.858）	133400	–0.00000007（–0.397）	–0.385	市场竞争
广汽讴歌	–0.103（–0.051）	–0.00027559**（–2.233）	–373	0.00000025	–4.481	市场竞争
长安福特	0.717*（1.906）	–0.00001710（–1.215）	41942	–0.00000022（–1.123）	–0.564	市场竞争
上汽斯柯达	0.737（1.442）	–0.00001256（–0.770）	58654	–0.00000038*（–1.614）	–0.979	市场竞争
广汽吉普	0.303（0.637）	–0.00008887（–1.399）	3405	–0.00000005（–0.187）	–0.283	市场竞争

注：*、**、*** 分别表示在 10%、5%、1% 的水平上显著。括号内为 T 值。

如表 9-7 所示，绝大多数企业的市场驱动机制不显著，这些企业主要面临市场的竞争机制。样本企业中只有广汽丰田、长安、华晨宝马、特斯拉（中国）、蔚来五家企业表现为市场驱动机制。以上五家企业的发展主要取决于中国汽车市场的发展。其中，广汽丰田、长安、华晨宝马是传统燃油汽车中的优秀企业，这和前文分析一致。在新能源汽车企业中，只有特斯拉（中国）、蔚来是市场驱动型企业。蔚来的销量数值很小，所占市场份额小，对市场的影响有限。可见，能够实现市场驱动条件下的可持续发展新能源汽车企业只有特斯拉（中国）。当然，仅仅从企业成长的内禀增长率和市场驱动两个方面来评价企业发展前景还是比较片面的。因此，本小节继续利用熵权 TOPSIS 方法来对企业的成长前景进行更加全面的评价。本小节综合考虑 logistic 模型、Lotka-Volterra 模型给出的内禀增长率、企业销量的理论上限、市场对企业销售的驱动效应等指标，分析结果如表 9-8 所示。

表 9-8　熵权 TOPSIS 评价结果

	logistic 模型			Lotka-Volterra 模型					TOPSIS 结果	排名
	内禀增长率（α_1）	内部抑制系数（γ_2）	销量理论上限（K_1）	内禀增长率（α_1）	内部抑制系数（γ_2）	销量理论上限（K_1）	γ_3	β_{12}		
比亚迪	0.0989	1.0001	1.0001	0.4152	1.0001	0.8722	0.3050	0.6890	0.6136	15
特斯拉（中国）	0.4600	0.9549	0.3083	0.4592	0.9587	0.0776	0.5733	0.8557	0.6833	5
小鹏	0.4705	0.8002	0.0852	0.6369	0.8391	0.0318	0.3781	0.7694	0.6422	9
哪吒（合众）	0.4819	0.7559	0.0738	0.7627	0.8122	0.0335	0.2684	0.7420	0.6339	10
威马	0.4090	0.4170	0.0352	0.9694	0.6352	0.0230	0.0001	0.6931	0.5377	18
理想	0.3961	0.8038	0.0746	0.6613	0.8624	0.0385	0.2806	0.7319	0.6232	14
蔚来	0.7588	0.5248	0.0632	0.7053	0.5456	0.0133	0.6221	0.8620	0.6276	13
零跑	0.3305	0.7900	0.0609	0.8767	0.7688	0.0319	0.1342	0.7180	0.6084	16
一汽大众	0.3556	0.9859	0.6537	0.6188	0.9939	0.4986	0.2440	0.7123	0.6614	6
广汽丰田	0.9977	0.9384	0.4977	0.9529	0.9393	0.1247	0.6586	0.8592	0.8406	2
上汽大众	0.3718	0.9866	0.7135	0.6848	0.9983	1.0001	0.1099	0.6753	0.6533	8
上汽通用五菱	0.5167	0.9754	0.5947	0.8751	0.9870	0.4331	0.1342	0.7169	0.6930	4
长安	1.0001	0.9444	0.5489	0.6841	0.9378	0.0846	1.0001	1.0001	0.8446	1
吉利汽车	0.3467	0.9853	0.6134	0.4199	0.9898	0.2222	0.4635	0.7914	0.6608	7
华晨宝马	0.9871	0.9197	0.3849	1.0001	0.9269	0.1105	0.5489	0.8299	0.8074	3
东风日产	0.2544	0.9888	0.5542	0.3602	0.9942	0.2652	0.4269	0.7514	0.6300	12
广汽讴歌	0.2616	0.0001	0.0217	0.0001	0.0001	0.0001	0.8172	0.0001	0.2268	20

续表

	logistic 模型			Lotka-Volterra 模型					TOPSIS 结果	排名
	内禀增长率（α_1）	内部抑制系数（γ_2）	销量理论上限（K_1）	内禀增长率（α_1）	内部抑制系数（γ_2）	销量理论上限（K_1）	γ_3	β_{12}		
长安福特	0.3523	0.9133	0.1335	0.6448	0.9416	0.0840	0.2440	0.7186	0.6336	11
上汽斯柯达	0.0001	0.9682	0.0001	0.6605	0.9581	0.1171	0.0489	0.6424	0.5699	17
广汽吉普	0.1985	0.6339	0.0297	0.3193	0.6802	0.0076	0.4513	0.7701	0.5199	19
w_j	0.130	0.164	0.073	0.156	0.167	0.022	0.119	0.169		

如表 9-8 所示，为了便于进行 TOPSIS 评价，此处对 logistic 模型和 Lotka-Volterra 模型的评价结果进行归一化处理。为了便于进行熵权测算，在归一化的过程中给每一个评价值都加上一个微小的值（0.001），以确保所有数值都大于 0。评价结果显示，长安、广汽丰田和华晨宝马三家汽车企业的成长可持续性评价名列三甲，这和前文的研究结论一致。广汽讴歌、广汽吉普的成长可持续性排名位列倒数第一和倒数第二，这和前文的研究结论也是一致的。新能源企业的成长可持续性普遍不高，比亚迪的成长可持续性排名第 15，零跑的成长可持续性排名第 16，威马的成长可持续性排名第 18。小鹏、哪吒（合众）、蔚来、理想在样本企业的排名中位列中等水平。特斯拉（中国）的成长可持续性排名第 5，这是新能源企业中综合评价最好的企业。多数新能源汽车企业的成长可持续性有待提升，提升成长可持续性的主要途径是转变企业的增长机制，将企业发展模式转变到市场驱动模式上来。本小节借助 Lotka-Volterra MCGP 模型对市场驱动模式进行优化模拟和市场机制验证。MCGP 模型优化结果如表 9-9 所示。

表 9-9　MCGP 模型优化结果

企业名称	β_{12}						
	0.10	0.25	0.40	0.55	0.70	0.85	1.00
比亚迪	154134	161413	168693	175972	183251	190530	197809
特斯拉（中国）	36344	38664	40985	43306	45627	47947	50268
小鹏	22635	23709	24783	25857	26931	28004	29078
哪吒（合众）	15132	16563	17995	19427	20858	22290	23722
威马	5823	6332	6848	7350	7859	8368	8877
理想	15695	16968	18240	19513	20785	22058	23331
蔚来	13975	14812	15648	16485	17321	18158	18995
零跑	14735	16263	17792	19320	20849	22377	23906

如表 9-9 所示，当市场驱动因子增长时，所有企业的理论汽车销售量均出现显著的增长。可见，市场驱动模式是一个可行的发展机制。而且本小节中，Lotka-Volterra MCGP 模型的优化值是在市场总容量不变的情况下完成的。这也说明，在中国汽车市场总量保持规模不变的情况下也能实现新能源汽车的销量增长和企业成长。Lotka-Volterra MCGP 模型稳定性分析如表 9-10 所示。

表 9-10 Lotka-Volterra MCGP 模型稳定性分析

企业名称	β_{12}						
	-2	-1.2	-1	-0.6	0.6	1.2	2
比亚迪	52226	91048	100754	120165	178398	207515	246337
特斯拉（中国）	3854	16231	19325	25514	44079	53362	65739
小鹏	7603	13330	14761	17625	26215	30510	36236
哪吒（合众）	＜0	2723	4632	8450	19904	25631	33267
威马	＜0	1411	2090	3447	7519	9555	12270
理想	＜0	4666	6362	9756	19937	25027	31815
蔚来	＜0	＜0	816	3047	9740	13086	17548
零跑	＜0	1488	3526	7602	19830	25944	34096

如表 9-10 所示，为了检验 Lotka-Volterra MCGP 模型稳定性和参数 β 的灵敏性，将 β 值的变化范围设定为从 -2 到 2。基于种群动力学理论，β 值的范围应该在 -1 到 1 之间。此处的 β 值已经超出了理论范围。表 9-10 的数据说明，即使在 β 值超出理论范围条件下，Lotka-Volterra MCGP 模型依然可以成功地进行优化分析。Lotka-Volterra MCGP 模型有很好的模型稳定性和参数灵敏性。

第三节 结果与讨论

本章从企业自身成长和市场驱动模式两个方面详细分析了中国新能源汽车制造企业的发展情况。中国汽车市场总体的内禀增长率维持在一个比较好的水平。中国的新能源汽车制造企业的内禀增长率普遍低于中国汽车市场总体水平，也低于优质的燃油汽车制造企业。在市场驱动企业成长的机制方面，长安、广汽丰田、华晨宝马等企业处于比较好的协同水平。绝大多数企业的市场驱动机制不显著，这些企业主要面临市场的竞争机制。样本企业中只有广汽丰田、长安、华晨宝马、特斯拉（中国）、蔚来五家企业表现为市场驱动机制。在新能源汽车企业中，只有特斯拉（中国）、蔚来是市场驱动型企业。

本章利用熵权 TOPSIS 方法对企业的成长前景进行更加全面的评价。评价结果显示，中国新能源汽车企业的成长可持续性普遍不高，比亚迪的成长可持续性排名第 15，零跑的成长可持续性排名第 16，威马的成长可持续性排名第 18。小鹏、哪吒（合众）、蔚来、理想汽车在样本企业的排名中位列中等水平。特斯拉（中国）的成长可持续性排名第 5，这是新能源汽车企业中综合评价最好的企业。多数新能源汽车企业的成长可持续性有待提升，这些企业需要把发展模式转变到市场驱动模式上来。

本章使用了一种基于种群生态学模型的可持续发展评价方法，开拓了定量分析的新领域。本章提出的评价方法的优势在于不仅可以对新能源汽车制造企业的发展可持续性进行排序，而且可以分析新能源汽车制造企业的发展动力机制。同时，本章提出的方法可以体现企业发展的动态性，比传统的基于评价指标体系的综合评价法有优势。本章从一个崭新的视角切入，关注新能源汽车制造企业发展的可持续性问题。相关文献认为中国新能源汽车产业已由“政府驱动”转变为“政府驱动 + 市场驱动”。本章的研究并不完全支持这一论点。本章的研究发现，中国的多数新能源制造企业并没有实现“市场驱动”的发展模式。

第四节　本章小结

本章以中国新能源汽车制造企业的发展可持续性评价为研究目标。为了搞清楚这一研究议题，本章构建了一套基于种群动力学模型的企业成长可持续性评价方法。实证结果表明，本章提出的 logistic 模型和 Lotka-Volterra 模型是有效的分析方法。

本章的研究亮点如下：一是利用 logistic 模型分析企业成长的内禀增长率和内部抑制系数；二是利用 Lotka-Volterra 模型分析中国新能源企业的市场驱动模式；三是利用熵权 TOPSIS 方法对中国新能源企业的成长可持续性进行综合评价；四是构造 Lotka-Volterra MCGP 模型对企业发展模式进行优化模拟。

本章的研究缺陷表现在以下两方面：一方面，本章未具体分析样本企业的生命周期，提出的方法也没有具体分析样本企业处于其生命周期的具体阶段；另一方面，企业种群生存所依赖的生态系统是错综复杂的，本章对此体现不足。未来的研究可以从以下两方面进行：一是结合生命周期理论对企业的发展和可持续性进行分析；二是从生态系统视角分析企业种群的共生关系。

第十章　协同型汽车产品组合设计

产品组合设计是一个典型的多目标优化问题。多目标规划方法是解决多目标决策问题的一种常用方法。然而，经典的多选择目标规划方法孤立地处理产品组合优化问题，没有考虑组合产品之间的相互影响。研究人员应该考虑产品组合优化中产品之间的相互作用，以便它们适应“现实世界”问题。产品之间的相互作用可以用种群动力学来解释。Lotka–Volterra 模型是分析产品种群相互作用的经典方法。Lotka–Volterra 模型均衡状态能反映产品种群协同发展的理想情境。Lotka–Volterra 均衡分析方法与多选择目标规划方法相结合是分析产品组合交互作用的有效方法。本章提出了一种新的求解多目标问题的方法，并用一个算例说明该方法的有效性。模型优化结果的对比分析表明，Lotka–Volterra 多选择目标规划模型能够同时考虑资源约束、产品协同和产出最大化要求。

第一节　产品组合设计原理

一、产品组合设计目标规划

管理决策影响组织绩效。在实践中，企业决策是一个复杂的过程，因为许多与决策相关的问题涉及多个标准或相互冲突的目标。目标规划（goal programming，GP）被广泛应用于解决多目标优化问题。应用目标规划的基本原理是，决策者将管理目标、资源约束和管理期望水平结合起来考虑。管理人员有时会遇到比增加收入和降低成本更复杂的决策问题。例如，研究对象之间存在共生相关关系，管理者在决策时应考虑研究对象之间的互动影响机制。例如，假设一家公司正在制造和即将发布产品 x_1 和 x_2，而 x_1 和 x_2 之间可能存在以下关系：一是竞争关系。产品 x_1 和 x_2 是同一产品的不同型号，如汽车厂商的不同车型之间的关系。二是协作关系。这两种产品之间的关系主要是协作关系，如一种特殊用途的无人机和无人机的操作模拟器之间的关系。二者之间存在协同关系，当更多的无人机被出售时，市场对模拟器的需求就会增加。同时，模拟器及其应用软件和服务的销售也可以促进该种无人机的销售。可见，产品组合研究需要考虑产品之间的协同或竞争。为解决类似问题，本章将研究对象（产品组合中的不同产品）视为共生产品种群，探讨共生产品种群之间影响的动力机制。本章的研究方法具有明显的现实意义，该方法为企业提供了一种适合各种产品组合的分析方法，可以用来分析和规划产品种群的发展。为了促进产品种群中合作关系的发展，需要将产品线保持在适当的生产规模。这种方法可以分析当前产品种群的开发水平，并帮助确定其是否处于良性协作状态。产品种群之间的关系可以反映整个行业的竞争水平。根据分析结果可以确定企业在该领域的发展方向。企业可以利用这种方法来研究产业政策，进而帮助企业确定适当的发展目标，促进产品组合的发展。本章将运用群体动力学来分析交互产品群体之间的影响机制，建立产品组合优化和比较分析的多选择目标规划模型和Lotka–Volterra多选择目标规划模型，从而提高产品组合的协同优化能力。

二、产品组合分析方法

企业的产品组合管理寻求利用优势资源来实现产品的生产目标和销售目标，使产品组合的价值最大化。学者们将不同研究方法运用于产品组合研究，相关的应用研究提供了丰富的研究见解。主要采用的方法有线性规划法、作业成本法、约束理论（theory of constraints, TOC）法和这些方法的综合运用。TOC 方法是最常用的方法之一。TOC 方法主要考虑资源约束，因此其难以满足本章的研究需要。将 TOC 方法和整数线性规划方法相结合可以测算出最优的产品组合。

随着相关研究的发展，越来越多的研究采用复合方法来探讨产品组合选择。多目标优化、模糊多目标规划、具有交易成本的模糊多期投资组合选择问题、均值－方差模型、混合多准则决策等方法在产品组合评价领域得到了广泛应用。可以看出，根据研究目标在传统优化模型中嵌入约束条件是一种很常见的研究方法。目前，考虑产品间协同效应的优化模型比较少见。因此，本章将发展一种综合优化方法，这种方法将综合考虑资源约束、产出最大化和种群协同效应。

种群是一定时间和空间内同一物种个体的集合。产品的种群涉及同一个客户群体，不同的产品部分通过相互影响关系连接在一起。生态种群模型可以用来研究产品组合的特征，组合中的产品被称为产品种群（product populations，PPs）。近年来，生态学在各个领域得到了广泛应用。大多数关于产品管理应用的研究集中在优化企业产品组合的规模和结构上。同时，部分学者也考虑了影响产品演化的因素。现有文献大多采用生态种群理论和方法来研究企业和产业种群的协同演化，但其应用仍局限于宏观和中观层面，很少有微观层面的产品组合研究。

第二节　产品组合设计共生评价

一、产品种群成长动力学模型

根据 logistic 模型，本小节构建了产品种群 1（product population 1，PP_1）的内部关系模型。具体如下：

$$g_1(t)=\frac{\mathrm{d}N_1(t)}{\mathrm{d}t}=\alpha_1 N_1\left(1-\frac{N_1}{M_1}\right) \tag{10-1}$$

同理，构建产品种群 2（PP_2）的内部关系模型：

$$g_2(t)=\frac{\mathrm{d}N_2(t)}{\mathrm{d}t}=\alpha_2 N_2\left(1-\frac{N_2}{M_2}\right) \tag{10-2}$$

基于 PP_1 和 PP_2 系统，建立两种群共生的数学模型：

$$\begin{cases} g_1(t)=\dfrac{\mathrm{d}N_1(t)}{\mathrm{d}t}=\alpha_1 N_1\left(1-\dfrac{N_1}{M_1}+\dfrac{\beta_{12}N_2}{M_2}\right) \\ g_2(t)=\dfrac{\mathrm{d}N_2(t)}{\mathrm{d}t}=\alpha_2 N_2\left(1-\dfrac{N_2}{M_2}+\dfrac{\beta_{21}N_1}{M_1}\right) \end{cases} \tag{10-3}$$

求解方程可以得到两个产品种群共生关系的均衡点：$P_1(0,0),P_2(N_1,0),$ $P_3(0,N_2),P_4\left(\dfrac{M_1(1+\beta_{12})}{1-\beta_{12}\beta_{21}},\dfrac{M_2(1+\beta_{21})}{1-\beta_{12}\beta_{21}}\right)$。

这两个种群的相互依赖性意味着种群大小不能为零，因此舍去点 P_1、P_2 和 P_3。P_4 对应于产品种群 1 和种群 2 的规模。P_4 有现实意义的条件是

$$\begin{cases} \dfrac{M_1(1+\beta_{12})}{1-\beta_{12}\beta_{21}}>0 \\ \dfrac{M_2(1+\beta_{21})}{1-\beta_{12}\beta_{21}}>0 \end{cases} \tag{10-4}$$

求解上述方程能得到非负解。平衡点是$\left(\frac{M_1(1+\beta_{12})}{1-\beta_{12}\beta_{21}},\frac{M_2(1+\beta_{21})}{1-\beta_{12}\beta_{21}}\right)$。它代表了 PP_1 和 PP_2 所占用资源的平衡状态。

二、多选择目标规划

近年来，多选择目标规划被广泛应用于解决实际的决策问题，将 Lotka-Volterra种群动力学共生模型和种群均衡关系作为约束条件嵌入MCGP模型中，得到 Lotka-Volterra MCGP 模型：

目标方程：$\min\sum_{i=1}^{n}(d_i^+ + d_i^-)+\sum_{i=1}^{n}(e_i^+ + e_i^-)$

$$\text{约束条件：}\begin{cases} f_i(x)-d_i^+ + d_i^- = g_i, \quad i=1,2,\cdots,n \\ x\in X=\{x_1,x_2,\cdots,x_m\} \\ g_i-e_i^+ + e_i^- = g_{i,\max}, \quad i=1,2,\cdots,n \\ g_{i,\min}\leqslant g_i\leqslant g_{i,\max}, \quad i=1,2,\cdots,n \\ d_i^+,d_i^-,e_i^+,e_i^-\geqslant 0, \quad i=1,2,\cdots,n \\ X\in F, F\text{ 为可行解} \\ x_1=\frac{M_1(1+\beta_{12})}{1-\beta_{12}\beta_{21}},x_2=\frac{M_2(1+\beta_{21})}{1-\beta_{12}\beta_{21}},\frac{x_1}{x_2}=\frac{M_1(1+\beta_{12})}{M_2(1+\beta_{21})} \\ 0.1<\beta_{12}<1,0.1<\beta_{21}<1 \end{cases} \tag{10-5}$$

Lotka-Volterra MCGP 模型保留了 MCGP 模型的特点和可操作性，同时表现出两个新特点：一 是反映了传统产品组合研究的资源约束原则；二是反映了产品组合中产品之间的协同关系，有效地利用了资源约束和产品种群增长理论。式（10-5）可通过线性规划求解。

三、算　例

本小节给出一个运算例子来说明 Lotka-Volterra MCGP 模型和 MCGP 模型优化结果之间的差异。模型优化结果的对比分析表明，Lotka-Volterra MCGP 模型能考虑资源约束、产品协同和产出最大化。假设某一家公司生产两种相关产品（PP_1 和 PP_2），二者之间存在协同效应。变量解释和数据选择如下。

（1）P_1：PP_1 种群规模，用销售量表示，单位为个。

（2）P_2：PP_2 种群规模，用销售量表示，单位为个。

（3）C_1：P_1 投资，单位为万元。

（4）C_2：P_2 投资，单位为万元。

（5）O_1：P_1 产品产出，以 P_1 利润表示，单位为元。

（6）O_2：P_2 产品产出，以 P_2 利润表示，单位为元。

（7）C_T：总投资（$C_T=C_1+C_2$），单位为万元。

（8）O_T：总产出（$O_T=O_1+O_2$），单位为元。

（9）M_1：PP_1 的最大种群规模，将整个预算投资于 P_1。

（10）M_2：PP_2 的最大种群规模，将整个预算投资于 P_2。

原始数据如表 10-1 所示。

表 10-1　原始数据

时间（第N年）	P_1	C_1	O_1	M_1	P_2	C_2	O_2	M_2	利润目标	投资预算	O_T	C_T
10	14544	1454	145440	18022	1139	342	13102	6008	226311	1802	158542	1796
9	13332	1333	133320	15611	1091	327	12544	5203	240681	1561	145864	1660
8	9332	933	93324	12993	970	291	11150	4330	155530	1299	104474	1224
7	2666	267	26664	10399	848	255	9757	3466	95150	1040	36421	502
6	2545	255	25452	8690	848	255	9757	2897	61320	869	35209	510
5	3030	303	30300	9660	836	251	9617	3220	31941	966	39917	554
4	2666	267	26664	8314	764	229	8781	2772	19924	831	35445	496
3	2182	218	21816	8375	800	240	9199	2791	11435	837	31015	458
2	2060	206	20604	7187	848	255	9757	2396	7895	719	30361	461
1	1818	182	18180	6290	861	258	9896	2097	6592	629	28076	440

本小节利用 MCGP 的目标解和资源约束模型（均衡值）的解来构造人口的适宜性。相关目标函数和参数如下：$F_1(x)=10x_1+12x_2$（利润目标，越多越好）；$F_2(x)=0.1x_1+0.3x_2$（投资目标，越少越好）。MCGP 模型的求解结果如表 10-2 所示。

表 10-2　MCGP 模型的求解结果

时间（第N年）	P_1	C_1	O_1	M_1	P_2	C_2	O_2	M_2	O_T	C_T
10	22630	2263	226305	18022	0	0	0	6008	226305	2263
9	24068	2407	240679	15611	0	0	0	5203	240679	2407
8	15552	1555	155524	12993	0	0	0	4330	155524	1555
7	8965	897	89652	10399	478	143	5492	3466	95144	1040
6	3814	382	38142	8690	1382	415	15889	2897	54031	797
5	0	0	0	9660	2777	833	31933	3220	31933	833
4	0	0	0	8314	1732	520	19918	2772	19918	520
3	0	0	0	8375	994	298	11429	2791	11429	298
2	0	0	0	7187	686	206	7889	2396	7889	206
1	0	0	0	6290	572	172	6579	2097	6579	172

如表 10–2 所示，产品 2 在第 1 年至第 5 年具有显著优势。第 8 年之后，产品 1 显示出显著的优势。无论两种产品之间的合作如何，投资都可以向优质产品倾斜。

Lotka–Volterra MCGP 模型的求解结果如表 10–3 所示。

表 10–3 Lotka–Volterra MCGP 模型的求解结果

时间（第 N 年）	P_1	C_1	O_1	M_1	P_2	C_2	O_2	M_2	O_T	C_T
10	16358	1636	163584	18022	5453	1636	62708	6008	226292	3272
9	17416	1742	174164	15611	5782	1734	66499	5203	240663	3476
8	11243	1125	112425	12993	3746	1124	43083	4330	155508	2249
7	6878	688	68781	10399	2292	687	26357	3466	95138	1375
6	4432	444	44323	8690	1477	444	16991	2897	61314	888
5	2309	231	23089	9660	770	231	8851	3220	31940	462
4	1440	144	14399	8314	480	144	5519	2772	19918	288
3	827	82	8266	8375	275	82	3165	2791	11431	164
2	570	57	5696	7187	189	57	2174	2396	7870	114
1	476	47	4763	6290	159	47	1826	2097	6590	94

如表 10–3 所示，MCGP 模型和 Lotka–Volterra MCGP 模型的优化值之间存在显著差异。Lotka–Volterra MCGP 模型的优化结果可以创造更多的利润，Lotka–Volterra MCGP 的种群优化规模是对 MCGP 优化的一个改进。两个产品协同合作的优势证实了投资不应仅向单一的优势产品倾斜。

第三节 本章小结

本章将种群生态学模型（Lotka–Volterra 模型）与 MCGP 模型相结合，建立一个考虑资源约束、投入产出和产品种群协同的优化分析 Lotka–Volterra MCGP 模型。结果表明，这两种模型的结合提高了产品种群规模的适宜度水平。在企业产品组合系统中，多个相关产品种群相互影响，存在交互行为。这种相互影响的行为可以表现为协同或竞争的形式。模型中设置了资源总量约束变量，充分体现了资源约束机制。生态系统可以进行自组织进化，种群之间或种群内部的合作可以促进双赢局面的实现。然而，现实中负面案例的存在对产品组合系统的自组织演化提出了挑战。这是由于缺乏对产品组合系统互动机制的深入分析。产品种群系统是复杂的，它的运行不可避免地受到产品间交互关系的影响。Lotka–Volterra MCGP 模型充分考虑了资源约束对不同产品种群的影响，且该模型可以用来分析资源约束对系统演化方向的影响。

管理者在制定产品政策时，应该认识到产品开发客观过程的复杂性。企业不应盲目鼓励产品规模扩张。在很多情况下，企业只考虑产品种群的规模，而忽略了产品种群的发展结构，从而制约了产品组合系统的投入产出效率。不同类型的企业可以借鉴本章的研究成果，制定相应的产品政策和生产规划，引导产品种群规模的适度发展。同时，企业可以运用该方法来分析不同产品的竞争状况，根据竞争态势分析的结果调整产品开发策略和资源配置。本章运用产品种群 Lotka–Volterra MCGP 模型方法研究了适宜的种群规模和结构，但没有考虑产品种群的不同生命周期。在整个生命周期中，产品种群对资源的需求是不断变化的。今后的研究应考虑到产品种群生命周期的特点，并将生命周期因素纳入分析模型。

第十一章 能源可持续视角下的汽车产品组合设计

汽车作为主要碳排放源，汽车产业的低碳转型至关重要。为促进绿色低碳循环发展产业体系的构建，越来越多的跨国车企不约而同地踏上“脱碳之路”，汽车电动化转型势在必行。汽车行业能源问题与国家能源安全水平息息相关。目前，国内燃油车保有量持续提升，石油自给压力增大，传统汽车对燃油的消耗，增加了国家石油供应压力。在短期内，汽车制造企业可以通过可持续能源视角下的产品组合设计来实现产品开发与低碳目标之间的平衡。

第一节 产品组合设计与评价方法

在竞争激烈的市场环境下，汽车销量增加是盈利增长的前提。但是，如果汽车制造企业单纯地追求销售增长，则会忽略汽车销量高速增长导致碳排放增加这一情况。在市场规模有限的条件下，大部分汽车企业为了抢占市场份额，将快速增长作为企业发展目标，追求销售收入最大化和利益最大化。在节能减排的趋势下，企业面临销售增加和节能减排的多准则目标带来的困扰。

多准则决策方法在能源可持续研究领域有广泛的应用。目前的能源可持续发展研究主要集中在宏观经济规划、产业可持续发展和区域能源经济分析等领域。企业视角下的产品组合及其能源可持续发展是一个重要的现实问题。本小节将设计一种能源可持续发展视角下的产品组合多准则决策方法。

一、多准则决策方法

多准则决策方法是现代决策科学的重要组成部分，旨在支持面临多个决策准则和多个决策方案的决策者。作为一个独特的研究领域，多准则决策方法研究可以追溯到20世纪60年代。20世纪八九十年代之后，研究人员和从业者对多准则决策方法的兴趣呈指数级增长，AHP（analytic hierarchy process，即层次分析法）、PROMETHEE（preference ranking organization method for enrichment evaluations，即偏好顺序结构评估法）、ELECTRE（elimination et choice translating reality，即消去与选择转换法）、VIKOR（即多准则妥协解排序）、TOPSIS等多准则决策方法先后被提出和扩展。目前，多准则决策方法已被广泛应用于环境管理、商业和财务管理、运输和物流、制造和组装、能源管理、农业和林业管理、项目管理评估、社会服务等领域。

多准则决策方法众多，每种方法都有自己的特点和适用性。为了便于研究和应用，诸多学者采用不同视角对多准则决策方法进行了不同的分类。其中，最常见的是根据决策空间离散与否将多准则决策方法分为多属性决策方法和多目标决策方法。多属性决策方法适用于离散决策空间下有限数量的方案选择和排序，多目标决策方法则考虑备选方案数量无限的连续决策空间中的优化问题。

在多准则决策方法中，多属性决策方法比重较大。成对比较法基于决策过程中因素（准则、备选方案）的成对比较来计算方案关系。成对比较法中最著名的是Saaty提出的AHP。AHP易于使用，且获取权重的程序透明，是应用最为广泛的多属性决策方法之一。但是，AHP无法处理上层和下层之间的相互依赖关系。因此，Saaty进一步提出适用于因素之间存在依赖关系情境的网络分析法（analytic network process, ANP）。在进行因素的比较过程中，可能会存在不一致性问题。为了克服这种不一致性，Rezaei提出最佳最差法（best worst method, BWM）。BWM在确定最佳和最差准则的基础上，通过两两比较，确定不同准则的权重和不同准则下的方案权重。通过将不同准则和方案的权重相加，得出方案的最终得分，并据此选择最佳备选方案。Rezaei指出，与AHP相比，BWM需要的数据较少，且结果更可靠。级别高于通过考虑一个备选方案相对于另一个备选方案的优越性来确定方案间的排名关系。PROMETHEE由Brans提出，可以从相互冲突的标准中对有限范围的备选方案进行排序和选择。与其他多属性决策方法相比，PROMETHEE在设计和实施方面相对简单。随着应用领域的扩展，PROMETHEE逐渐由单一方法发展为方法簇。此外，Roubens还引入一种ORESTE方法，用来解决缺乏定量数据且标准权重未知的多准则决策问题，该方法不需要精确的准则权重即可区分方案间的各种关系[116]。

基于距离的方法是在每个准则上定义一个目标，通过方案与理想解之间的最短距离来选择最佳方案。TOPSIS、VIKOR是该类别中常用的两种方法。TOPSIS 由 Hwang 和 Yoon[117] 引入，根据与理想解的接近程度，指定最合适的替代方案。VIKOR 方法由 Opricovic[118] 开发，用于解决包含不同单位和相互冲突的多准则决策问题，确定折衷解决方案。此外，多属性决策方法还包括基于效用的方法、基于交互的方法等。基于效用的方法是在多属性效用理论的环境下提出的多准则决策方法，包括简单加权法、MAUT（multi-attribute utility theory，即多属性效用理论）、MAVT（multiple-attribute vaulue theory，即多属性价值理论）等。其中，简单加权法应用最为广泛，后续又引入了 WASPAS 和 SWARA 等新方法 [119]。基于交互的方法适用于决策问题中因素相互影响的情境。例如，DEMATEL（decision-making trial and evaluation laboratory，即决策试验和评估试验法）基于图论开发，允许通过可视化方法分析和解决问题 [120]。

二、多准则决策法在能源可持续领域的应用

在全球范围内，一半以上的温室气体排放来自能源的生产和使用，这将能源部门置于应对气候变化努力的核心位置 [121]。可持续发展被定义为一种社会、经济、技术和环境指标与政策的动态模式，可持续状态是一种动态变化的状态 [122]。合理和充分选择的数学模型可以根据预先选择的标准可靠地组合矛盾问题。多准则决策支持工具在面临确定或表达偏好的问题时，基于几个相互矛盾的指标做出决策时非常有用 [123]。多准则决策法及其在能源领域的应用如表 11-1 所示。

表 11-1　多准则决策法及其在能源领域的应用

方法	应用领域
AHP，ANP	影响因素分析 [124-126]
模糊集理论	影响因素分析 [125, 127]
TOPSIS	能源政策与项目选择 [128, 129]
WASPAS，WASPAS-G	能源政策与项目选择、区域规划 [130, 131]
PROMETHEE	能源生产技术评价 [132]
VIKOR	能源生产技术评价、选址 [133-135]
ELECTRE，ELECTRE III	能源政策与项目选择、区域规划、能源生产技术评价 [136, 137]
ASPID	影响因素分析 [138]
MULTIMOORA	能源政策与项目选择、区域规划、能源生产技术评价 [139, 140]

如表 11–1 所示，多准则决策法在能源可持续发展研究中有着广泛的应用，而且均取得了比较好的研究效果。目前的研究主要集中于能源发展影响要素研究、区域能源项目评价和规划等中观领域和宏观领域。将能源可持续发展理念运用于产品组合的研究的文献比较少。

三、产品组合设计

企业的产品组合管理寻求使用资源来实现目标，选择实现项目的正确组合 [141]，或者进行战略调整 [142]。已使用的方法包括线性规划 [143]、模糊层次模型 [144]、网络分析法 [145]、约束理论方法 [146–148]、智能算法 [149]、交叉熵 [150] 及这些方法的综合算法 [151–154]。本章的研究可以根据研究目标在传统优化模型中嵌入约束 [155]。产品种群概念被用来解释产品开发过程的复杂性 [156]，种群平衡模型可以解释产品的生命周期 [157]。

增加产品种类和扩大商业服务对企业来说是一个挑战，即保持其产品组合的盈利并在产品的整个生命周期中对其进行管理。在产品结构的支持下，有效的产品化和产品组合管理（product portfolio management, PPM）实践可能是整个生命周期内产品盈利能力的关键 [158]。产品组合的管理对总利润有着显著的积极影响，减少了每种产品所使用的营运资金 [159]。

企业面临着如何通过在线和物理渠道分配新产品和再制造产品组合的重要决策，这对供应链的利润和碳排放有重大影响。在线渠道策略将增加总碳排放量，但有利于每种产品的平均排放量。有趣的是，产品组合也对碳排放量有显著影响 [160]。

目前大多数文献使用多准则决策法来研究能源可持续发展，但其应用仍然局限于宏观层面和中观层面。很少有产品组合设计考虑能源可持续发展层面问题。产品组合设计中产品之间的交互效应需要体现在组合评价的过程之中。现有研究没有详细说明企业是如何实现节能减排和产品销售保持平衡的，也没有广泛考虑企业制定的产品组合战略是如何适应多准则决策要求的。因此，本小节设定了以下研究目标：第一，构造一个可以较好兼顾销售额和油耗指标的汽车产品组合分析方法。第二，该分析方法要体现产品之间的共生效应，充分发挥产品间的互动效应。

第二节　实证分析

一、实证分析案例

在 logistic 模型和 Lotka-Volterra 模型的基础上，本章提出了企业产品种群关系模型，并对产品组合系统均衡点进行了分析。种群均衡关系被嵌入 MCGP 模型中，构造出 Lotka-Volterra MCGP 优化模型。最后，通过真实的场景，本章对模型进行了验证和实证分析。

本小节选取合资企业华晨宝马作为研究样本。华晨宝马的销量在中国豪华车市场一直名列前茅。同时。宝马的汽车产品型号不多，主要产品型号有四种，分别是宝马 5 系、宝马 3 系、宝马 X1 和宝马 X3。这四种产品在市场定位、定价和油耗方面的差异显著。销量数据选取宝马汽车各个不同型号的实际销量数据。

研究设定的情景为：在能源可持续发展理念指导下，企业重新规划主导型产品组合设计。在产品组合设计中以销售额和总油耗为主要判别准则，进行多准则产品组合规划设计。

相关汽车型号的平均价格和百公里油耗数据如下：

宝马 5 系，平均价格 44.99 万元，百公里油耗 11.13 升。

宝马 3 系，平均价格 32.64 万元，百公里油耗 10.18 升。

宝马 X1，平均价格 22.56 万元，百公里油耗 11.06 升。

宝马 X3，平均价格 38.02 万元，百公里油耗 10.17 升。

（一）单一产品成长机制评价

单一产品销量成长机制如表 11-2 所示。

表 11-2　单一产品销量成长机制

产品型号	α	γ	K
宝马 5 系	1.025*** (5.121)	-7.102×10^{-5}*** (−5.492)	14434
宝马 3 系	0.963*** (4.211)	-6.925×10^{-5}*** (−4.721)	13907
宝马 X1	1.018*** (3.953)	-1.242×10^{-4}*** (−4.244)	8205
宝马 X3	0.847*** (4.087)	-7.909×10^{-5}*** (−4.403)	10708

注：*、**、*** 分别表示在 10%、5%、1% 的水平上显著。括号内为 T 值。

如表 11-2 所示，logistic 回归模型的回归结果拟合度很好。从产品种群内部增长率角度来看，宝马 5 系、宝马 X1 明显优于宝马 3 系和宝马 X3。从产品种群的最大规模值角度来看，宝马 5 系和宝马 3 系明显优于宝马 X3 和宝马 X1。宝马 5 系的市场表现符合宝马汽车品牌的市场定位和产品优势。宝马是注重汽车驾驶品质和驾驶乐趣的豪华轿车，消费者对宝马 5 系的青睐也印证了这一点。logistic 模型的缺点在于只能孤立地研究产品的市场成长特点，不能体现产品之间的互相影响和交互效应。

（二）产品组合共生机制分析

Lotka-Volterra 模型可以比较好地分析产品组合内部的共生关系。回归模型可以得到内禀增长率、种群抑制系数、产品互动影响因子和种群规模（销量规模）。在此基础上可以计算出产品组合的总销量、总销售额和总油耗。产品组合共生机制如表 11-3 所示。

表 11-3 产品组合共生机制

组合	产品型号	α	γ_1	γ_2	β	K	总销量/辆	总销售额/万元	总油耗/升
组合1	宝马5系	1.031^{***} (5.086)	$-6.84\times10^{-5***}$ (−4.666)	$-3.41\times10^{-6***}$ (−0.385)	−0.038	15061	26503	1051061	284108
	宝马3系	0.869^{***} (3.301)	$-7.60\times10^{-5***}$ (−4.369)	1.33×10^{-5} (0.730)	0.230	11442			
组合2	宝马5系	1.111^{***} (4.944)	$-6.80\times10^{-5***}$ (−5.063)	-1.62×10^{-5} (−0.849)	−0.114	16325	24139	910746	268120
	宝马X1	0.993^{***} (3.492)	$-1.27\times10^{-4***}$ (−3.918)	3.56×10^{-6} (0.222)	0.059	7814			
组合3	宝马5系	1.060^{***} (4.842)	$-6.76\times10^{-5***}$ (−4.381)	-7.92×10^{-6} (−0.409)	−0.092	15664	27950	1171837	299289
	宝马X3	0.902^{***} (3.852)	$-7.34\times10^{-5***}$ (−3.472)	-8.14×10^{-6} (−0.520)	−0.141	12286			
组合4	宝马3系	0.995^{***} (3.646)	$-6.85\times10^{-5***}$ (−4.508)	-5.21×10^{-6} (−0.217)	−0.041	14514	22406	651780	235038
	宝马X1	1.011^{***} (3.868)	$-1.28\times10^{-4***}$ (−3.979)	3.24×10^{-6} (0.312)	0.046	7892			
组合5	宝马3系	0.805^{***} (2.988)	$-7.65\times10^{-5***}$ (−4.771)	2.47×10^{-5} (1.106)	0.325	10519	21095	875349	214641
	宝马X3	0.845^{***} (3.994)	$-7.99\times10^{-5***}$ (−3.961)	8.41×10^{-7} (0.087)	0.010	10576			
组合6	宝马X1	1.097^{***} (3.822)	$-1.20\times10^{-4***}$ (−3.997)	-1.06×10^{-5} (−0.638)	−0.067	9124	16054	469316	171390
	宝马X3	0.700^{***} (3.271)	$-1.01\times10^{-4***}$ (−4.900)	$4.85\times10^{-5*}$ (1.981)	0.632	6930			

注：*、**、*** 分别表示在 10%、5%、1% 的水平上显著。括号内为 T 值。

如表 11-3 所示，Lotka-Volterra 模型可以比较好地展现产品组合内部两个产品之间的共生关系。同时， Lotka-Volterra 模型的回归结果难以体现产品组合决策的多准则特点。表 11-3 给出了不同产品组合内部产品之间的互动关系。不同型号的汽车产品之间存在共生关系。这个共生关系可以表现为协同，如不同产品可以共用一个开发平台或者一个型号的发动机。同时，这个共生关系也可以表现为竞争关系，如企业需要将研发经费、营销费用在不同产品之间进行分配。优秀的内部关系可以多发挥协同作用，并且减少内耗。

从单一准则的角度来看，可以得到产品组合的优劣次序。例如，从总销售量角度来看，产品组合 3 有着最好的销售前景，产品组合 6 的销售前景最差。从总销售额角度来看，产品组合 3 有着最好前景，产品组合 6 最差。从总油耗角度来看，产品组合 6 有着最低的总油耗，产品组合 3 的总油耗最高。在本小节的回归数据基础上，可以利用传统的评价方法（如 TOPSIS 和 VIKOR 等方法）进行深入分析。但是，传统方法难以体现系统演化的机制。下文将利用 Lotka-Volterra MCGP 模型来描述产品组合共生系统的演化与优化。

（三）产品组合共生系统优化

以产品组合 1 为例，将营业额目标设定为不少于 1000000 万元，同时油耗总和不高于 300000 升。得如下 Lotka-Volterra MCGP 模型：

目标方程：$\min\sum_{i=1}^{2}(d_i^+ + d_i^-)+\sum_{i=1}^{2}(e_i^+ + e_i^-)$

约束条件：
$$\begin{cases} f_1(x)-d_1^+ + d_1^- = g_1 = 44.99x_1 + 32.64x_2 - d_1^+ + d_1^- \\ f_2(x)-d_2^+ + d_2^- = g_2 = 11.13x_1 + 10.18x_2 - d_2^+ + d_2^- \\ x\in X=\{x_1,x_2,\cdots,x_m\} \\ g_1 - e_1^+ + e_1^- = g_{1,\max}, \quad g_1 \leqslant g_{1,\max} = 1000000 \\ g_2 - e_2^+ + e_2^- = g_{2,\max}, \quad g_2 \leqslant g_{2,\max} = 300000 \\ d_i^+, d_i^-, e_i^+, e_i^- \geqslant 0, \quad i=1,2 \\ x_1 = \dfrac{K_1(1+\beta_{12})}{1-\beta_{12}\beta_{21}}, \quad x_2 = \dfrac{K_2(1+\beta_{21})}{1-\beta_{12}\beta_{21}}, \dfrac{x_1}{x_2} = \dfrac{K_1(1+\beta_{12})}{K_2(1+\beta_{21})} \\ \beta_{12} = -0.038, \beta_{21} = 0.230 \end{cases}$$

以上模型是一个固定效应模型。这里的固定效应是指产品组合内的产品之间的关系是固定的（β 值是常数）。该模型的基本思路是，在产品组合的销售额保持不变的情况下，优先选择燃油消耗系数最低的产品组合进行生产与销售。产品组合 MCGP 模型的优化结果如表 11-4 所示。

表 11-4　产品组合 MCGP 模型的优化结果（固定效应模型）

组合	销售额 / 万元	产品 1 销量 / 辆	产品 2 销量 / 辆	油耗系数 / 升・百公里 $^{-1}$	总销量 / 辆
组合 1	1000000	13038	12665	274051	25703
组合 2	1000000	17272	9881	300000	27153
组合 3	1000000	13660	10136	255135	23796
组合 4	1000000	21729	12887	300000	34616
组合 5	1000000	16186	12405	290947	28591
组合 6	1000000	13685	18181	300000	31866

如表 11-4 所示，MCGP 模型可以比较好地给出销售额和油耗双重准则之下的系统优化结果。MCGP 的优化结果存在明显的差异。本小节给出了一个简单的判断产品组合优劣程度的方法。选择准则：第一，在销售额总额相同时，优先选择油耗系数低的产品组合。第二，在销售额和油耗都相同时，优先选择总销量高的产品组合。由以上准则可得，产品组合排名依次为组合 3、组合 1、组合 5、组合 4、组合 6、组合 2。

二、模型稳健性分析

（一）产品组合可变效应模型

以产品组合 1 为例，设定营业额目标为不少于 1000000 万元，同时油耗总和不高于 300000 升。得如下可变效应模型：

目标方程：$\min\sum_{i=1}^{2}(d_i^+ + d_i^-)+\sum_{i=1}^{2}(e_i^+ + e_i^-)$

约束条件：
$$\begin{cases} f_1(x)-d_1^+ + d_1^- = g_1 = 44.99x_1 + 32.64x_2 - d_1^+ + d_1^- \\ f_2(x)-d_2^+ + d_2^- = g_2 = 11.13x_1 + 10.18x_2 - d_2^+ + d_2^- \\ x \in X = \{x_1, x_2, \cdots, x_m\} \\ g_1 - e_1^+ + e_1^- = g_{1,\max}, \quad g_1 \leqslant g_{1,\max} = 1000000 \\ g_2 - e_2^+ + e_2^- = g_{2,\max}, \quad g_2 \leqslant g_{2,\max} = 300000 \\ d_i^+, d_i^-, e_i^+, e_i^- \geqslant 0, \quad i=1,2 \\ x_1 = \dfrac{K_1(1+\beta_{12})}{1-\beta_{12}\beta_{21}}, \quad x_2 = \dfrac{K_2(1+\beta_{21})}{1-\beta_{12}\beta_{21}}, \dfrac{x_1}{x_2} = \dfrac{K_1(1+\beta_{12})}{K_2(1+\beta_{21})} \\ -1 < \beta_{12} < 1, -1 < \beta_{21} < 1 \end{cases}$$

这个可变效应模型的思想是发掘产品组合共生系统的最优状态，进而比较优化后的共生系统与原始共生系统的异同。产品组合 MCGP 模型的优化结果如表 11–5 所示。

表 11–5　产品组合 MCGP 模型的优化结果（可变效应模型）

组合	销售额 / 万元	产品 1 销量 / 辆	产品 2 销量 / 辆	油耗系数 / 升·百公里 $^{-1}$	β_{12}	β_{21}	总销量 / 辆
组合 1	1000000	11860	14289	277477	0.000	0.585	26149
组合 2	1000000	17412	9602	300000	0.054	0.214	27014
组合 3	1000000	13367	10484	255401	0.000	0.000	23851
组合 4	1000000	25182	7892	300000	0.735	0.000	33074
组合 5	1000000	18318	10576	294035	0.741	0.000	28894
组合 6	1000000	12450	18913	300000	0.000	1.000	31363

如表 11–5 所示，可变效应模型的优化结果与表 11–4 的数据有显著的差异。但是，产品组合的优劣程度依然是组合 3、组合 1、组合 5、组合 4、组合 6、组合 2。

（二）β 变量灵敏性检验

为了检验 Lotka–Volterra MCGP 模型中互动影响因子的动态稳定性，本小节进行了 β 变量灵敏性检验。在检验中遵循原始模型的偏态特征。设定 β_{12} 和 β_{21} 的值，以组合 1 为例，优化结果如表 11–6 所示。

表 11–6　β 变量灵敏性检验

β_{12}	β_{21}	销售额 / 万元	产品 1 销量 / 辆	产品 2 销量 / 辆	油耗系数 / 升·百公里 $^{-1}$	总销量 / 辆
0	0.9	1000000	10857	15671	280381	26528
0	0.8	1000000	11157	15257	279509	26414
0	0.6	1000000	11811	14357	277613	26168
0	0.4	1000000	12546	13344	275480	25890
0	0.2	1000000	13378	12196	273065	25574
0	0	1000000	14329	10886	270306	25215
0	–0.2	1000000	15425	9375	267125	24800
0	–0.4	1000000	16703	7613	263417	24316
0	–0.6	1000000	18212	5534	259039	23746
0	–0.8	1000000	20020	3041	253792	23061
0	–0.9	1000000	21066	1600	250757	22666

如表 11–6 所示，模型优化结果随着互动系数 β 的变化而变化，在 β 的理论边界之内，相应优化结果随之改变。

（三）系统边界稳健性检验

本小节从销售额目标准则和油耗目标准则可变的角度来检验模型的稳定性。以组合 5 为例，系统边界稳定性结果如表 11–7 所示。

表 11–7　系统边界稳健性检验

β_{12}	β_{21}	销售额 / 万元	产品 1 销量 / 辆	产品 2 销量 / 辆	油耗系数 / 升・百公里 $^{-1}$	总销量 / 辆
0.325	0.010	1000000	16186	12405	290947	28591
0.325	0.010	1100000	17805	13646	320042	31451
0.325	0.010	1200000	19424	14886	349136	34310
0.325	0.010	1300000	21042	16127	378231	37169
0.325	0.010	1400000	22661	17367	407326	40028
0.100	0.300	1500000	19276	22904	429169	42180
0.100	0.300	1600000	20561	24431	457780	44992
0.200	0.300	1700000	22956	25004	488001	47960
0.300	0.300	1800000	24307	26475	500000	50782

如表 11–7 所示，随着目标准则的边界拓展，模型依然可以正常工作，计算结果有效。

三、TOPSIS 评价

利用表 11–4 的数据进行熵权重 TOPSIS 评价和主观设定权重条件下的 TOPSIS，分析结果如表 11–8 所示。

表 11–8　产品组合 TOPSIS 排序

组合	油耗系数	总销量	W_j（0.509，0.491）		W_1（0.6，0.4）		W_2（0.65，0.35）		W_3（0.7，0.3）		W_4（0.9，0.1）	
			TOPSIS 结果	排名	TOPSIS 结果	排名	TOPSIS 结果	排名	TOPSIS 结果	排名	TOPSIS 结果	排名
组合1	0.087	0.007	0.401	4	0.460	2	0.489	3	0.515	2	0.573	2
组合2	0.000	0.023	0.200	6	0.158	6	0.229	6	0.113	6	0.033	6
组合3	0.259	0.000	0.509	1	0.600	1	0.594	1	0.700	1	0.900	1
组合4	0.000	0.241	0.491	2	0.400	3	0.561	2	0.300	3	0.100	4
组合5	0.011	0.047	0.330	5	0.289	5	0.377	5	0.250	4	0.206	3
组合6	0.000	0.134	0.412	3	0.329	4	0.475	4	0.241	5	0.077	5

如表 11-8 所示，本小节提出的 Lotka-Volterra MCGP 模型可以比较好地与传统的 TOPSIS 方法结合使用。基于熵值的权重设定思想是基于数据所含信息的丰富度差异。但是，在能源可持续发展的指导思想之下，能源指标的权重可以进行调整。本小节设定了几种不同的能源指标权重，以对 TOPSIS 结果进行对比分析。当能源指标权重设定足够高时（0.9），TOPSIS 结果与前文研究结果相同。

第三节　结果与讨论

一、结　果

本章利用种群动力学模型对汽车企业的产品单种群成长机制和双种群共生机制进行回归分析。在 Lotka-Volterra 共生机制的基础上构建 Lotka-Volterra MCGP 优化模型。在 MCGP 模型中设定销售总额和销售产品油耗总和两个主要判断准则。本章基于 MCGP 模型分析结果给出一个简单的产品组合评价流程。为了检验 Lotka-Volterra MCGP 模型的稳健性，本章从固定效应模型、可变效应模型、边界调整模型及其对比分析等角度验证该模型是适用的、有效的。最后，本章将 Lotka-Volterra MCGP 模型结果和熵权重 TOPSIS 方法结合起来进行分析评价，论证 Lotka-Volterra MCGP 模型的可拓展性，证明 Lotka-Volterra MCGP 模型可以比较好地与其他传统方法相结合进行产品组合多准则分析。

二、讨　论

与传统的 AHP 相比较，本章的研究方法不需要设定评价变量的权重。与传统的 TOPSIS 和 VIKOR 等主观影响较重的研究方法相比较，本章的研究方法能基于客观数据进行分析，从客观数据中找寻产品之间的共生机制。WASPAS 和 ELECTRE 适用于区域能源经济规划等领域，不适用于低油耗导向下的汽车产品组合分析与决策。Lotka-Volterra MCGP 优化模型综合使用线性规划、约束理论方法和嵌入约束思想。与这些传统方法相比较，Lotka-Volterra 可以充分体现产品之间的共生关系，MCGP 模型可以实现多准则评价。

三、管理启示

从长期发展的角度来看，汽车制造企业要想在低碳汽车市场取得竞争优势，必须进行技术创新，提升低碳汽车产品的性价比和差异化程度。汽车制造企业必须充分利用低碳技术研发成果，提升平台模块化、轻量化、电子电控技术、智能化等领域的自主研发能力，为低碳汽车发展提供技术支撑。除了要提高技术研发和创新能力，进一步丰富平台的产品种类，汽车制造企业还要逐步开发相应的新能源车型。此外，汽车制造企业还要注重汽车轻量化改进。在汽车轻量化改进方面，汽车制造企业要进一步与供应商合作，开展汽车高强度钢、铝镁合金、玻璃纤维、碳纤维等轻量化材料的研发和应用，通过减少车重来实现降低油耗和减少碳排放的目标。汽车制造企业要以节能环保的形象为展示目标。品牌形象是消费者对企业产品的感知而形成的形象。树立品牌是为了提高企业知名度和消费者对产品的忠诚度，因此良好的品牌形象在公司发展过程中扮演着重要的角色。汽车制造企业一定要树立“质量第一，节能低碳”的品牌形象，这样才能提高产品的吸引力和顾客的忠诚度。

第四节　本章小结

本章的研究目标是构建一个可以比较好地兼顾销售额和油耗指标的汽车产品组合分析方法。该分析方法要体现产品之间的共生效应，充分开发产品间的互动效应。本章提出的 Lotka-Volterra MCGP 方法比较好地实现了以上研究目标。本章的主要不足是研究中设定的 Lotka-Volterra 模型是二维的，在将来的研究中需要对 Lotka-Volterra 模型的维度进行拓展，使其有更加广泛的应用场景。

第十二章　新能源汽车购买多准则决策

新能源汽车的市场需求和市场渗透率与消费者的接受程度密切相关[161]。从目前对新能源汽车的推广效果来看，难以实现大规模使用新能源汽车的一个重要原因，是新能源汽车的购买在很大程度上取决于私人消费者的接受程度。除了车辆特性和政策激励，消费者的购买意愿直接影响新能源汽车市场需求和产业发展，而目前消费者使用新能源汽车的意愿并不强烈。作为一种新型汽车产品，新能源汽车在技术上与传统的燃油汽车有很大的差异。同时，消费者个体差异对新能源汽车的接受程度也有很大的影响。所有这些差异都可能是影响消费者购买和接受新能源汽车的潜在因素[162]。由于在汽车保有量中私家车的数量占比较大，而且还将继续增加，新能源汽车的大规模使用在很大程度上依赖于私人消费者，因此研究和探索影响消费者购买意愿对打开新能源汽车的市场有积极影响。

第一节　新能源汽车购买决策的影响因素

对于影响消费者接受新能源汽车的因素，不同学者的关注点不同，所得到的结论也不一样。大多数学者认为，使用新能源汽车的三个主要障碍是续航里程、充电时间和充电基础设施，然而，其他因素也在一定程度上对消费者购买新能源汽车的意愿产生影响。

一、消费者个体差异对购买决策的影响

一项针对美国司机的调查发现，受访者更多地考虑产品的经济效益[163]。收入水平和环保意识是购买意愿的积极因素[164]。但是来自江苏省南京市的调查显示，消费者是否选择电动车不受收入影响[165]。美国的一项类似调查得出了相似结论，认为消费者在对新能源汽车的接受度和购买意愿上，收入不是

一个重要因素[166]。一项针对挪威民众的新能源汽车接受度调查发现，与性别、年龄和受教育程度相比，收入并不是一个突出的影响消费者购买意愿的指标。研究发现，之所以收入不是影响挪威消费者接受新能源汽车的突出因素，是因为挪威的新能源汽车价格因激烈的市场竞争而趋于合理[167]。

影响消费者接受新能源汽车的因素分为人口因素、情境因素和心理因素三大类[168]。基于对马来西亚司机的研究发现，马来西亚民众对新能源汽车的接受程度和意愿，与社会影响、环境因素、产品经济效益、人口结构、基础设施准备情况及政府干预有关[169]。有学者基于对北京、上海、广州、深圳四个城市的调查，分析了影响新能源汽车购买意愿的主要因素。研究通过调查人口统计和态度因素，发现影响购买意愿的最重要因素是环保意识和产品价格接受度。此外，政府补贴、网络外部性、性别、年龄、婚姻状况等因素对消费者的购买意愿也有重要影响[170]。

消费者对新能源汽车的技术偏好也存在一定的影响力。以美国加利福尼亚州的电动汽车购买者为样本，研究发现目前青睐新汽车技术的人更容易接受新能源汽车。研究发现，许多受访者对购买有自动驾驶技术的电动汽车感兴趣[171]。更好地理解驾驶者的行为对确定影响新能源汽车使用的因素、推动产品成功融入当前社会和经济领域，以及促进未来新能源汽车市场的发展和增长至关重要，但该研究的对象有一定局限，主要是受过良好教育的中等收入的驾驶人员[172]。

二、续航里程对消费者购买意愿的影响

多项研究表明，消费者有高续航里程偏好。续航里程被认为是影响消费者接受新能源汽车的一大主要因素[173]。通常，人们认为除非新能源汽车续航里程能得到很好的改善，否则很难在私人消费市场得到推广。新能源汽车的续航里程基本能满足消费者的短途旅行需求，里程焦虑主要来源于消费者对长途旅行的需求。消费者对增程式电动汽车的接受意愿较高的原因是增程式电动汽车可以满足其每个月的几次长途旅行需求[174]。这反映出消费者对新能源汽车总续航里程的高度关注。实际上，消费者对纯电动汽车的里程偏好往往高于其实际需求。

三、成本和费用对消费者购买意愿的影响

与同类配置的传统燃油汽车相比，大多数研究认为新能源汽车前期高购买成本是消费者接受新能源汽车的障碍之一。新能源汽车的优势是较低的运

行成本，如充电成本较燃油成本低，这是吸引消费者接受新能源汽车的一个因素。长期来看，降低能源消耗和低电价带来的经济效益可以抵消大部分或全部前期高购买成本。如何引导消费者了解在新能源汽车使用期间所能节省的燃料成本及其他使用成本，对鼓励消费者购买和使用新能源汽车非常有效。但这种优势必须在长期使用的过程中才能体现出来，同时新能源汽车应克服技术和质量上的缺陷。也有学者关注使用期总成本对消费者接受意愿的影响，在不同的汽车细分市场，总成本和销售量之间存在负相关关系[175]。

除此之外，其他因素也会影响消费者对新能源汽车的购买意愿。家庭的车辆数对消费者接受新能源汽车有一定影响，有两辆汽车的家庭，更有可能在换车时将其中一辆更换为新能源汽车。新能源汽车市场也可能受到人口密度和其他绿色交通选择的影响[176]。

四、产业政策对新能源汽车市场需求的影响

交通运输业是当代社会的基础产业，在世界经济增长中发挥着重要作用。为了实现加速新能源汽车发展的计划，各国政府出台了各种激励政策，如补贴、免税、交通监管政策等，以促进国民使用新能源汽车出行，并希望通过普及新能源汽车的使用，建立一个可持续的交通系统。正是由于各国政府和产业界的共同努力，全球新能源汽车保有量近年得到快速增长。

在市场推广阶段，新能源汽车的大量购置很大程度上依赖于政府的支持。目前，政府的政策主要包括财政补贴、税收优惠、免费停车和特殊路权。在之前的诸多研究中，这些政策都被证明对新能源汽车市场需求与购买意愿有积极的影响，不同的政策有不同的影响。

研究结果表明，愿意购置新能源汽车的消费者倾向于一次性补贴而不是分期补贴[177]；免征或减免购置税和（或）增值税，是鼓励大众对新能源汽车接受意愿最有力的激励措施。也有研究认为，政策的影响并没有预期的那么大。在荷兰，包括道路税减免和财政激励在内的政策对民众采用新能源汽车的意愿有促进作用，但在消除消费者对新能源汽车性能属性的疑虑方面效果要差得多。

在全球大部分国家，各国在新能源汽车推广政策及效果方面存在巨大的差异。调查结果证实了在免费道路上安装充电网络的必要性，其调查关注的主要焦点是激励政策，没有综合考虑其他社会经济因素；由于财政激励政策有逐渐弱化的趋势，因此交通监管政策可能成为新能源汽车发展的重要动力[178]。

各国政府都希望增加新能源汽车的个人购买。与个人消费者购买相关的

激励政策包括直接补贴、减税、减免费用、拥有道路优先权等。新能源汽车相对于传统汽车的初始成本要高得多，这是新能源汽车产业增长的主要障碍之一。因此，降低购买成本的财政激励措施已被北美、欧洲和亚洲各国政府广泛采用。但是，无论哪种激励政策和措施，这类资助计划通常是有时间限制的，或者只针对特定数量的对象和群体。历史经验表明，取消大量的激励措施可能会导致销量大幅下降。

金融政策已不是促进该行业发展的必要措施，最能影响新能源汽车产业发展的因素是充电桩的密度、燃料价格和道路优先权。其中，政府的首要任务是为电动汽车提供道路优先权。提高燃油税也有助于推广新能源汽车，但提供直接的高补贴并不能保证高的市场份额。在没有任何直接补贴的情况下，挪威的新能源汽车市场份额却是最高的，因为挪威为新能源汽车提供了优惠幅度较大的税收政策。不同国家的税收减免政策差别很大。提供更高税收优惠的国家新能源汽车的市场份额往往更高，如挪威、荷兰。在挪威，购置新能源汽车的奖励方案还包括：在收费路段享受免费通行的优惠，在市政停车场免费停车及享受公共汽车专用车道等待遇。税收优惠与市场份额呈显著的正相关关系。在扩大新能源汽车运营成本优势的层面上，税收优惠政策具有一定的重要性。

新能源汽车产业政策可以分为宏观政策、示范政策、补贴政策、税收优惠政策、技术支持政策等。对中国消费者进行调查，我们发现消费者感知会影响政府的政策选择。消费者对补贴政策、技术支持政策和基础设施政策的重要性认识很高，但对这些政策的满意度却很低。同时，补贴政策、技术支持政策和基础设施政策亟须改善。

有学者对补贴措施的调整进行了建议，同时对退补的后果进行了一定的研究。激励措施应该更多地向里程高的纯电动汽车和插电式混合动力汽车倾斜。在各种刺激市场需求的措施中，增值税和购置税的减免最为有效。教育和宣传活动应更广泛地面向消费者，研究还发现，过早地取消激励措施可能会对一些新能源汽车类型产生负面影响。

五、配套（充电）设施对新能源汽车市场需求的影响

在新能源汽车上市之前，要集中建设基础设施。在产品进入市场后，为其提供必要的支持，有助于扩大市场需求和产品的市场份额。充电时间和充电的便捷性也是消费者对新能源汽车接受程度的影响因素。只有尽可能缩短充电时间，科学合理地布局充电基础设施，使人们便捷充电，才能弱化其负面影响。

研究发现，消费者更愿意在家充电，因此家庭充电基础设施对他们来说更重要。目前，公共领域和私人领域的收费基础设施不足，但政府应更多地关注家庭充电设施的规划和建设。基础设施建设的完善有利于提高新能源汽车销量，鼓励和促进消费者使用新能源汽车。高密度充电基础设施有助于解决消费者的里程焦虑问题。开发专用的基础设施可以鼓励更多的消费者购买新能源汽车，以增加行驶里程；充电设施的数量、位置和类型需要匹配，以增加充电设备的可用性。

发展新能源汽车充电的基础设施，必须审慎考虑，以使基础建设发展的效益最大化，通过分析现有的充电地点和新能源汽车在一天中的充电时段，对大量新能源汽车市场准备具有重要的作用[179]。新能源汽车充电最重要的地点是消费者的居住场所，其次是工作场所，然后是其他公共场所[180]。因此充电设施规划主要包括小区停车场、办公区或通勤场所、商场和购物中心，以及长途行驶中的路边充电设施的建设。充电基础设施的建设和开发可以由政策制定者、充电设施生产厂家、房地产开发商、地方政府、停车场、购物中心、加油站及各类其他利益相关者共同推进。根据对新能源汽车充电情况的调查和统计，一半以上的汽车充电是在家中完成的。充电基础设施的发展要适应消费者的需要和使用模式，同时还要考虑新能源汽车对地方和区域电网的影响。为促进新能源汽车发展，地方政府应推动新能源汽车充电基础设施的建设，规范基础设施的合理部署。

关于消费者充电时间和充电习惯的调查发现，消费者偏向在相似的时间段给自己的汽车充电[180]。随着新能源汽车保有量的大量增加，充电需求可能会在一天内多次导致用电激增，建议消费者提升给汽车充电的灵活性。只有购买过新能源汽车或有兴趣购买新能源汽车的消费者才对充电基础设施有较高的认知，没有购买过电动汽车的普通人群对新能源汽车充电设施及充电方式的选择了解甚少。主流购车者对新能源汽车充电基础设施的认知程度目前较低。对新能源汽车相关设施的低认知与购买新能源汽车的意愿低有关。新能源汽车的使用者对基础设施的了解越多，对充电点的使用也就越多，就越有利于缓解使用者的续航里程焦虑。

六、文献评述

综合现有对新能源汽车研究的相关文献来看，研究主要集中在产业发展导入期的补贴政策、金融支持、税收优惠等政策的分析上，或者在对政策效果的评估等方面。新能源汽车的发展是汽车产业发展的必然趋势，积极的产业政策对新能源汽车产业的前期推广具有积极意义，对刺激市场需求有积极的效果，这一点在学术界已经基本达成共识。但是，当前市场环境正面临新的状态，从政策驱动向市场驱动转变是新能源汽车产业目前面临的主要难题。前期新能源汽车产业的鼓励政策对其发展的影响正在减弱，这就需要针对当前新的环境，对目前新能源汽车产业市场需求和发展政策导向进行更全面、更深入的思考。从消费者角度和市场需求角度出发分析产业发展的驱动因素，才是推动产业快速进入市场驱动阶段的关键，因此从消费者角度和市场需求角度对新能源汽车市场进行研究是非常必要的。

从研究文献来看，研究对象主要集中在对北美、欧洲、亚洲等发达国家，如瑞典、德国、挪威等，以及美国、日本和韩国市场的研究。而发达国家和发展中国家在技术水平、经济环境、社会文化、消费者习惯、消费偏好及人口统计特征等方面有很大差异，研究结果的参考价值有限。在研究涉及消费者购买意愿影响因素的变量中，个体认知主要包括对环保和政策的认知。因此，研究消费者对新能源汽车的长期需求及公交系统建设和地域差异等对消费者接受新能源汽车意愿的影响具有必要性。

对新能源汽车当前的产业政策研究，主要集中在对国家宏观层面的政策制定上，而在行业层面基于市场消费需求的相关研究较少。尤其是目前的研究没有对新能源汽车品牌消费偏好、车型消费偏好和新能源汽车类型的消费偏好进行较为全面和系统的分析与论证，更没有对新能源汽车品牌偏好、车型偏好和类型偏好进行区域差异和性别差异方面的研究。

在微观层面，消费者对产品属性的感知直接影响消费者的购买决策，但目前在对新能源汽车的相关研究中，产品属性感知对消费者接受意愿的实证研究还不够丰富和充分，在该层面下的研究有进一步深入的必要。

本章的研究将丰富新能源汽车市场需求和消费者购买意愿等内容，是对该研究领域的深入和充实。本章的主要研究目标如下：第一，构建一种适用于能源可持续发展的汽车购买评价方法；第二，在能源可持续视角之下的汽车综合评价多准则决策模型中既要体现汽车综合评价的全面性，又要突出能源可持续指标的重要性；第三，该购买决策方法能给消费者提供明确的购买建议。

第二节　算　例

一、指标选取

研究的指标分为经济指标、能源可持续指标和技术性能指标三大类。经济指标包括汽车的价格。能源可持续指标包括百公里耗电量或混动车型的发动机排量。技术性能指标包括动力性、安全性、舒适性和操控性。下面重点分析技术性能指标。

（一）动力性

动力性指标主要用最高车速、加速能力和最大爬坡度来表示，是汽车技术性能中最基本和最重要的性能。这些指标是汽车制造企业根据国家相关规定的试验标准，通过样车测试得出来的。

（二）安全性

安全性对汽车的重要性是不言而喻的。衡量一款汽车安全性的好坏，并不是简单地看有没有安全配置，而是需要看这款汽车的综合安全性是否出色。

（三）舒适性

舒适性参数主要表达的就是在使用汽车时能享受到的一些舒适功能。作为人的主观感受，谁都愿意坐在一台安静、舒适、功能齐备、空间宽大的汽车里。衡量一台汽车的舒适性可以从以下四方面来判断：车身的尺寸及隔绝震动的能力、车厢内的自动化程度、车厢内装备功能的多少、内饰的材质。

（四）操控性

汽车的操控性指的是操纵稳定性。汽车的操纵稳定性包含互相联系的两部分内容：一是操纵性；二是稳定性。操纵性是指汽车能及时准确地按驾驶员的转向指令转向；稳定性则是指汽车受到外界干扰后，能自行恢复至正常行驶的方向，而不发生倒滑、倾覆、失控等现象。

本章中，DEA 模型中以汽车产品的能源消耗指标为投入变量，以 TOPSIS 评价分数为产出变量，构造 DEA 模型并进行分析。

二、基于评价分数的 TOPSIS-DEA

（一）DEA 分析

虽然 DEA 模型得到了广泛的应用，但是将 DEA 方法应用于新能源汽车购买决策之中还是比较少见的，本小节首先利用 DEA 模型对主观评价分数进行二次加工。

表 12-1 给出了 20 种新能源汽车产品的消费者主观评价分值。针对三个维度共六项指标的分析，本小节采用比较分析法，即按照某一个维度对汽车技术进行比较，相对条件最有利的为 9 分，相对条件最不利的为 1 分。本小节算例中的后续分析均是针对表 12-1 所呈现的数据进行的。

表 12-1　新能源汽车产品评价打分表

车型	投入指标		产出指标			
	经济指标	能源可持续指标	技术性能指标			
	价格	百公里能耗	动力性	安全性	舒适性	操控性
1	8 分	6 分	5 分	6 分	5 分	8 分
2	9 分	2 分	8 分	8 分	9 分	1 分
3	6 分	6 分	6 分	5 分	8 分	5 分
4	5 分	7 分	9 分	8 分	8 分	6 分
5	6 分	1 分	8 分	3 分	9 分	1 分
6	7 分	2 分	9 分	4 分	9 分	2 分
7	3 分	9 分	1 分	1 分	1 分	9 分
8	3 分	8 分	2 分	1 分	4 分	8 分
9	4 分	5 分	3 分	2 分	9 分	5 分
10	4 分	9 分	4 分	4 分	8 分	9 分
11	2 分	8 分	8 分	5 分	7 分	9 分
12	4 分	5 分	3 分	8 分	6 分	1 分
13	2 分	8 分	8 分	4 分	5 分	3 分
14	2 分	9 分	4 分	5 分	7 分	9 分
15	4 分	4 分	8 分	8 分	6 分	2 分
16	2 分	3 分	4 分	2 分	9 分	3 分
17	7 分	9 分	8 分	4 分	5 分	3 分
18	6 分	1 分	8 分	7 分	9 分	8 分
19	4 分	7 分	9 分	8 分	3 分	4 分
20	6 分	1 分	8 分	6 分	1 分	8 分

表 12-2 给出了 20 种车型的基于主观评价分值的 DEA 分析结果。车型 11、车型 15、车型 16、车型 18 均处于 DEA 有效水平，在本轮的评价中名列前茅。车型 5、车型 13、车型 14、车型 20 处于弱 DEA 有效的水平，处于本轮评价的第二梯队。可见，单一的 DEA 评价模型难以区分出所有产品型号的先后次序，需要进一步分析才能解决产品排序问题。

表 12-2　基于主观评价分值的 DEA 效率评价结果

车型	效率值	投入冗余		产出不足			
		经济指标	能源可持续指标	技术性能指标			
		价格	百公里能耗	动力性	安全性	舒适性	操控性
1	0.551	0	0	2.665	0.036	2.952	0
2	0.727	0	0	1.018	0	0.818	7.364
3	0.574	0	0	0.464	0	0	0
4	0.837	0	0	0.372	0	0	0
5	1	0	0	0	4.000	0	7.000
6	0.900	0	0	0	4.100	0.450	5.650
7	0.817	0	0	7.095	4.272	6.296	0
8	0.785	0	0	5.232	3.793	2.601	0
9	0.705	0	0	2.529	1.487	0	0
10	0.746	0	0	4.271	1.567	0	0
11	1	0	0	0	0	0	0
12	0.980	0	0	5.490	0	0.531	2.265
13	1	0	0	0	1	2	6
14	1	0	1	4.000	0	0	0
15	1	0	0	0	0	0	0
16	1	0	0	0	0	0	0
17	0.522	0	0	0	3.478	1.174	0.217
18	1	0	0	0	0	0	0
19	0.941	0	0	0.412	0	4.529	1.647
20	1	0	0	0	1.000	8.000	0

（二）TOPSIS 分析

TOPSIS 评价结果如表 12-3 所示。

表 12-3　TOPSIS 评价结果

车型	S^-	S^+	C^+	排名
1	0.575	0.684	0.457	17
2	0.839	0.752	0.527	11
3	0.617	0.599	0.507	15
4	0.863	0.437	0.664	2
5	0.804	0.668	0.546	8

续表

车型	S^-	S^+	C^+	排名
6	0.813	0.663	0.551	7
7	0.719	0.893	0.446	19
8	0.664	0.802	0.453	18
9	0.737	0.689	0.517	13
10	0.774	0.694	0.527	11
11	0.885	0.500	0.639	3
12	0.744	0.702	0.514	14
13	0.688	0.739	0.482	16
14	0.810	0.678	0.544	9
15	0.845	0.557	0.603	4
16	0.831	0.705	0.541	10
17	0.454	0.860	0.346	20
18	0.949	0.290	0.766	1
19	0.806	0.634	0.560	6
20	0.816	0.543	0.600	5

如表 12-3 所示，基于 TOPSIS 评价结果，名列前茅的优质汽车型号是车型 18、车型 4、车型 11、车型 15。这个评价结果和第一阶段的 DEA 评价结果有类似之处。车型 18、车型 11、车型 15 均在优秀产品之列。但是这两种方法的评价结果也有显著差异，TOPSIS 评价结果的区分度要比经典的 DEA 评价结果好一些。同时，在本算例之中，依然有两个型号（车型 2 和车型 10）得到了相同的评价分值。为了提高评价结果的区分度，同时突出能源可持续发展理念，本算例将进行第三阶段的分析，即 TOPSIS-DEA 分析。

（三）TOPSIS-DEA 分析

TOPSIS-DEA 分析结果如表 12-4 所示。

表 12-4　TOPSIS-DEA 分析结果

车型	TOPSIS 得分	能耗得分	效率值	排名
1	0.457	6	0.099	14
2	0.527	2	0.344	5
3	0.507	6	0.110	11
4	0.664	7	0.124	10
5	0.546	1	0.713	3

续表

车型	TOPSIS 得分	能耗得分	效率值	排名
6	0.551	2	0.360	4
7	0.446	9	0.065	19
8	0.453	8	0.074	18
9	0.517	5	0.135	8
10	0.527	9	0.076	17
11	0.639	8	0.104	12
12	0.514	5	0.134	9
13	0.482	8	0.079	15
14	0.544	9	0.079	15
15	0.603	4	0.197	7
16	0.541	3	0.235	6
17	0.346	9	0.050	20
18	0.766	1	1.000	1
19	0.560	7	0.104	12
20	0.600	1	0.783	2

如表 12–4 所示，TOPSIS–DEA 评价结果展示出名列前茅的产品为车型 18（θ=1.000）、车型 20（θ=0.783）、车型 5（θ=0.713）。车型 18 在几个评价模型中均有比较好的表现，也是能源可持续视角下最合适的购买选择。

三、基于实际指标数据的 TOPSIS–DEA

本小节以新能源汽车中的插电式混合动力车型和双引擎车型为例。其中，安全性配置包括安全气囊、胎压监测、安全带报警、儿童安全座椅接口、发动机电子防盗、车内中控锁、无钥匙进入与启动系统等。操控配置包括 ABS 防抱死、制动力分配（EBD/CBC 等）、刹车辅助（EBA/BAS/BA 等）、牵引力控制（ASR/TCS/TRC 等）、车身稳定控制（ESC/ESP/DSC 等）、自动驻车、上坡辅助、可变悬架、前桥限滑差速器、后桥限滑差速器等。新能源汽车综合评价指标数据如表 12–5 所示。

表 12-5　新能源汽车综合评价指标数据

决策单元	车型	投入指标		产出指标			
		经济指标	能源可持续指标	技术性能指标			
		价格 / 万元	发动机排量 / 升	动力性（最大马力）	安全性（安全配置数）	舒适性（轴距：米）	操控性（操控配置数）
1	秦 PLUS	14.38	1.5	110	10	2.718	7
2	宋 PLUS	17.98	1.5	110	10	2.765	8
3	唐	27.08	2.0	192	10	2.820	8
4	宝马 5 系	43.15	2.0	184	12	3.105	8
5	奔驰 E 级	48.13	2.0	211	12	3.079	9
6	卡罗拉双擎	15.48	1.8	99	12	2.700	6
7	帕萨特	18.99	1.4	150	12	2.871	7
8	荣威 i6	15.98	1.5	169	9	2.715	7
9	哈弗 H6	14.98	1.5	154	12	2.738	8
10	凯美瑞	20.34	2.5	178	12	2.825	7

如表 12-5 所示，本小节采用 10 个型号的新能源车型的实际性能数据进行分析。新能源汽车综合评价指标的 DEA 分析结果如表 12-6 所示。

表 12-6　新能源汽车综合评价指标的 DEA 分析结果

车型	效率值	投入冗余		产出不足			
		经济指标	能源可持续指标	技术性能指标			
		价格	发动机排量	动力性	安全性	舒适性	操控性
秦 PLUS	1.000	0	0	0	0	0	0
宋 PLUS	1.000	0	0	0	0	0	0
唐	0.854	4.960	0	0	0.336	0.272	0
宝马 5 系	0.835	16.012	0	0	0	0.104	0.053
奔驰 E 级	0.947	25.246	0	0	0	0.377	0
卡罗拉双擎	0.968	0	0.242	55.000	0	0.038	2.000
帕萨特	1.000	0	0	0	0	0	0
荣威 i6	1.000	0	0	0	0	0	0
哈弗 H6	1.000	0	0	0	0	0	0
凯美瑞	0.841	0	0.435	0	0	0.210	1.449

如表 12–6 所示，秦 PLUS、宋 PLUS、帕萨特、荣威 i6、哈弗 H6 共 5 个车型均处于 DEA 有效水平。这说明在本算例中，投入产出指标较多且决策单元数量较少的情况下，传统 DEA 模型的评价区分度和实用性受到了削弱。传统 DEA 模型难以满足小样本分析的需要。本算例中的 DEA 效率值分布范围比较狭窄，主要集中在 0.8 和 1 之间。

新能源汽车综合评价数据的 TOPSIS 分析结果如表 12–7 所示。

表 12–7 新能源汽车综合评价数据的 TOPSIS 分析结果

序号	车型	S^-	S^+	C^+	排名
1	秦 PLUS	4.276	2.208	0.659	2
2	宋 PLUS	4.051	2.163	0.652	3
3	唐	9.431	9.403	0.501	8
4	宝马 5 系	7.957	8.393	0.487	10
5	奔驰 E 级	11.406	11.896	0.489	9
6	卡罗拉双擎	4.151	2.061	0.668	1
7	帕萨特	5.718	4.817	0.543	4
8	荣威 i6	7.405	6.734	0.524	6
9	哈弗 H6	6.196	5.216	0.543	4
10	凯美瑞	8.129	7.735	0.512	7

如表 12–7 所示，TOPSIS 分析结果的区分度更高，可以顺利地对研究样本的车型进行排序。卡罗拉双擎、秦 PLUS、宋 PLUS、帕萨特、哈弗 H6 这 5 款车型排名靠前。这个评价中的多数车型和 DEA 评价的有效率车型相同，卡罗拉双擎车型在 TOPSIS 分析中脱颖而出。

新能源汽车综合数据的 TOPSIS–DEA 分析结果如表 12–8 所示。

表 12–8 新能源汽车综合数据的 TOPSIS–DEA 分析结果

决策单元	车型	TOPSIS 得分	能耗	效率值	排名
1	秦 PLUS	0.659	1.5	1	1
2	宋 PLUS	0.652	1.5	0.989	2
3	唐	0.501	2.0	0.570	7
4	宝马 5 系	0.487	2.0	0.554	9
5	奔驰 E 级	0.489	2.0	0.557	8
6	卡罗拉双擎	0.668	1.8	0.845	4
7	帕萨特	0.543	1.4	0.883	3
8	荣威 i6	0.524	1.5	0.795	6
9	哈弗 H6	0.543	1.5	0.824	5
10	凯美瑞	0.512	2.5	0.466	10

如表 12-8 所示，前五名车型的排序依次为秦 PLUS、宋 PLUS、帕萨特、卡罗拉双擎、哈弗 H6。实证结果表明，TOPSIS-DEA 有着比 DEA 和 TOPSIS 更好的区分度。TOPSIS-DEA 效率值的分布范围更广泛。

第三节　结果与讨论

一、结　果

本章构造了 TOPSIS-DEA 模型来解决能源可持续视角下的新能源汽车购买多准则决策问题。本章通过两个具体的算例来说明如何使用 TOPSIS-DEA 模型进行新能源汽车购买决策。在第一个例子中使用了 20 款不同型号车型的主观评价数据作为分析的对象，在第二个例子中使用了 10 款在中国市场上比较知名的新能源汽车型号的实际数据进行分析。这两个例子均说明 TOPSIS-DEA 模型在能源可持续视角下的新能源汽车购买多准则决策问题中是适用、可行且有效的。

二、讨　论

本章的研究表明，与传统的 TOPSIS 或 DEA 比较，TOPSIS-DEA 模型有着显著的优越性。与传统的 DEA 比较，TOPSIS-DEA 模型有以下优势：第一，投入产出数据的维度更少。通过 TOPSIS 评价过程，可以有效减少投入产出数据维数，进而提高 DEA 模型数据的区分度和有效性。第二，在突出能源可持续性要求的同时兼顾传统的汽车产品综合性能评价。

与传统的 TOPSIS 比较，TOPSIS-DEA 模型有以下优势：第一，融合了 TOPSIS 和 DEA 模型的特点和优势。DEA 作为一种非参数方法不用过分纠结于各种评价指标的权重选择问题。同时，借助 TOPSIS 这一典型的多准则决策方法，DEA 模型被引入多准则决策的研究领域。第二，TOPSIS 方法难以体现能源可持续发展这一要求，DEA 的能源效率导向评价方法可以比较好地满足能源可持续发展的研究需要。

三、管理启示

新能源汽车生产厂商需要加强宣传引导，提高消费者对新能源汽车的认同感，重点加强对年轻人的宣传力度，扩大政府采购的示范效应，扩大中小城市的试点范围。新能源汽车创新主体要提升新能源汽车的技术研发，设立专项资金支持整车开发和品牌创建。政府要完善新能源汽车的充电设施建设，加快充电基础设施体系建设，加强配套电网保障能力，推进充电标准化与技术创新；充分发挥市场的力量，提升消费者满意度，鼓励新能源汽车制造企业间的竞争与合作，破除新能源汽车推广中的地方保护；完善新能源汽车准入管理规则，特别是对低价纯电动汽车的市场培育；完善新能源汽车的扶持政策，探索适合国情的扶持政策模式，完善市场激励机制，搭建新能源汽车技术研发平台，运用税收手段扩大新能源汽车的竞争优势。

第四节　本章小结

本章的研究目的是构建一种适用于能源可持续发展的汽车购买评价方法。在能源可持续视角下的汽车综合评价工作不同于传统的汽车购买多准则决策。决策模型中既要体现汽车综合评价的全面性，又要突出能源可持续指标的重要性。同时，该购买决策要能给消费者提供明确的购买指南。本章通过构建 TOPSIS-DEA 模型成功实现了研究目标。本章的研究表明 TOPSIS-DEA 模型适合用来进行能源可持续发展背景下的新能源汽车购买多准则决策评价。TOPSIS-DEA 模型适用于对主观评价数据的二次处理，也适用于客观实际数据的实证分析。同时，TOPSIS-DEA 模型有着很好的区分度，可以让消费者摆脱选择困境。本章的研究亮点如下：第一，将 TOPSIS 模型和 DEA 模型结合起来构建 TOPSIS-DEA 模型，并将 TOPSIS-DEA 模型应用于能源可持续发展视角下的新能源汽车购买多准则决策研究，为新能源汽车的市场研究和消费者研究提供新方法。第二，利用 TOPSIS-DEA 模型对新能源汽车产品的主观评价数据和客观实际数据进行分析，并且成功应用。

本章的不足之处在于对汽车综合评价指标体系构建的探讨不够深入。同时，新能源汽车也具有多种不同的类型，除了电动汽车、插电式的混合动力汽车、双引擎汽车等，还有氢能汽车、天然气汽车、燃料电池汽车等车型。本章对不同新能源车型的差别没有进行深入分析。在将来的研究中要补齐以上方面的不足。

第十三章　汽车制造企业社会责任

低碳排放有利于实现经济可持续发展，汽车制造企业可以通过提供低碳排放的产品来履行社会责任。在新能源和低碳车型方面发展更好的汽车企业具有更高的社会责任水平。本章以生态共生理论和种群动力学模型为基础，基于新能源车型的共生成长视角开发了一套评价汽车企业社会责任的实证方法。从中国产销量名列前茅的传统燃油汽车厂商中选择“油改电”车型作为研究样本并收集数据，通过 logistic 模型、拓展型 logistic 模型和 Lotka-Volterra 模型进行实证分析。分析结果表明，本章构建的模型可以测算出新能源产品的成长性和共生性。中国汽车制造厂商在新能源车型成长性方面存在显著异质性。本章基于 Lotka-Volterra 模型的微分博弈分析给出了汽车制造企业在新能源产品创新决策过程中的选择过程。现有企业社会责任评价主要基于复杂的评价指标体系和主观评分，有着显著的主观性。本章的亮点在于提供了一种生态共生视角和基于客观数据的评价方法。

第一节　汽车制造企业社会责任概述

一、碳减排与汽车制造企业社会责任

汽车制造企业的碳减排任务主要体现在两个方面：一方面，传统的汽车制造企业的生产运营过程会产生大量碳排放；另一方面，汽车制造企业的产品在使用的全生命周期中会一直产生碳排放。因此，汽车制造企业一方面要减少生产活动中的碳排放，另一方面要在新能源汽车领域投入资金，以进一步减少生产制造环节产生的碳排放，为绿色生态发展贡献一定的力量。汽车制造企业注重运营过程中的资源与环境问题，通过提高能源供应效率、使用节能设备、应用轻量化原材料及对生产流程进行优化调整等，提高资源与能

源利用效率，并降低环境负荷。通过提供节能减排产品，提高生产运营过程中的资源与能源利用效率，汽车产业减少了资源与能源消耗，进行产业的绿色转型。这种转型，为汽车产业乃至经济的可持续发展做出了贡献。提供节能环保型产品，是汽车制造企业减少汽车产品对资源与能源消耗的重要实践。这些企业通过开展生命周期评价，从产品开发之初就已经考虑整个生命周期的资源与能源消耗。通过提高内燃机效能、优化传动系统与车身设计、降低空气阻力与车身轻量化及开发新能源汽车，大幅降低了汽车产品的资源与能源消耗，客观上也为建立循环型社会提供了产品支持。目前，越来越多的新能源汽车产品得到了市场的认可，并在油电混合动力车和纯电动车的一些关键技术研发上获得了突破。

然而，汽车制造企业履行社会责任、采取节能减排措施也有可能带来负面影响。汽车制造企业处在激烈的产业竞争之中。企业在履行社会责任的同时会造成额外的投入，在短期内影响企业的收益水平。环境友好型生产过程需要对生产线进行节能化改造，既要投入成本，也有运营风险。汽车制造企业对节能型产品和新能源汽车产品的研发也存在技术性风险和市场风险。

汽车产业是工业化国家国民经济的重要支柱。汽车产业涉及原材料供应、车辆生产与销售、售后服务、运输等，产业链较长，与国民经济中的其他产业关系密切。鉴于汽车产业的重要性，许多国家在出台经济刺激方案时，通常会选择汽车产业作为切入点。例如，发达国家的政府纷纷着手出台经济刺激政策，把新能源、信息技术等作为未来产业发展的重点，同时出台财税等方面的支持政策，加快培育新的经济增长点，形成新的竞争优势。中国政府也出台了相应政策来促进汽车产业的绿色转型。

二、研究思路

本章的基本研究思路为：汽车制造企业总体秉承社会责任和对消费者负责的态度，积极承担环保的社会责任并且继续推动绿色化转型，将资源投在新能源汽车的研发和推广上。汽车制造企业建立了改善环境与节约资源的核心价值观，认为进行绿色化转型、减少碳排放是企业应当承担的社会责任。如果企业能将更多的资源投在新能源汽车产品上，就可以让新能源汽车产品实现比燃油汽车产品更好的成长性。新能源汽车产品和燃油汽车产品可以被看作汽车制造企业生态系统中两个相互影响的汽车产品种群。

本章旨在通过分析企业内部新能源汽车产品与燃油车型的市场成长动力机制来评价汽车制造企业的社会责任。本章主要研究内容如下：第一，利用

logistic 模型对汽车制造企业的产品总体、畅销燃油车型和畅销“油改电”车型的成长性进行评价。以产品种群的内禀增长率来判断不同车型在企业内部运营系统中是否能获得足够的资源。如果新能源车型能实现比较好的内禀增长率，则说明企业给予了新能源车型足够的资源。第二，以新能源“油改电”车型为核心产品种群，利用拓展的 logistic 模型解析企业产品总体和畅销燃油车型对畅销“油改电”车型的作用机制。第三，利用 Lotka-Volterra 模型分析企业产品总体和“油改电”车型的共生机制，评价汽车制造企业新能源产品开发与运营的可持续性，进而利用共生关系来评价企业履行社会责任的可持续性。

本章的研究亮点如下：第一，从新能源汽车产品种群成长角度分析企业对节能产品的重视程度和实际资源分配，这为评价汽车制造企业的社会责任提供了一个新的视角。这个视角基于汽车产品的实际销售数据，克服了现有社会责任评价的主观性缺点。第二，基于生态学理论和种群动力学模型，构造 logistic 模型、拓展型 logistic 模型和 Lotka-Volterra 模型用于汽车企业社会责任评价，在方法论和评价技术层面进行了有益尝试。

第二节　研究设计

一、数据来源

本章选择研究样本时有以下标准：第一，样本中汽车生产厂商的市场占有率名列前茅，从市场销售量排名第一的企业开始逐一鉴别筛选。由于本章的研究目标就是考察燃油汽车企业在新能源化进行中的发展特点，因此样本企业主要考察传统汽车制造企业，不考虑新兴的只生产新能源汽车的企业，如生产纯电动车产品的特斯拉和以生产新能源车型为主的比亚迪均不在研究样本之内。第二，入选的汽车厂商所开发的主导燃油车型有着对应同型号的“油改电”车型，并且“油改电”车型的销售周期在 36 个月以上。传统汽车厂商开发的独立型号新能源车型的开发周期短且销量较少。同时，为了进行对比研究，本章选取畅销燃油车型和同型号“油改电”车型作为研究样本。第三，入选研究样本的汽车制造企业均是积极推进传统燃油汽车制造向新能源产品开发运营转型的厂商。社会责任评价可以看作一个优中选优的过程。选择样本时，从中国汽车市场销量前 30 名的厂商中选取了 10 家符合条件的企业进行数据采集，主要收集样本企业汽车销售总量月度数据、畅销燃油车型的销售量月度数据和产销燃油车型的“油改电”产品销售月度数据[1]。样本数据统计特征如表 13–1 所示。

表 13–1　样本数据统计特征

车型	最大值	最小值	均值	标准差	车型	最大值	最小值	均值	标准差
上海大众	300126	17218	193645	57836	吉利汽车	129644	18102	85162	22660
帕萨特	21122	742	11885	4728	帝豪	27794	3042	15712	5604
帕萨特新能源	3555	1	1163	769	帝豪新能源	3753	3	1424	1119
一汽大众	154391	7000	85982	32028	华晨宝马	79087	8039	54098	11894
迈腾	23749	21	11849	5712	宝马 X3	17101	1643	10219	2779
迈腾混动	2566	1	941	641	宝马 iX3	5104	205	2549	1355
长安总销量	124609	10900	77079	21639	领克	25984	2066	14314	4685
逸动	21883	1607	12473	4352	领克 01	5214	98	2507	1450
逸动新能源	3160	50	1303	888	领克 01 新能源	4427	5	575	862
一汽丰田	102039	6535	66951	18198	沃尔沃汽车	21819	168	12884	4550
卡罗拉	39341	2414	24436	9159	沃尔沃 S60	4893	4	2092	1019
卡罗拉双擎	928	6	353	274	沃尔沃 S60 新能源	439	1	76	84
一汽大众奥迪	82348	8105	51325	15557	荣威汽车	55675	4731	28297	12575
奥迪 A6L	29492	2159	12844	4995	荣威 i5	19262	448	7985	4477
奥迪 A6L 新能源	983	5	388	240	荣威 Ei5	21862	87	8209	6887

二、研究方法

本章的研究基于生态共生理论和种群动力学方法，具体利用 logistic 模型、logistic 拓展模型和 Lotka–Volterra 模型开展实证分析。生态系统概念被移植于社会经济系统中，学者们将现代商业社会看作一个经济共同体。运行良好的商业生态系统能实现协同进化。促进种群之间协同进化是生态系统的一项基本功能，一个生态系统同时受到宏观层面和微观层面的影响。商业生态系统的协同进化不仅可以发生在企业内部，也存在于企业及其外部商业环境之中。

任何种群的发展都会受到自身增长能力和资源环境的制约，种群在生态系统中的发展也不应是无限增长。如果将一个社会经济系统视为一个生态系统，那么社会经济系统中的物种可以视为生态系统中的种群。种群动力学模型主要关注种群数量的变化，其变化规律基于生物种群数量的非线性增长规律。自然界中的许多物种是非线性生长的，这种现象也很普遍。种群内部的竞

1　数据来源于车主之家。

争和协调机制也是一个重要因素。自然生物种群之间存在竞争，种群越多，竞争就越激烈。因此，这一机制也应成为种群增长模式的重要组成部分。自然生态系统中的种群概念被引入企业产品规划与管理领域。产品种群及其发展动力机制研究在软件产品开发、空调产品碳排放、汽车产业竞争和产品生命周期等领域有着成功应用。目前的文献大多使用生态种群理论和方法来研究企业和产业种群的共同进化，但其应用很少深入考虑企业社会责任的微观层面。本章在前人研究的基础上，将 logistic 模型、拓展型 logistic 模型和 Lotka-Volterra 模型应用于汽车产品种群成长性评价和成长机制分析。成长性好的汽车产品种群获得了汽车企业充足的资源配置。汽车企业将足够的资源配置给节能型车型说明该企业社会责任履行能力较好。模型构建过程如下所示。

根据 logistic 模型，构建汽车产品种群（N1）的增长动力系统。

$$g_1(t)=\frac{\mathrm{d}N_1(t)}{\mathrm{d}t}=\alpha_1 N_1\left(1-\frac{N_1}{K_1}\right) \tag{13-1}$$

引入其他汽车产品种群对汽车产品种群 1 的影响，可以得到拓展型 logistic 模型。

$$\Delta N_1(t)=\alpha_1 N_1(t-1)+\gamma_1 N_1^2(t-1)+\gamma_{12}N_1(t-1)N_2(t-1)+\gamma_{13}N_1(t-1)N_3(t-1) \tag{13-2}$$

Lotka-Volterra 共生模型可以比较好地描述两个汽车产品种群之间的共生关系。Lotka-Volterra 模型基于单个物种的 logistic 模型，考虑了生态系统中两个或多个汽车产品种群同时竞争和共生的动态增长，能够准确描述企业汽车产品种群之间的共生关系。Lotka-Volterra 模型可以确定核心产品种群在整个生态系统演化中的影响，因此具有更好的数据拟合和预测表达。Lotka-Volterra 模型如下所示：

$$\begin{cases}\Delta N_1(t)=\alpha_1 N_1(t-1)\left[1-\dfrac{N_1(t-1)}{K_1}+\dfrac{\beta_{12}N_2(t-1)}{K_2}\right]\\[2ex] \Delta N_2(t)=\alpha_2 N_2(t-1)\left[1-\dfrac{N_2(t-1)}{K_2}+\dfrac{\beta_{21}N_1(t-1)}{K_1}\right]\end{cases} \tag{13-3}$$

令 $\gamma_1=-\dfrac{\alpha_1}{K_1},\gamma_{12}=-\dfrac{\alpha_1\beta_{12}}{K_1},\gamma_2=-\dfrac{\alpha_2}{K_2},\gamma_{21}=-\dfrac{\alpha_2\beta_{21}}{K_2}$，可得

$$\begin{cases}\Delta N_1(t)=\alpha_1 N_1(t-1)+\gamma_1 N_1^2(t-1)+\gamma_{12}N_1(t-1)N_2(t-1)\\ \Delta N_2(t)=\alpha_2 N_2(t-1)+\gamma_2 N_2^2(t-1)+\gamma_{21}N_1(t-1)N_2(t-1)\end{cases} \tag{13-4}$$

经典的 Lotka-Volterra 模型是一个微分动力学系统，用于模拟生态学中种群之间的动态关系。后来，经济学家将其引入宏观经济增长的波动与中等规模和范围的市场竞争中。市场竞争主体之间也存在一种关系：竞争主体的存

在可以促进或抑制另一个竞争主体的扩散过程。基于共生系数值，可以判断物种之间的相互作用类型。

第三节　研究发现

一、基于 logistic 模型的汽车产品种群成长分析

本小节利用 logistic 模型、拓展型 logistic 模型和 Lotka–Volterra 共生模型进行汽车产品种群的成长性和共生性分析，实证分析结果如表 13–2 所示。

表 13–2　基于 logistic 模型的汽车产品种群成长特征

厂商	销售总量		燃油车型		“油改电”车型	
	内禀增长率	内部抑制系数	内禀增长率	内部抑制系数	内禀增长率	内部抑制系数
上海大众	0.417* (1.760)	-2.108×10^{-6}* (−2.020)	0.662** (2.192)	-5.175×10^{-5}** (2.192)	0.458* (1.768)	-3.659×10^{-4}*** (−3.252)
一汽大众	0.498*** (2.632)	-5.072×10^{-6}*** (−2.940)	0.440* (1.897)	-3.188×10^{-5}** (−2.333)	0.268 (1.070)	-2.566×10^{-4}* (−1.888)
长安汽车	0.930*** (4.913)	-1.120×10^{-5}*** (−5.367)	1.015*** (4.931)	-7.211×10^{-5}*** (−5.450)	0.819*** (2.768)	-4.622×10^{-4}*** (−3.597)
一汽丰田	0.959*** (3.905)	-1.345×10^{-5}*** (−4.208)	0.873*** (3.362)	-3.228×10^{-5}*** (−3.381)	0.788** (2.391)	−0.001*** (−3.386)
一汽奥迪	0.684*** (3.132)	-1.244×10^{-5}*** (−3.456)	0.568*** (3.319)	-3.906×10^{-5}*** (−3.950)	−0.060 (−0.292)	-8.097×10^{-5} (−0.268)
吉利汽车	0.472** (2.509)	-5.361×10^{-6}*** (−2.813)	0.530** (2.293)	-3.216×10^{-5}*** (−2.770)	0.494* (1.588)	-2.407×10^{-4}** (−2.123)
华晨宝马	1.080*** (4.651)	-1.919×10^{-5}*** (−4.893)	0.911*** (4.056)	-8.455×10^{-5} (−4.442)	0.408** (2.107)	-1.210×10^{-4}** (−2.454)
领克	1.098 (1.171)	-3.259×10^{-4} (−1.358)	0.404* (1.725)	-1.299×10^{-4}** (−2.164)	0.787*** (4.094)	−3.975*** (−6.659)
沃尔沃	0.570** (2.468)	-4.069×10^{-5}*** (−2.841)	0.215 (0.987)	-1.065×10^{-4}* (−1.541)	0.225 (0.925)	−0.002*** (−2.681)
荣威	0.324* (1.616)	-1.070×10^{-5}** (−2.085)	0.349* (1.638)	-3.636×10^{-5}** (−2.195)	0.453* (1.700)	-3.410×10^{-5}** (−2.126)

注：*、**、*** 分别表示在 10%、5%、1% 的水平上显著。括号内为 T 值。

如表13-2所示，“油改电”车型成长性排名前三的企业是长安汽车（0.819）、一汽丰田（0.788）和领克（0.787）。这三家企业的主导型“油改电”车型的内禀增长率均在0.8左右，有着比较好的种群成长性。样本企业中只有一汽奥迪“油改电”车型的内禀增长率小于零，该产品种群处于衰退状态。

将“油改电”车型与厂商产品总体的种群成长能力进行对比可以发现，多数企业的“油改电”车型的内禀增长率低于企业产品总体的内禀增长率。“油改电”车型是新开发的产品，其成长过程需要良好的培育环境和资源支持，市场和消费者对“油改电”等新能源车型也需要一个了解和接受的过程。因此，“油改电”车型在短期内难以达到与其他产品相同的发展能力。样本企业中上海大众、吉利汽车和荣威汽车的“油改电”车型的内禀增长率高于企业产品总体的内禀增长率。这三家企业的“油改电”产品开发是比较成功的，这也说明企业对新能源车型开发有着充足的资源投入。

将“油改电”车型与同平台燃油车型种群成长能力进行对比可以发现，多数企业的“油改电”车型的内禀增长率低于同型号燃油车型的内禀增长率。样本企业中领克、沃尔沃和荣威的“油改电”车型内禀增长率高于同型号燃油车型的内禀增长率。

二、基于拓展型logistic模型的“油改电”车型成长机制

logistic模型仅能分析不同产品种群各自的成长特点，难以发现产品种群之间的关系，因此本小节利用拓展型logistic模型和Lotka-Volterra模型来分析产品种群之间的关系，实证分析结果如表13-3所示。

表13-3 基于拓展型logistic模型的“油改电”车型成长机制

厂商	内禀增长率	内部抑制系数	总体共生系数	型号共生系数
上海大众	0.567 （1.089）	$-3.585\times10^{-4***}$ （-2.811）	8.006×10^{-7} （0.343）	-2.243×10^{-5} （-0.664）
一汽大众	0.335 （0.952）	$-2.556\times10^{-4*}$ （-1.846）	5.018×10^{-6} （0.739）	-4.028×10^{-5} （-1.030）
长安汽车	0.784^{**} （2.294）	$-4.712\times10^{-4**}$ （-2.418）	2.259×10^{-6} （0.308）	-1.100×10^{-5} （-0.354）
一汽丰田	1.579^{***} （3.210）	-0.001^{***} （-2.659）	$-2.480\times10^{-5**}$ （-2.244）	3.176 （1.182）
一汽奥迪	-0.474 （-1.118）	-2.747×10^{-4} （-0.784）	5.461×10^{-6} （0.594）	1.396×10^{-5} （0.458）

续表

厂商	内禀增长率	内部抑制系数	总体共生系数	型号共生系数
吉利汽车	0.213 （0.449）	$-2.469\times10^{-4**}$ （−2.113）	6.679×10^{-6} （0.961）	-1.846×10^{-4} （−0.547）
华晨宝马	0.101 （0.219）	$-1.177\times10^{-4**}$ （−2.231）	4.825×10^{-6} （0.598）	3.229×10^{-6} （0.112）
领克	0.690^{*} （1.597）	$-5.452\times10^{-4***}$ （−4.393）	4.784×10^{-5} （1.103）	$-2.107\times10^{-4*}$ （−1.873）
沃尔沃	1.322^{***} （3.549）	−0.001 （−1.446）	$-1.362\times10^{-4***}$ （−2.994）	2.826×10^{-4} （1.172）
荣威	0.245 （0.698）	$-4.156\times10^{-5**}$ （−2.208）	4.197×10^{-6} （0.486）	1.613×10^{-5} （0.896）

注：*、**、*** 分别表示在 10%、5%、1% 的水平上显著。括号内为 T 值。

如表 13–3 所示，logistic 模型测度的是考虑企业内部产品整体和同平台燃油汽车对“油改电”车型影响下的产品种群增长率。一汽丰田（1.579）和沃尔沃（1.322）的内禀增长率均大于 1，表明这两家企业的“油改电”车型有显著的增长性。样本企业中只有一汽奥迪的内禀增长率小于零。

观察总体共生系数可以发现，多数企业产品总体种群对“油改电”车型有正向的共生系数。企业产品总体对“油改电”车型的发展有促进作用。样本企业中一汽丰田和沃尔沃的产品总体对“油改电”车型表现为竞争关系。观察型号共生系数可以发现，样本中一半企业的燃油车型与“油改电”车型呈协同关系，另一半企业的燃油车型与“油改电”呈竞争关系。

三、基于 Lotka–Volterra 模型的汽车产品共生关系分析

上一节的研究结果表明，多数企业积极地开发新能源车型，而且效果较好。但是，如果处理不好资源分配问题，企业开发“油改电”车型会对现有燃油车型造成竞争和内耗。本小节基于 Lotka–Volterra 模型来分析汽车产品之间的共生关系，实证分析结果如表 13–4 所示。

表 13-4　基于 Lotka-Volterra 模型的汽车产品共生关系分析

厂商	新对总			总对新			共生机制
	内禀增长率	内部抑制系数	共生系数	内禀增长率	内部抑制系数	共生系数	
上海大众	0.409^{*} (1.686)	$-1.980\times10^{-6*}$ (−1.667)	-1.488×10^{-5} (−0.234)	0.411 (0.839)	$-3.721\times10^{-4***}$ (−2.979)	2.648×10^{-7} (0.122)	偏利共生
一汽大众	0.606^{***} (3.000)	$-5.207\times10^{-6***}$ (−3.052)	-9.889×10^{-5} (−1.404)	0.363 (1.034)	$-2.499\times10^{-4*}$ (−1.805)	-1.211×10^{-6} (−0.391)	内部竞争
长安汽车	0.981^{***} (4.506)	$-1.238\times10^{-5***}$ (−3.855)	3.315×10^{-5} (0.486)	0.809^{**} (2.447)	$-4.727\times10^{-4**}$ (−2.455)	3.624×10^{-7} (0.073)	协同共生
一汽丰田	0.945^{***} (3.841)	$-1.243\times10^{-5***}$ (−3.659)	-1.666×10^{-4} (−1.006)	1.594^{***} (3.224)	-0.001^{**} (−2.371)	-1.452^{**} (−2.116)	内部竞争
一汽奥迪	0.654^{***} (2.977)	$-1.365\times10^{-5***}$ (−3.633)	2.230×10^{-4} (1.093)	−0.426 (−1.048)	-2.308×10^{-4} (−0.692)	7.839×10^{-6} (1.044)	协同共生
吉利汽车	0.537^{***} (2.675)	$-5.551\times10^{-6***}$ (−2.891)	-3.364×10^{-5} (−0.938)	0.181 (0.388)	$-2.354\times10^{-4**}$ (−2.068)	3.571×10^{-6} (0.901)	偏利共生
华晨宝马	1.039^{***} (3.969)	$-1.892\times10^{-5***}$ (−4.683)	$1.015\times10^{-5***}$ (0.357)	0.115 (0.265)	$-1.195\times10^{-4**}$ (−2.407)	5.257×10^{-6} (0.750)	协同共生
领克	0.342^{**} (2.071)	$-2.066\times10^{-5**}$ (−2.144)	-3.224×10^{-5} (−0.744)	0.931^{**} (2.183)	$-3.739\times10^{-4***}$ (−4.311)	-1.152×10^{-5} (−0.379)	内部竞争
沃尔沃	0.565^{**} (2.487)	$-4.494\times10^{-5***}$ (−3.125)	$8.023\times10^{-4*}$ (1.490)	1.280^{***} (3.434)	-6.754×10^{-4} (−0.884)	$-9.306\times10^{-5***}$ (−3.461)	偏利共生
荣威	0.409^{**} (2.184)	$-2.167\times10^{-5***}$ (−3.536)	$2.720\times10^{-5***}$ (0.486)	0.355 (1.081)	$-3.872\times10^{-5**}$ (−2.092)	4.439×10^{-6} (0.515)	协同共生

注：*、**、*** 分别表示在 10%、5%、1% 的水平上显著。括号内为 *T* 值。

如表 13-4 所示，从内禀增长率来看，一汽丰田和沃尔沃的“油改电”车型内禀增长率均在 1 以上，有着较快的发展速度。一汽奥迪的“油改电”车型内禀增长率小于零，在样本企业中处于末位。这个分析与前文分析类似。从共生关系角度来看，样本企业的“油改电”车型与企业产品整体的共生关系可以分为协同共生、偏利共生和内部竞争三种类型。在这三种共生关系中，协同共生是最好的共生机制，协同共生机制能促进企业产品共生系统演化发展。长安汽车、一汽奥迪、华晨宝马和荣威汽车处于协同共生状态，产品总体和“油改电”产品能实现协同发展。协同共生是一种优良的内部共生状态，说明企业内部管理和运营效果较好。同时，产品种群的内禀增长率还受到市场和消费者对产品的认可程度的影响。例如，一汽奥迪的产品总体和“油改电”

产品的内部共生关系为协同共生，但是内禀增长率却处于样本中最低的水平。这主要在于一汽奥迪“油改电”产品对外部市场把握不足，难以实现可持续发展。

对于汽车企业而言，一款产品是否成功最终还要看市场的认可度，也就是“油改电”产品的内禀增长率。因此，通过测算 logistic 模型、拓展型 logistic 模型和 Lotka-Volterra 模型中“油改电”产品种群的内禀增长率的平均值，可得到以下产品种群成长优度排名：一汽丰田（1.320）、沃尔沃（0.942）、长安汽车（0.804）、领克（0.803）、上海大众（0.479）、荣威（0.351）、一汽大众（0.322）、吉利汽车（0.296）、华晨宝马（0.208）、一汽奥迪（-0.320）。这个“油改电”产品种群成长性排名代表着企业履行社会责任的水平。可见在履行社会责任方面，一汽丰田显著领先于其他企业，紧随其后的是沃尔沃、长安汽车和领克。

第四节　新能源汽车产品共生博弈模型

在一个汽车产品创新共生系统中，汽车产品种群之间的关系是动态变化的。汽车产品种群之间的动态关系可以改变汽车企业内部产品生态系统的结构。本小节通过微分博弈模型来阐释汽车企业燃油汽车和新能源产品种群的共生演化博弈与决策。Nash 最早将微分博弈引入经济学研究领域，随着微分博弈模型被广泛应用，微分博弈方法成为博弈论的重要分支之一。微分博弈理论通过微分方程来描述博弈系统变量间的影响过程，寻找决策过程最优解。微分博弈的成功应用要求博弈参与方有明确利益驱动目标，并且博弈参与方对创新决策行为存在优先顺序。

汽车产品种群共生系统的基本博弈关系可以归结为产品种群之间的共生演进过程。共生演进是一个包含竞争行为和合作行为在内的复杂过程。在这个共生演进过程中，决策双方均为有限理性，创新行为决策将直接影响自身收益水平，因此满足微分博弈使用条件。产品创新主体间是竞争与合作交织的动态共生关系，主体间的博弈过程属于非零和博弈。描述共生关系的 Lotka-Volterra 模型适合用来研究创新决策双边关系，通过建立博弈模型来分析创新决策及其效果。在两个产品种群生态共生系统中，各种群规模相对稳定时便达到系统的均衡态。种群规模稳定的条件是种群规模增量为 0。因此，Lotka-Volterra 系统的均衡状态可以用以下方程组进行描述：

$$\begin{cases}\Delta N_1(t)=\alpha_1 N_1\left(1-\dfrac{N_1}{K_1}+\dfrac{\beta_{12}N_2}{K_2}\right)=0\\\Delta N_2(t)=\alpha_2 N_2\left(1-\dfrac{N_2}{K_2}+\dfrac{\beta_{21}N_1}{K_1}\right)=0\end{cases}\tag{13-5}$$

以上方程组的解为（N'_1, N'_2）。当 $N'_1>0$，$N'_2>0$ 时，该组非负解符合生态学要求。如果 $N'_1=0$，$N'_2=0$，则表明两个种群规模同时为 0，两个种群同时灭绝了。本章的共生关系研究主要关注竞争或合作，暂不考虑捕食关系。创新决策者策略选择基础是自身利益最大化。设创新主体 1 的创新种群大小为 N_1（$N_1>0$），设创新主体 2 的创新种群大小为 N_2（$N_2>0$）。两种群构建的动态控制博弈模型为

$$\begin{cases}\Delta N_1(t)=\alpha_1 N_1-\dfrac{\alpha_1 N_1^2}{K_1}+\dfrac{\alpha_1\beta_{12}N_1N_2}{K_2}-u_1-v_1\\\Delta N_2(t)=\alpha_2 N_2-\dfrac{\alpha_2 N_2^2}{K_2}+\dfrac{\alpha_2\beta_{21}N_2N_1}{K_1}-u_2-v_2\end{cases}\tag{13-6}$$

博弈的局中人（产品创新主体 1 和创新主体 2）为了目标可能选择竞争或合作行为。$\boldsymbol{u}$（u_1, u_2）为创新主体 1 的共生创新控制向量，$\boldsymbol{v}$（v_1, v_2）为创新主体 2 的共生创新控制向量。创新主体 1（汽车产品种群 1）和创新主体 2（汽车产品种群 2）单位时间的固定费用支出为 $a_i>0$（$i=1, 2$），基于共生创新资源获得额外收益的缴税记为 $K_j>0$，基于共生创新资源获得额外的投资收益为 $p_j>0$（$j=1, 2$）。

种群动力学的 logistic 模型和 Lotka–Volterra 模型将种群规模的平方对种群的成长影响定义为内部抑制系数。内部抑制系数的主要思想在于种群规模的增长需要新增资源的支撑，新增资源与种群规模的平方存在比例关系。基于种群成长模型，设创新主体 1 与创新主体 2 支付费用（m_i）与系统当前状态和系统平衡位置（$\overline{N_i}$）的偏差平方和成正比。此时，m_i（i 的费用）>0。在时段［0, T］，局中人完成合作强度为 u（t）与 v（t）的共生收益。创新主体 1 在此时段的费用合计为

$$\begin{cases}F_1(u,v)=\displaystyle\int_0^t\{m_1[(N_1-\overline{N_1})^2+(N_2-\overline{N_2})^2]+a_1+(k_1-p_1)u_1+c_{11}u_1^2+(k_2-p_2)u_2+c_{12}u_2^2\}\,\mathrm{d}t\\F_2(u,v)=\displaystyle\int_0^t\{m_1[(N_1-\overline{N_1})^2+(N_2-\overline{N_2})^2]+a_2+(k_1-p_1)v_1+c_{21}v_1^2+(k_2-p_2)v_2+c_{22}v_2^2\}\,\mathrm{d}t\end{cases}\tag{13-7}$$

博弈双方的目标都是运用创新共生决策和管理努力使己方净收益最大化。

一、非合作博弈

当创新主体 1（汽车产品种群 1）和创新主体 2（汽车产品种群 2）采取非合作策略时，求模型的最优解，即创新决策程序控制函数 $u(t)$ 与 $v(t)$ 满足条件：

$$\begin{cases} F_1[u^0(t),v^0(t)]\leqslant F_1[u(t),v^0(t)] \\ F_2[u^0(t),v^0(t)]\leqslant F_2[u^0(t),v(t)] \\ \text{纳什均衡状态}\begin{cases}\text{决策主体1：}u^0(t)\\ \text{决策主体2：}v^0(t)\end{cases} \end{cases} \tag{13-8}$$

对于创新主体 1（汽车产品种群 1）而言，最优值为 $J_1(u,v^0)$ 的极小值。创新主体 1（汽车产品种群 1）的 Hamilton 函数为

$$\begin{cases} H_1=m_1[(N_1-\overline{N_1})^2+(N_2-\overline{N_2})^2]+a_1+(k_1-p_1)u_1+c_{11}u_1^2+(k_2-p_2)u_2+c_{12}u_2^2+ \\ \quad\lambda_{11}\left(\alpha_1N_1-\dfrac{\alpha_1N_1^2}{K_1}+\dfrac{\alpha_1\beta_{12}N_1N_2}{K_2}-u_1-v_1^0\right)+\lambda_{12}\left(\alpha_2N_2-\dfrac{\alpha_2N_2^2}{K_2}+\dfrac{\alpha_2\beta_{21}N_2N_1}{K_1}-u_2-v_2^0\right) \\ \lambda_{11}=\dfrac{-\partial H_1}{\partial N_1}=-2m_1(N_1-\overline{N_1})-\lambda_{11}\left(\alpha_1-2\dfrac{\alpha_1N_1}{K_1}+\dfrac{\alpha_1\beta_{12}N_2}{K_2}\right)+\lambda_{12}\dfrac{\alpha_2\beta_{21}N_2}{K_1} \\ \lambda_{12}=\dfrac{-\partial H_1}{\partial N_2}=-2m_1(N_2-\overline{N_2})-\lambda_{12}\left(\alpha_2-2\dfrac{\alpha_2N_2}{K_2}+\dfrac{\alpha_2\beta_{21}N_1}{K_1}\right)+\lambda_{11}\dfrac{\alpha_1\beta_{12}N_1}{K_2} \end{cases} \tag{13-9}$$

边界条件为 $\lambda_{11}=\lambda_{12}=0$。函数取得最小值的条件是

$$\begin{cases} \dfrac{\partial H_1}{\partial u_1}=0\Rightarrow k_1-p_1+2c_{11}u_1-\lambda_{11}=0 \\ \dfrac{\partial H_1}{\partial u_2}=0\Rightarrow k_2-p_2+2c_{12}u_2-\lambda_{12}=0 \end{cases} \tag{13-10}$$

创新主体 1 纳什均衡解为

$$\begin{cases} u_1^0=\dfrac{\lambda_{11}-(k_1-p_1)}{2c_{11}} \\ u_2^0=\dfrac{\lambda_{12}-(k_2-p_2)}{2c_{12}} \end{cases} \tag{13-11}$$

创新主体 2 纳什均衡解为

$$\begin{cases} v_1^0=\dfrac{\lambda_{21}-(k_1-p_1)}{2c_{21}} \\ v_2^0=\dfrac{\lambda_{22}-(k_2-p_2)}{2c_{22}} \end{cases} \tag{13-12}$$

其中，变量 λ_{21}，λ_{22} 满足微分方程：

$$\begin{cases}\dot{\lambda}_{21}=-2m_2(N_1-\overline{N_1})-\lambda_{21}\left(\alpha_1-2\dfrac{\alpha_1 N_1}{K_1}+\dfrac{\alpha_1\beta_{12}N_2}{K_2}\right)+\lambda_{22}\dfrac{\alpha_2\beta_{21}N_2}{K_1}\\ \dot{\lambda}_{22}=-2m_2(N_2-\overline{N_2})-\lambda_{22}\left(\alpha_2-2\dfrac{\alpha_2 N_2}{K_2}+\dfrac{\alpha_2\beta_{21}N_1}{K_1}\right)+\lambda_{21}\dfrac{\alpha_1\beta_{12}N_1}{K_2}\end{cases} \tag{13-13}$$

边界条件为 $\lambda_{21}(T)=\lambda_{22}(T)=0$。

二、合作博弈

创新主体 1（汽车产品种群 1）和创新主体 2（汽车产品种群 2）合作目的是总费用和最小，因此选择同样的控制策略。费用函数如下：

$$F(u,v)=F_1(u,v)+F_2(u,v) \tag{13-14}$$

合作情形的 Hamilton 函数为

$$\begin{aligned}H_1=&(m_1+m_2)[(N_1-\overline{N_1})^2+(N_2-\overline{N_2})^2]+(k_1-p_1)(u_1+v_1)+c_{11}u_1^2+c_{21}v_1^2+\\&(k_2-p_2)(u_2+v_2)+c_{12}u_2^2+c_{22}v_2^2+\lambda_1\left(\alpha_1 N_1-\frac{\alpha_1 N_1^2}{K_1}+\frac{\alpha_1\beta_{12}N_1N_2}{K_2}-u_1-v_1\right)+\\&\lambda_2\left(\alpha_2 N_2-\frac{\alpha_2 N_2^2}{K_2}+\frac{\alpha_2\beta_{21}N_2N_1}{K_1}-u_2-v_2\right)\end{aligned} \tag{13-15}$$

模型优化控制的纳什均衡解的条件为

$$\frac{\partial H}{\partial u_1}=\frac{\partial H}{\partial u_2}=\frac{\partial H}{\partial v_1}=\frac{\partial H}{\partial v_2}=0 \tag{13-16}$$

可以得到优化控制的最优解为

$$\begin{cases}u_1^*=\dfrac{\lambda_1-(k_1-p_1)}{2c_{11}}\\ u_2^*=\dfrac{\lambda_2-(k_2-p_2)}{2c_{12}}\\ v_1^*=\dfrac{\lambda_1-(k_1-p_1)}{2c_{21}}\\ v_2^*=\dfrac{\lambda_2-(k_2-p_2)}{2c_{22}}\end{cases} \tag{13-17}$$

在非合作对策条件下，两产品种群的创新投入费用为 F_1，F_2。在合作对策下，将节约的费用重新分配到双方，则主体双方的费用为：$F_1+\Delta_1$，$F_2+\Delta_2$，其中 $\Delta_1\leqslant 0$，$\Delta_2\leqslant 0$，$\Delta_1+\Delta_2=F(u^*,v^*)-F_2(u^0,v^0)$。

三、Lotka-Volterra 博弈模型的分析

（一）主要参数的讨论

根据汽车产品种群 1 与汽车产品种群 2 的 Lotka-Volterra 模型，对上述均衡解进行解释。

控制向量 $\boldsymbol{u}$，$\boldsymbol{v}$：汽车产品种群 1 和汽车产品种群 2 创新资源存在势差，创新资源高的一方在竞争中更有优势。假如汽车产品种群 1 的资源水平高于汽车产品种群 2，则 $\boldsymbol{u} > \boldsymbol{v}$；假如汽车产品种群 1 的创新资源水平低于汽车产品种群 2，则 $\boldsymbol{u} < \boldsymbol{v}$。

固定费用数额 a_i：汽车产品种群 1 和汽车产品种群 2 维持创新需要的花费。a_i 代表内部资源消耗水平。

（二）双方策略的讨论

两个汽车产品种群竞争关系表现为汽车产品种群 1 和汽车产品种群 2 共同争夺创新资源，二者外部互动因子均为负值。两个汽车产品种群长期竞争之后有可能达到平衡状态，平衡状态分为两类情形：第一，一个汽车产品种群实现共生创新成果效益最大化，另一个汽车产品种群效益萎缩直至消失；第二，两个汽车产品种群水平相当，竞争导致两败俱伤。纯粹的竞争决策不利于汽车产品种群实现利益最大化目标，造成竞争决策的原因是复杂的。两个汽车产品种群竞争格局之下的博弈平衡不利于资源配置，对创新生态系统来说也并非最优选择。

汽车产品种群 1 和汽车产品种群 2 之间的合作关系是松散的，不影响双方的独立发展。互惠关系可以有效提升生态环境容量，表现为创新企业盈利能力的增强。汽车产品种群之间的异质性为共生合作带来了多维度的风险，需要创新生态系统提供有效、持久的激励措施，以促进合作关系健康稳定发展。

通过上述 Lotka-Volterra 博弈模型的分析可以看出，影响汽车产品种群 1 和汽车产品种群 2 收益的主要因素是控制向量 $\boldsymbol{u}$、$\boldsymbol{v}$，固定费用数额 a_i，获得共生创新资源的费用支出 c_{i1}、c_{i2}，企业的收益缴税 k_j 与投资收益 p_j。根据对博弈模型的分析，为改善上述模型参数，促进汽车产品种群 1 和汽车产品种群 2 之间的合作。

四、博弈结果讨论

现有研究中的企业社会责任评价主要采用评价指标体系结合主观指标和客观指标进行分析。评价指标体系复杂且具有比较显著的主观性。本章的研究将企业履行社会责任的过程看作一个“黑箱”，社会公众难以清晰辨别企业活动是否符合社会责任发展要求。因此，本章从新能源汽车型号的发展情况来评价企业是否积极主动地将社会责任履行到位。相关研究表明，企业社会责任具有显著的行业特征，就中国汽车行业来说，企业社会责任的行业特征未得到充分显示。中国汽车产业的发展及企业制度背景都显示中国汽车企业社会责任的存在和表现不同于发达国家。企业社会责任对汽车企业管理决策、最优控制权的配置及其他利益相关者都会带来影响，但目前对企业社会责任的经济后果及影响的研究还比较少，尤其缺少实证分析的验证。目前理论界认为必须对中国汽车企业的社会责任进行监管，以实现社会价值最大化。解决中国汽车企业承担社会责任等问题必须实施多元化的监管策略。在实践层面，如何用更好的方法来进行企业社会责任的度量仍在探索之中，对汽车企业社会责任绩效评价、影响因素及监管等问题的研究仍在尝试之中，这些问题为相关研究提供了较大的探讨空间。

本章在前人研究的基础上，针对汽车企业社会责任问题的实际情况，综合运用汽车企业社会责任理论、利益相关者理论和生态共生理论，利用种群动力学方法对影响中国汽车企业“油改电”车型发展及其所体现的社会责任等进行研究，以期为解决汽车企业实现社会价值最大化提供理论依据，为汽车企业社会责任的监管制度措施的提出提供理论支持。研究发现，中国汽车行业越来越多的企业开始重视新能源产品的开发与运营，同时也用实际行动推动低碳与可持续发展，以此履行社会责任。但是，汽车企业履行社会责任的水平差异较大。企业资源投入异质性、细分市场异质性等因素导致了新能源汽车产品种群发展的异质性。以往的企业社会责任研究主要聚焦于评价，而对社会责任的形成机制缺乏探讨。本章的拓展型 logistic 模型和 Lotka-Volterra 模型从新能源车型和燃油车型之间的共生关系出发，探讨企业在二者之间的资源分配和运行协调结果。本章的研究不足之处主要在于研究样本选择有限，后续可以在更加全面的范围内进行研究样本选择。同时，本章的研究也缺乏适当的对比研究，后续可以将传统燃油汽车制造企业与新成立的新能源汽车企业的发展进行对比。在将来的研究中，应引入产品生命周期概念，对新能源汽车的发展进行细致分析。

第五节　本章小结

本章的研究目标在于构建一套客观评价方法，通过分析新能源产品的成长性来判断汽车企业履行社会责任的水平。研究结果表明，基于 logistic 模型、拓展型 logistic 模型和 Lotka-Volterra 模型的系列方法能清晰表达新能源车型的成长特点、新能源车型与传统燃油车型的共生互动关系。在新能源车型成长特征分析基础上，可以得到汽车企业的社会责任评价结果。

基于本章的研究发现，给出以下建议：为促进中国汽车制造企业提升企业社会责任表现，促使其在运营过程中更加考虑利益相关者诉求，实现产业的可持续发展，亟须建立系统的约束与促进机制。考虑到中国企业对企业社会责任的履行处于起步阶段，这一机制既要注重外部规制，也要提升企业内部动力。

政府通过相关政策、法规建立完善的约束企业履行企业社会责任的制度体系，对汽车企业起到约束作用。同时，以产业政策引导市场需求，从而形成完善的约束汽车企业履行企业社会责任的外部机制。随着中国成为世界第一汽车产销大国，汽车保有量快速增长，企业履行社会责任的不足导致一些社会问题凸显。政府相关部门需要进一步完善法律法规体系，对企业形成约束。

从汽车企业内部而言，企业需要依据愿景制定详尽的社会责任战略。企业要调动多样化的资源促进新能源汽车产品种群内禀增长率的提高，将新能源汽车产品的内禀增长率保持在一个比较高的水平。同时，着力提升新能源汽车与其他产品的共生关系，使共生关系向协同共生的方向发展。履行企业社会责任是一项系统工程，需要企业中的每个部门、每个人积极参与和配合，这需要用企业社会责任战略进行统领与协调。良好的环境绩效是建立在先进技术基础之上的。为积极应对以气候变化为代表的环境问题，汽车企业必须加强环保技术研发。从产品开发到生产过程，全面、系统地开展环境经营活动。在产品研发方面，为了提高产品环保性能，中国汽车企业必须从产品开发源头开始考虑产品的环境友好性，通过开展生命周期评价，从开发源头开始降低汽车在原料获取、生产制造、使用及循环再利用等整个生命周期中的环境负荷。在企业生产运营过程中，通过增加可再生能源的使用，降低能源消耗与温室气体排放，通过提高原材料等的再利用率来减少资源使用和废弃物的产生。

第十四章　汽车制造企业三维Lotka-Volterra系统均衡分析

第一节　三维 Lotka-Volterra 共生系统平衡发展分析

一、案例背景

本小节阐释三维 Lotka-Volterra 模型及其平衡状态，相关原理将被用来分析产业内竞争行为。本小节选取比亚迪汽车、长城汽车和长安汽车作为研究对象。这三家企业拥有相同的细分市场，并且在该细分市场名列前茅。这三家企业的产品被视为三个产品种群。产品种群规模用各季度汽车产品销量来表示。三维 Lotka-Volterra 系统用于研究这三家企业之间的共生和互动机制。汽车工业在中国国民经济中的地位不断提高，但同时也面临着日益激烈和残酷的全球竞争。在机遇与挑战并存的今天，如何全面、正确、及时地评价汽车制造企业的竞争态势，以达到促进汽车产业持续健康发展的目的，已成为一个现实命题。汽车工业的发展水平在一定程度上取决于汽车制造水平。汽车制造企业以其产业链长、关联度高、驱动力强、各种高新技术融合等特点，已成为衡量一个国家产业水平、经济实力和技术创新能力的重要标志之一。

比亚迪成立于 1995 年，在深圳证券交易所和香港证券交易所上市，主要从事充电电池业务和汽车制造业务，其中汽车整车制造业务包括传统燃料汽车和新能源汽车。长城汽车有限公司是中国最大的 SUV 制造企业，在香港 H 股上市，拥有哈弗、长城、Wey 三大品牌，产品涵盖 SUV、轿车、皮卡三大类，拥有四个整车生产基地，具备发动机、变速器等核心部件的独立配套能力。长安汽车有悠久的历史和丰富的汽车制造经验。

汽车销售具有明显的季节性，因此本小节首先得到平滑数据（表 14-1）。本小节采用四周期简单移动平均法对观测数据进行处理，后续研究主要以移动平均数据为基础。汽车销售数据来自相关企业网站的公共数据库。

表 14-1　汽车销售样本数据和季节平滑数据　　单位：辆

年份	季度	样本数据			季节平滑数据		
		比亚迪	长城	长安	比亚迪	长城	长安
2020 年	3	98819	182765	225284	92732	173252	184340
	2	91360	156011	181133	93678	169556	163993
	1	59659	106427	121559	96856	173549	148508
2019 年	4	121090	247806	209384	110452	198452	161753
	3	102602	167978	143895	119314	211231	144593
	2	104071	171985	119194	124315	204440	145866
	1	114044	206038	174539	125858	197640	152508
2018 年	4	156538	298924	140742	125007	191261	165956
	3	122607	140812	148988	118849	183444	194455
	2	110244	144786	145761	110795	195656	202495
	1	110639	180523	228332	106187	202382	197748
2017 年	4	131904	267655	254739	101197	212539	203302
	3	90391	189660	181146	108212	232547	195767
	2	91812	171689	126775	115218	238035	194257
	1	90681	221152	250547	119637	241703	197278
2016 年	4	159963	347688	224598	122254	234505	190065
	3	118414	211612	175106	116883	200851	182063
	2	109491	186361	138860	105920	182496	177858
	1	101149	192358	221696	104079	173141	189035
2015 年	4	138477	213071	192588	110110	165619	181415
	3	74562	138192	158287	110433	151124	166541
	2	102126	148941	183568	114427	142207	152951
	1	125273	162271	191218	114969	127553	132417
2014 年	4	139769	155092	133092	109431	107331	108318
	3	90540	102524	103924	108174	88897	94418
	2	104295	90325	101433	113155	82093	82161
	1	103121	81384	94823	116615	75343	71124
2013 年	4	134741	81355	77491	126547	69930	64589
	3	110464	75308	54898			
	2	118133	63325	57283			
	1	142851	59733	68684			

资料来源：中国汽车工业协会官方网站。

通过将表 14–1 中的季节性平滑数据代入以下计量经济模型并进行回归分析，可得出表 14–2。

$$\begin{cases} g_1(t)=\gamma_{11}N_1(t-1)+\gamma_{12}N_1^2(t-1)+\gamma_{13}N_1(t-1)N_2(t-1)+\gamma_{14}N_1(t-1)N_3(t-1) \\ g_2(t)=\gamma_{21}N_2(t-1)+\gamma_{22}N_2^2(t-1)+\gamma_{23}N_2(t-1)N_1(t-1)+\gamma_{24}N_2(t-1)N_3(t-1) \\ g_3(t)=\gamma_{31}N_3(t-1)+\gamma_{32}N_3^2(t-1)+\gamma_{33}N_3(t-1)N_1(t-1)+\gamma_{34}N_3(t-1)N_2(t-1) \end{cases} \quad (14\text{–}1)$$

其中，$\gamma_{11}=\alpha_1$。一般来说，$\gamma_{11}>0$，这意味着种群内的协同效应。$\gamma_{1i}=-\frac{\alpha_1}{K_i}$，一般来说 $\gamma_{1i}<0$，这意味着种群内部的竞争效应。

表 14–2　三种群 Lotka–Volterra 模型的回归结果

$g_i(t)$	γ_{1i}	γ_{2i}	γ_{3i}	γ_{4i}
$g_1(t)$	−0.103（P=0.505）	2.823×10^{-7}（P=0.820）	-1.094×10^{-6}（P=0.011）	1.581×10^{-6}（P=0.004）
$g_2(t)$	−0.220（P=0.280）	-1.851×10^{-6}（P=0.002）	3.788×10^{-6}（P=0.025）	9.563×10^{-7}（P=0.175）
$g_3(t)$	0.773（$P<0.001$）	-2.314×10^{-6}（P=0.003）	-4.046×10^{-6}（P=0.019）	5.386×10^{-7}（P=0.326）

如表 14–2 所示，回归效果不是很好，P 值较高，相关系数值不符合理论假设的要求。其中，α_1=−0.103，K_1=107015，α_2=−0.220，K_2=206861，α_3=0.773，K_3=185888。为了解决上述问题，提升模型的有效性，本小节提出了一种分步测量方法来降低测量模型的维数。

步骤 1：根据单一种群成长模型计算 α_i 和 K_i，如表 14–3 所示。

表 14–3　α_i 和 K_i 值的计算结果

变量	回归系数	变量	回归系数	变量	回归系数
α_1	0.181（P=0.109）	α_2	0.231（P=0.002）	α_3	0.301（P=0.001）
$-(\alpha_1/K_1)$	-1.691×10^{-6}（P=0.107）	$-(\alpha_2/K_2)$	-1.117×10^{-6}（P=0.003）	$-(\alpha_3/K_3)$	-1.619×10^{-6}（P=0.001）
K_1	107015	K_2	206861	K_3	185888

如表 14–3 所示，回归效果较好，符合理论假设的要求。

步骤 2：将模型（14–1）变形为以下模型。在变换后的方程中，等号的左侧是已知值，等号的右侧是等待求解的参数方程。

$$\begin{cases} g_1(t)-\gamma_{11}N_1(t-1)-\gamma_{12}N_1^2(t-1)=\gamma_{13}N_1(t-1)N_2(t-1)+\gamma_{14}N_1(t-1)N_3(t-1) \\ g_2(t)-\gamma_{21}N_2(t-1)-\gamma_{22}N_2^2(t-1)=\gamma_{23}N_1(t-1)N_2(t-1)+\gamma_{24}N_2(t-1)N_3(t-1) \\ g_3(t)-\gamma_{31}N_3(t-1)-\gamma_{32}N_3^2(t-1)=\gamma_{33}N_1(t-1)N_3(t-1)+\gamma_{34}N_3(t-1)N_3(t-1) \end{cases} \quad (14\text{–}2)$$

将 α_i 和 K_i 代入模型。Y_i 的值可通过计算以下方程式获得。

$$\begin{cases} Y_1 = g_1(t) - \gamma_{11}N_1(t-1) - \gamma_{12}N_1^2(t-1) \\ Y_2 = g_2(t) - \gamma_{21}N_2(t-1) - \gamma_{22}N_2^2(t-1) \\ Y_3 = g_3(t) - \gamma_{31}N_3(t-1) - \gamma_{32}N_3^2(t-1) \end{cases} \tag{14-3}$$

式(14-3)给出了 Y_i 的值。然后，该模型可以继续计算种群之间关系的变量。可以得到一个新的计量经济模型，即

$$\begin{cases} Y_1 = \gamma_{13}N_1(t-1)N_1(t-1) + \gamma_{14}N_1(t-1)N_3(t-1) \\ Y_2 = \gamma_{23}N_1(t-1)N_2(t-1) + \gamma_{24}N_2(t-1)N_3(t-1) \\ Y_3 = \gamma_{33}N_1(t-1)N_3(t-1) + \gamma_{34}N_2(t-1)N_3(t-1) \end{cases} \tag{14-4}$$

第三步：通过回归分析得到相关参数。本小节将方程中的 γ_{ij} 替换为 β_{ij} 和 K_i，然后通过回归运算得到 β_{ij} 的值。相互作用系数的回归结果如表 14-4 所示。

表 14-4　相互作用系数的回归结果

交互因子	回归系数	P 值	显著性
β_{12}	-1.069	0.019	显著
β_{13}	0.944	0.037	显著
β_{21}	0.199	0.523	不显著
β_{23}	-0.358	0.307	不显著
β_{31}	0.022	0.940	不显著
β_{32}	-0.011	0.972	不显著

表 14-4 提供了回归结果。部分参数的回归系数不显著。这表明共生模型与现实世界中的理想状态存在差异。

第四步：将回归结果放入三种共生系统。结果如下：

$$\begin{cases} g_1(t) = 0.181N_1(t-1) - \dfrac{0.181}{107015}N_1^2(t-1) + \dfrac{0.181\times(-1.069)}{206861}N_1(t-1)N_2(t-1) + \\ \qquad \dfrac{0.181\times 0.944}{185888}N_1(t-1)N_3(t-1) \\ g_2(t) = 0.231N_2(t-1) - \dfrac{0.231}{206861}N_2^2(t-1) \\ g_3(t) = 0.301N_3(t-1) - \dfrac{0.301}{185888}N_3^2(t-1) \end{cases} \tag{14-5}$$

通过观察上述公式，我们可以发现这是一个典型的不对称三种群共生模型。产品组 2（长城汽车）对产品组 1（比亚迪）具有竞争（负面）影响，而产品组 3（长安汽车）对产品组 1（比亚迪）具有合作（正面）影响。为了理解这一共生系统的相互作用机制，下面将从三种群均衡发展和三种群动态博弈的角度来分析其演化。

二、共生系统平衡发展分析

三种群平衡系统可通过修改实际系统式（14–5）获得，即

$$\Rightarrow\begin{cases} g_1(t)=0.181N_1-\dfrac{0.181}{107015}N_1^2+\dfrac{0.181\times\beta_{12}}{206861}N_1N_2+\dfrac{0.181\times\beta_{13}}{185888}N_1N_3 \\ g_2(t)=0.231N_2-\dfrac{0.231}{206861}N_2^2+\dfrac{0.231\times\beta_{21}}{107015}N_2N_1+\dfrac{0.231\times\beta_{23}}{185888}N_2N_3 \\ g_3(t)=0.301N_3-\dfrac{0.301}{185888}N_3^2+\dfrac{0.301\times\beta_{31}}{107015}N_3N_1+\dfrac{0.301\times\beta_{32}}{206861}N_3N_2 \end{cases} \quad (14\text{–}6)$$

三种群共生系统的平衡点如下：

$$\begin{cases} g_1(t)=0.181N_1-\dfrac{0.181}{107015}N_1^2+\dfrac{0.181\times\beta_{12}}{206861}N_1N_2+\dfrac{0.181\times\beta_{13}}{185888}N_1N_3=0 \\ g_2(t)=0.231N_2-\dfrac{0.231}{206861}N_2^2+\dfrac{0.231\times\beta_{21}}{107015}N_2N_1+\dfrac{0.231\times\beta_{23}}{185888}N_2N_3=0 \\ g_3(t)=0.301N_3-\dfrac{0.301}{185888}N_3^2+\dfrac{0.301\times\beta_{31}}{107015}N_3N_1+\dfrac{0.301\times\beta_{32}}{206861}N_3N_2=0 \end{cases} \quad (14\text{–}7)$$

等效变化可通过以下方式获得：

$$\Rightarrow\begin{cases} N_1-\dfrac{1}{107015}N_1^2+\dfrac{\beta_{12}}{206861}N_1N_2+\dfrac{\beta_{13}}{185888}N_1N_3=0 \\ N_2-\dfrac{1}{206861}N_2^2+\dfrac{\beta_{21}}{107015}N_2N_1+\dfrac{\beta_{23}}{185888}N_2N_3=0 \\ N_3-\dfrac{1}{185888}N_3^2+\dfrac{\beta_{31}}{107015}N_3N_1+\dfrac{\beta_{32}}{206861}N_3N_2=0 \end{cases} \quad (14\text{–}8)$$

将方程两边除以 N_i（i=1, 2, 3），可得

$$\Rightarrow\begin{cases} 1-\dfrac{1}{107015}N_1+\dfrac{\beta_{12}}{206861}N_2+\dfrac{\beta_{13}}{185888}N_3=0 \\ 1-\dfrac{1}{206861}N_2+\dfrac{\beta_{21}}{107015}N_1+\dfrac{\beta_{23}}{185888}N_3=0 \\ 1-\dfrac{1}{185888}N_3+\dfrac{\beta_{31}}{107015}N_1+\dfrac{\beta_{32}}{206861}N_2=0 \end{cases} \quad (14\text{–}9)$$

通过对方程进行等价变换，可得到以下公式：

$$\Rightarrow\begin{cases} N_1=107015+\dfrac{107015}{206861}\beta_{12}N_2+\dfrac{107015}{185888}\beta_{13}N_3=107015+0.517\beta_{12}N_2+0.575\beta_{13}N_3 \\ N_2=206861+\dfrac{206861}{107015}\beta_{21}N_1+\dfrac{206861}{185888}\beta_{23}N_3=206861+1.933\beta_{21}N_1+1.112\beta_{23}N_3 \\ N_3=185888+\dfrac{185888}{107015}\beta_{31}N_1+\dfrac{185888}{206861}\beta_{32}N_2=185888+1.737\beta_{31}N_1+0.898\beta_{32}N_2 \end{cases}$$

（14–10）

通过将上述共生关系代入 MCGP 模型，得到以下结果：

目标方程：$\min\sum_{i=1}^{n}(d_i^+ + d_i^-)+\sum_{i=1}^{n}(e_i^+ + e_i^-)$

约束条件：
$$\begin{cases} g_i = f_i(x)+d_i^- - d_i^+, \quad i=1,2,\cdots,n \\ x\in X, X=\{x_1,x_2,\cdots,x_m\} \\ X\in F, F\text{是解的可行集} \\ g_{i,\max}=g_i+e_i^- - e_i^+, \quad i=1,2,\cdots,n \\ g_{i,\min}\leqslant g_i, g_i\leqslant g_{i,\max}, \quad i=1,2,\cdots,n \\ e_i^+,e_i^-,d_i^+,d_i^- \geqslant 0, \quad i=1,2,\cdots,n \\ N_1=107015+\dfrac{107015}{206861}\beta_{12}N_2+\dfrac{107015}{185888}\beta_{13}N_3 \\ \quad =107015+0.517\beta_{12}N_2+0.575\beta_{13}N_3 \\ N_2=206861+\dfrac{206861}{107015}\beta_{21}N_1+\dfrac{206861}{185888}\beta_{23}N_3 \\ \quad =206861+1.933\beta_{21}N_1+1.112\beta_{23}N_3 \\ N_3=185888+\dfrac{185888}{107015}\beta_{31}N_1+\dfrac{185888}{206861}\beta_{32}N_2 \\ \quad =185888+1.737\beta_{31}N_1+0.898\beta_{32}N_2 \\ -1<\beta_{ij}<1, \quad i=1,2,3, \quad j=1,2,3 \\ \sum g_i = K, K\text{表示市场容量} \end{cases} \tag{14-11}$$

使用 LINGO 软件解决这个问题。平衡共生模型的 β_{ij} 值优化结果如表 14-5 所示。

表 14-5　三个种群平衡生长的共生关系模拟

市场规模	499764	550000	600000	650000	700000	750000	800000
β_{12}	0.000	0.000	0.000	0.000	0.181	0.181	0.186
β_{13}	0.000	0.000	0.000	0.000	0.181	0.181	0.186
β_{21}	0.000	0.000	0.181	0.181	0.171	0.181	0.188
β_{23}	0.000	0.067	0.302	0.113	0.000	0.104	0.188
β_{31}	0.000	0.181	0.000	0.181	0.181	0.181	0.188
β_{32}	0.000	0.000	0.000	0.181	0.181	0.181	0.188

如表 14-5 所示，随着市场规模的扩大，需要更多的人群合作行为。合作行为是全面的，合作强度宜相似，不是越大越好。企业间的合作强度宜接近均衡。

三、三种群进化和战略分析

为了说明三种群博弈的演化趋势，本小节选取了几种具有代表性的共生关系进行数据模拟。

（1）全面合作：三家企业采取相互合作的战略行为（β=0.5）。

（2）全面竞争：三家企业采取相互竞争的战略行为（β=–0.5）。

（3）两家强势企业的合作：它们之间的交互系数为 0.5。同时，它们对第三方企业采取竞争战略，互动系数为 –0.5。在本章研究中，长城汽车和长安汽车是相对优势企业。

（4）两家弱势企业的合作：它们之间的交互系数为 0.5。同时，它们对第三方企业采取竞争战略，互动系数为 –0.5。在本章研究中，长城汽车和比亚迪汽车属于相对劣势企业。

（5）孤立模式：三家企业互不影响，各自发展。

（6）寄生模式：一家企业得到另外两家企业的帮助。比亚迪的例子说明了寄生模式。

（7）恶意寄生模式：一家企业从另外两家企业获得帮助，并对其进行竞争活动。

数据模拟结果的统计特征如表 14–6 所示。

表 14–6　种群增长的统计特征

	企业	平均值	最小值	最大值	标准差
观测值移动平均值	比亚迪	–1252	–13596	10963	5905
	长城	3827	–24903	33654	12998
	长安	4435	–28499	24099	12482
模式 1：全面合作	比亚迪	15913	3670	21587	4730
	长城	87556	28181	136006	30826
	长安	99109	33222	132616	29681
模式 2：全面竞争	比亚迪	–18402	–27006	–9392	5284
	长城	–6162	–26034	10289	10990
	长安	–1425	–20039	14733	9779
模式 3：两家强势企业的合作	比亚迪	–18402	–27006	–9392	5284
	长城	18031	6366	25217	5132
	长安	24399	13589	32455	4818
模式 4：两家弱势企业的合作	比亚迪	–1368	–4288	2015	1522
	长城	63363	17184	100071	23527
	长安	–1425	–20039	14733	9779

续表

	企业	平均值	最小值	最大值	标准差
模式 5：孤立模式	比亚迪	−1245	−4181	2113	1655
	长城	40697	17404	55833	10586
	长安	48842	21408	61194	11001
模式 6：寄生模式	比亚迪	15913	3670	21587	4820
	长城	40697	17404	55833	10788
	长安	48842	21408	61194	11210
模式 7：恶意寄生模式	比亚迪	15913	3670	21587	4820
	长城	5935	−9270	17031	7864
	长安	11487	−3225	23357	7080

如表 14–6 所示，在不同的模型下，模拟数据存在显著差异。本小节将对表 14–6 中的仿真结果进行比较和评价。

四、三维模型评估

本小节首先采用评估矩阵来进行评价。基于理想解与模拟数据的相似性，对不同模式下的种群增长进行评价。相似性越高，生长越好。评估矩阵为 $\boldsymbol{A}$，如下所示：

$$\boldsymbol{A} = \left[a_{ij}\right]_{27\times 3} \tag{14–12}$$

本章的研究采用熵权法确定评价中三个群体的权重。采用理想解相似度排序技术（TOPSIS）对相似度进行评价（表 14–7）。三个种群的理想尺度（最大尺度）可以作为评价三种群 Lotka–Volterra 系统的三个标准。

表 14–7 TOPSIS 结果

共生模式	β_{12}	β_{13}	β_{21}	β_{23}	β_{31}	β_{32}	C_i^+	排名
移动平均值	−1.069	0.944	0	0	0	0	0.229	7
全面合作（模式 1）	0.5	0.5	0.5	0.5	0.5	0.5	0.714	1
全面竞争（模式 2）	−0.5	−0.5	−0.5	−0.5	−0.5	−0.5	0.160	8
强强联合（模式 3）	−0.5	−0.5	−0.5	0.5	−0.5	0.5	0.297	5
弱弱联合（模式 4）	0.5	−0.5	0.5	−0.5	−0.5	−0.5	0.389	4
孤立模式（模式 5）	0	0	0	0	0	0	0.451	3
简单寄生（模式 6）	0.5	0.5	0	0	0	0	0.469	2
恶意寄生（模式 7）	0.5	0.5	−0.5	0	−0.5	0	0.281	6

如表 14–7 所示，本小节可以成功地得到不同模式下种群的评价排名。对于三种群共生系统而言，全面合作模式（模式 1）是最好的共生模式，全面竞

争模式（模式 2）是最差的共生模式。在全面合作模式下，这三家企业可以占据更大的市场份额。这三家企业在市场细分方面具有一定的优势，合作可以增强核心竞争力。这三家企业可以通过建立战略联盟、产品开发合作甚至价格串通来巩固其市场地位。

简单寄生模式（模式 6）优于恶意寄生模式（模式 7）。两个弱关联模式优于两个强关联模式。简单寄生模式优于弱弱联合模式和强联合模式，合作行为总是优于竞争行为。合作行为越多越好，竞争行为越少越好。

结果表明，存在一个典型的不对称三种群共生系统。产品组 2（长城汽车）对产品组 1（比亚迪）具有竞争（负面）影响，而产品组 3（长安汽车）对产品组 1（比亚迪）具有合作（正面）影响。对于三种群共生系统而言，全面合作模式是最好的共生模式，全面竞争模式是最差的共生模式。简单寄生模式优于恶意寄生模式。合作行为总是比竞争行为好。

本小节利用经典的 Lotka–Volterra 模型讨论了两个物种的共生关系。随着相关研究的广泛开展，两种群模型已难以解决实际问题。学者们开始关注三物种竞争模型的双稳态解。Liu 等发现了三物种竞争扩散系统的扩散特性，这是无界域上三种群竞争系统的一个重要理论结果。上述研究人员是三物种 Lotka–Volterra 模型的先驱。目前的研究主要集中于三种群 Lotka–Volterra 模型的数学分析、可行解及其条件。三种群 Lotka–Volterra 模型的实证和应用研究刚刚起步。本小节为三种群的 LV 共生分析提供了一个可行的分析范式，是一次有意义的尝试。

产业创新生态系统的演化是一个复杂的过程。本节研究的模型、方法和数据比较简单。产业创新生态系统的演化在组织演化、科技、经济发展、创新文化、创新政策等方面是复杂的。一个更深入的研究过程需要考虑上述复杂因素的影响。研究者需要总结产业创新生态系统的演化特征，如创造性、多样性、依赖性、环境选择性和自组织性。本节的研究并未探讨行业和企业发展的生命周期特征。根据生态系统生命周期理论，后续研究需要深入探索产业创新生态系统的演化过程，确定萌芽阶段、成长阶段、稳定阶段和衰退阶段四个演化阶段，并分析每个阶段的主要特征。在产业生态系统的形成、运行和演化过程中，我们会遇到许多风险问题，包括风险识别、风险管理和风险控制。在未来的研究中，研究者应加强对产业创新生态系统运行和演化过程的管理，降低风险，严格控制系统风险的发生。我们可以量化系统的运行过程和演化过程，并建立评分和管理系统，这将有助于控制系统风险。在案例研究方面，我们应适当选择汽车产业以外的产业来研究产业生态系统，如电信业、服装业和食品业。根据不同产业的特点，探索不同产业生态系统的形成和发展规律，拓展研究领域。

通过三种群系统分析发现，汽车企业之间存在共生关系，三种群模型可用于分析企业之间的竞争与合作。通过对共生系统的平衡发展分析，得出了三种群平衡状态下的共生优化结果。三种群的增长可能达到平衡。三种群的进化分析表明，合作行为优于竞争战略，该方法在企业竞争战略分析中更具实用性。研究结果表明，该方法对分析企业群体的竞争、演化和均衡发展是可行和有效的。研究企业之间的关系对企业制定战略决策具有重要意义。未来的研究可以用三种群 Lotka-Volterra 模型来分析企业间竞争的生命周期。

第二节　变换样本多维 Lotka-Volterra 灰色拓展模型实证分析案例

一、案例模型背景

企业要想在激烈的市场竞争中占据主导地位，就必须对现有数据进行深入分析，这些数据的信息具有一定的灰色特征。本小节提出了一种复合三维灰色 Lotka-Volterra 模型，对原始数据进行灰色变换。灰色变换后的数据具有较好的模拟精度，同时可以减少原始数据的观测噪声。基于三维灰色 Lotka-Volterra 模型的竞争态势分析可以帮助企业了解市场状况。本小节以中国大陆奢侈品牌汽车市场为例，进行竞争分析和均衡发展模拟。结果表明，该方法可以有效地进行市场竞争分析。

20 世纪 90 年代以后，经济全球化进程明显加快。汽车产业作为全球领先的典型产业之一，其全球化主要表现为两个相互关联的鲜明特征。一是汽车产业链，包括投资、生产、采购、销售、售后服务、研发等主要环节的配置日益全球化。例如，过去，跨国公司在自己的国家建立并维持研究和开发机构，以复制的方式投资于目标国家市场，而现在它们已经开发出一种将职能活动和能力分配给全球市场的方法。这导致了新的专业分工合作模式的出现，尤其是汽车装配企业与零部件企业的分离趋势。越来越多的跨国公司参与零件制造。以合同为纽带的零部件企业与整车装配企业之间的网络组织结构日益明显。汽车制造企业零部件的全球采购和零部件行业的国际化模糊了汽车产品的“民族特色”，使其成为典型的全球产品。二是大型汽车企业之间的大规模重组。20 世纪 90 年代以来，由于全球汽车产能过剩，安全、排放、节能法规日益严格，全球汽车产业结构调整步伐明显加快。许多发达国家的汽车公司通过扩张、整合和兼并，增强了竞争力。汽车产业全球化趋势对包括中国在内的发展中国家的汽车产业发展和产业政策产生了深刻影响。中国作为世界人口大国，经济正在崛起。随着人民收入水平的不断提高和消费结构的升级，中国已成为世界上最具潜力的新兴市场，改善消费环境将成为使公众对汽车的潜在需求转化为实际需求、促进经济增长的重要举措。目前，我国已初步形成相对独立的汽车生产体系，大国产业支持的市场优势、劳动力质量和成本优势、规模优势正在逐步显现。随着全球汽车制造跨国公司的进入和国内汽车企业的发展，中国已成为世界重要的汽车制造基地。虽然中国的汽车市场正在蓬勃发展，但豪华车市场主要被外国制造商垄断。分析豪华汽车市场的竞争态势，有助于理解中国汽车市场的运行机制。

任何产业系统的发展都会受到自身成长能力和资源环境的制约，因此产业系统的演化过程是有限的、有规律的。大多数行业遵循周期规律，并将经历从诞生到增长到成熟再到衰退的过程。同样，行业的发展也不应是无限的。由于行业自身和外部条件的限制，存在增长受限的问题。如果将一个产业系统视为一个生态系统，那么该产业中的企业可以视为其中的种群。创新企业种群动力学模型主要关注种群数量的变化，其变化规律基于生物种群数量的非线性增长规律。自然界中许多物种是非线性增长的，种群非线性增长现象也很普遍。在一定区域的市场环境、产业政策和发展资源的影响下，企业种群可能会发生快速变化。

种群内部的竞争和协调机制也是一个重要因素。该设置基于生物种群的种内竞争原则。自然生物种群之间存在竞争。种群越多，竞争就越激烈。种群内的竞争具有调节种群规模的功能。创新种群中也存在一定的竞争机制，这将在一定程度上抑制创新种群的过度扩张。因此，种群内的竞争实际上是创新种群实现适者生存的过程之一。因此，这一机制也应成为创新种群增长模式的重要组成部分。Lotka-Volterra 模型是研究种群间相互作用机制的主要方法。Lotka-Volterra 模型被成功地推广到社会经济系统的研究领域，用来解释组织之间的竞争行为。该模型被广泛应用于产业竞争、企业竞争、市场竞争和产品竞争的研究领域。

基于数据特征而言，社会经济系统也是一个灰色系统。灰色系统理论是研究和解决具有不确定信息的某一系统（即灰色系统）的方法。灰色系统是介于黑色系统和白色系统之间的一个系统，它包含已知信息和未知信息。灰色系统中包含的信息被称为灰色信息。在社会、经济和生态的抽象系统中，研究者应将一般控制论、系统论和信息论的观点和方法推广到这些抽象系统中，并做出合理的解释。灰色系统理论为解决不完备信息系统的相关问题建立了一套理论和方法，在实际应用中具有很大的发展潜力。灰色系统理论是以灰色系统为研究对象，用特定的方法来描述和控制灰色系统的一种新理论。实际上，该理论是研究灰色系统的白化问题，即从系统的角度研究如何利用现有信息预测未来的未知信息。其实质是运用灰色系统理论的思想和方法对抽象现象进行量化，对相关数据进行分析，并对未来进行定量预测和控制，从而完成系统分析。GM（1, 1）模型在灰色系统理论中有着广泛的应用。

经典的 GM（1, 1）模型不能用于二元社会经济系统。考虑到复杂的关系相互影响，有必要对这些关系进行分析。然而，目前灰色 Lotka–Volterra 模型的应用主要讨论两个种群之间的关系和种群规模的预测，而不涉及 Lotka–Volterra 模型的均衡分析。

本节研究内容和安排如下：①构建基于 GM（1, 1）预测模型的复合灰色变换系统，对原始数据进行变换；②利用三维灰色 Lotka–Volterra 系统模型分析企业群体之间的影响机制；③建立企业均衡竞争状态的多选择目标规划模型，提出一种改进的灰色 GM（1, 1）预测模型；④基于三维灰色 Lotka–Volterra 系统分析三家企业之间的竞争；⑤将多目标规划方法引入灰色 Lotka–Volterra 模型的均衡分析中。

二、方法和数据

本节的研究探讨灰色 Lotka–Volterra 系统内种群之间的竞争关系，使用灰色方法对 Lotka–Volterra 系统进行改进。灰色预测是一种基于 GM（1, 1）基本模型的方法，用于预测不确定和不完整的信息系统，以确定元素在某个数字序列中的未来动态状况。GM（1, 1）模型的过程如下：

原始数据为 $X^{(0)}$，即

$$X^{(0)}=\left\{x^{(0)}(1),x^{(0)}(2),\cdots,x^{(0)}(n)\right\} \tag{4-13}$$

累计增长数据（accumulated generating operation，AGO）为 $X^{(1)}(k)$，即

$$\begin{cases} X^{(1)}(k)=\sum_{i=1}^{k}X^{(0)}(i),k=1,2,3,\cdots,n \\ X^{(0)}=\left\{x^{(0)}(1),x^{(0)}(2),x^{(0)}(3),\cdots,x^{(0)}(n)\right\} \end{cases} \tag{4-14}$$

所以 GM（1, 1）模型为

$$X^{(0)}(k)+aX^{(1)}(k)=b \tag{14-15}$$

基于模型原始形式和式（14–15）的参数估计称为原始差分灰色模型（ODGM）。在 GM（1, 1）模型中，应首先用普通最小二乘法计算参数 a 和 b。

实践表明，该模型的模拟效果较好，也是一种常用的灰色模型。

$$\begin{cases} X^{(0)}(k)+az^{(1)}(k)=b \\ z^{(1)}(k)=\dfrac{x^{(1)}(k)+x^{(1)}(k+1)}{2} \\ k=1,2,3,\cdots,n-1 \end{cases} \tag{14-16}$$

估计出参数 a 和 b，可以得到以下预测模型：

$$\hat{X}^{(1)}(k+1)=\left[X^{(0)}(1)-\frac{b}{a}\right]e^{-ak}+\frac{b}{a} \tag{14-17}$$

基于逆累积生成操作，可以获得以下结果：

$$\begin{aligned} X^{(0)}(k+1)&=X^{(1)}(k+1)-X^{(1)}(k) \\ &=\left[X^{(0)}(1)-\frac{b}{a}\right]e^{-ak}(1-e^{a}),\quad k=1,2,3,\cdots,n-1 \end{aligned} \tag{14-18}$$

新信息优先原则是灰色系统的基本原则之一。许多学者利用这一原理对灰色 GM（1, 1）模型进行优化，但新信息的优先性需要理论证明。由于传统灰色 GM（1, 1）预测模型中最新信息的优先级无法直观比较，为了充分利用原始数据，本小节构建了一种基于信息熵权重的复合 GM(1, 1)灰色数据模型。本小节研究了中国大陆豪华车市场三大制造商的季度销售额，采用灰色模型对观测数据进行变换，以获取更丰富的研究信息。本小节的案例针对汽车销售数据的特点，考虑原始数据的灰色性和销售数据的季节性，构建了复合灰色数据序列 $X^{(CG)}(k)$。

$$X^{(CG)}(k)=w_1X^{(0)}(k)+w_2X^{(1)}(k)+w_3X^{(S)}(k) \tag{14-19}$$

其中，$X^{(S)}(k)$ 是季节平滑数据序列；w_i 是熵权。本小节案例研究将 Lotka-Volterra 系统的平衡条件嵌入 MCGP 模型中，以获得 Lotka-Volterra MCGP 模型。

目标方程：$\min\sum_{i=1}^{n}(d_i^+ + d_i^-)+\sum_{i=1}^{n}(e_i^+ + e_i^-)$

$$\text{约束条件：}\begin{cases} g_i = f_i(x)+d_i^- - d_i^+,\quad i=1,2,\cdots,n \\ x\in X, X=\{x_1,x_2,\cdots,x_m\} \\ X\in F, F\text{是解的可行集} \\ g_{i,\max}=g_i+e_i^- - e_i^+,\quad i=1,2,\cdots,n \\ g_{i,\min}\leqslant g_i, g_i\leqslant g_{i,\max},\quad i=1,2,\cdots,n \\ d_i^+,d_i^-,e_i^+,e_i^-\geqslant 0,\quad i=1,2,\cdots,n \\ g_1(t)=\dfrac{\mathrm{d}N_1(t)}{\mathrm{d}t}=\alpha_1 N_1\left(1-\dfrac{N_1}{K_1}+\dfrac{\beta_{12}N_2}{K_2}+\dfrac{\beta_{13}N_3}{K_3}\right) \\ g_2(t)=\dfrac{\mathrm{d}N_2(t)}{\mathrm{d}t}=\alpha_2 N_2\left(1-\dfrac{N_2}{K_2}+\dfrac{\beta_{21}N_1}{K_1}+\dfrac{\beta_{23}N_3}{K_3}\right) \\ g_3(t)=\dfrac{\mathrm{d}N_3(t)}{\mathrm{d}t}=\alpha_3 N_3\left(1-\dfrac{N_3}{K_3}+\dfrac{\beta_{31}N_1}{K_1}+\dfrac{\beta_{32}N_2}{K_2}\right) \\ -1<\beta_{ij}<1,\quad i=1,2,3,\quad j=1,2,3 \\ \sum g_i = K, K\text{是市场容量} \end{cases} \tag{14-20}$$

作为目标规划的一种线性形式，嵌入 Lotka-Volterra 均衡的多选择目标规划（LV-MCGP）可以通过任何通用软件轻松解决。

三、实证分析

2020 年，中国豪华品牌汽车销量再次实现强劲增长。根据中国乘用车联合会提供的国内汽车批发数据，2020 年豪华车市场销量为 279 万辆，同比增长 19.9%。2018—2020 年，中国汽车市场销量连续三年下降，国内新乘用车销量分别下降 3.9%、9.2% 和 6.3%。然而，同期豪华车销量分别增长了 17.6%、11.7% 和 19.9%。在乘用车联合会的批发名单中，奥迪获得了销售冠军。2020 年，奥迪、梅赛德斯 - 奔驰和宝马分别销售 638000 辆、619000 辆和 609000 辆国产车型。ABB（代表奥迪、梅赛德斯 - 奔驰和宝马）贡献总计 186.6 万辆，占豪华车市场的 67%。第一集团三大奢侈品牌之间的竞争日趋激烈。2020 年，中国豪华车消费市场实现强劲增长，成为全球汽车市场的焦点。本小节基于复合灰色变换获得的数据，分析汽车行业三大主要奢侈品牌的市场竞争。

2018 年，宝马公司完成了其在华晨宝马合资企业中股份比例的变更。75% 的股权意味着，无论何时，宝马公司出售宝马汽车，都将获得比梅赛德斯 - 奔驰和奥迪更高的利润，因此在竞争中处于更有利的地位。高达 75% 的持股比例也意味着宝马公司在中国市场的投资得到保证，车型引进速度将加快。自 2021 年起，华晨宝马第三工厂扩建后，华晨宝马在中国大陆的产能迅速提升至年产 80 万辆的水平。此外，自从纯电动汽车问世以来，宝马 i 系列新产品基本可以实现与国际市场同步销售。宝马汽车销量灰色变换数据如表 14-8 所示。

表 14-8　宝马汽车销量灰色变换数据

时间	$X^{(0)}(k)$	$X^{(S)}(k)$	$X^{(1)}(k)$	$X^{(CG)}(k)$
2016 年 1 月	27663			
2016 年 2 月	13103		24175	
2016 年 3 月	24324	21697	24541	23520
2016 年 4 月	21736	19721	24912	22123
2016 年 5 月	24192	23417	25288	24299
2016 年 6 月	25693	23874	25670	25079
2016 年 7 月	24802	24896	26058	25252
2016 年 8 月	28124	26206	26452	26927
2016 年 9 月	30709	27878	26852	28480
2016 年 10 月	25276	28036	27257	26857
2016 年 11 月	31125	29037	27669	29277
2016 年 12 月	26461	27621	28087	27390
2017 年 1 月	31586	29724	28512	29941
2017 年 2 月	26287	28111	28943	27780
2017 年 3 月	32279	30051	29380	30570
2017 年 4 月	34835	31134	29824	31931
2017 年 5 月	31505	32873	30275	31551
2017 年 6 月	27566	31302	30732	29867
2017 年 7 月	30050	29707	31197	30318
2017 年 8 月	32888	30168	31668	31575
2017 年 9 月	34496	32478	32147	33040
2017 年 10 月	30420	32601	32632	31885
2017 年 11 月	38097	34338	33126	35187
2017 年 12 月	35548	34688	33626	34621
2018 年 1 月	43524	39056	34134	38905
2018 年 2 月	24968	34680	34650	31433
2018 年 3 月	35569	34687	35174	35143
2018 年 4 月	36233	32257	35705	34732
2018 年 5 月	35516	35773	36245	35844
2018 年 6 月	31644	34464	36792	34300
2018 年 7 月	33820	33660	37348	34943
2018 年 8 月	36698	34054	37913	36222
2018 年 9 月	37638	36052	38486	37392
2018 年 10 月	46925	40420	39067	42138
2018 年 11 月	51460	45341	39658	45486
2018 年 12 月	41815	46733	40257	42935
2019 年 1 月	53289	48855	40865	47670
2019 年 2 月	32929	42678	41483	39030
2019 年 3 月	49482	45233	42110	45608
2019 年 4 月	49945	44119	42746	45603
2019 年 5 月	46602	48676	43392	46223
2019 年 6 月	42315	46287	44048	44217
2019 年 7 月	45710	44876	44713	45100
2019 年 8 月	47644	45223	45389	46085
2019 年 9 月	49631	47662	46075	47789
2019 年 10 月	48862	48712	46771	48115
2019 年11 月	53951	50815	47478	50748
2019 年 12 月	52577	51797	48195	50856
2020 年 1 月	48432	51653	48924	49670
2020 年 2 月	8039	36349	49663	31350
2020 年 3 月	43263	33245	50414	42307
2020 年 4 月	56204	35835	51175	47738
2020 年 5 月	57903	52457	51949	54103
2020 年 6 月	46597	53568	52734	50966
2020 年 7 月	63596	56032	53531	57720
2020 年 8 月	65558	58584	54340	59494
2020 年 9 月	56350	61835	55161	57782
2020 年 10 月	47166	56358	55994	53173
2020 年 11 月	61219	54912	56840	57657
2020 年 12 月	54834	54406	57699	55647
2021 年 1 月	73333	63129	58571	65011

如表 14-8 所示，灰色变换过程很容易实现。表 14-8 中给出了几种不同预测方法下对销售数据的预测值。熵权根据示例中的数据计算：w_1=0.333，

w_2=0.333，w_3=0.333。结果表明，原始数据、季节平滑数据和 GM（1, 1）数据在信息熵的评价上没有差异，也表明灰色变换的信息保真度较高。表 14–8 的数据同时说明，中国市场的市场容量和资源充分支撑了宝马汽车的成长与发展。

而梅赛德斯 – 奔驰将推出新一代 S 级轿车。由于 S 级轿车始终是新设计语言的领导者，这也意味着梅赛德斯 – 奔驰将再次掀起产品升级浪潮。同时，C 级车也将升级，速度明显快于往年。梅赛德斯 – 奔驰销量的灰色变换数据如表 14–9 所示。

表 14–9　梅赛德斯 – 奔驰销售的灰色变换数据

时间	$X^{(0)}(k)$	$X^{(S)}(k)$	$X^{(1)}(k)$	$X^{(CG)}(k)$	时间	$X^{(0)}(k)$	$X^{(S)}(k)$	$X^{(1)}(k)$	$X^{(CG)}(k)$
2016 年 1 月	29256				2018 年 8 月	40005	41685	40322	40671
2016 年 2 月	17716		27301		2018 年 9 月	43970	41798	40849	42206
2016 年 3 月	23837	23603	27659	25033	2018 年 10 月	31922	38632	41384	37313
2016 年 4 月	23304	21619	28020	24314	2018 年 11 月	15419	30437	41925	29260
2016 年 5 月	25970	24370	28387	26242	2018 年 12 月	49530	32290	42474	41431
2016 年 6 月	27693	25656	28758	27369	2019 年 1 月	56231	40393	43030	46551
2016 年 7 月	25009	26224	29135	26789	2019 年 2 月	39595	48452	43593	43880
2016 年 8 月	25205	25969	29516	26897	2019 年 3 月	55157	50328	44163	49883
2016 年 9 月	24333	24849	29902	26361	2019 年 4 月	46252	47001	44741	45998
2016 年 10 月	24279	24606	30293	26393	2019 年 5 月	49952	50454	45326	48577
2016 年 11 月	29394	26002	30690	28695	2019 年 6 月	47544	47916	45919	47126
2016 年 12 月	34582	29418	31091	31697	2019 年 7 月	49561	49019	46520	48367
2017 年 1 月	42077	35351	31498	36309	2019 年 8 月	50366	49157	47129	48884
2017 年 2 月	33862	36840	31910	34204	2019 年 9 月	51327	50418	47745	49830
2017 年 3 月	31042	35660	32327	33010	2019 年 10 月	47790	49828	48370	48662
2017 年 4 月	34613	33172	32750	33512	2019 年 11 月	49653	49590	49003	49415
2017 年 5 月	37440	34365	33179	34995	2019 年 12 月	50396	49280	49644	49773
2017 年 6 月	34555	35536	33613	34568	2020 年 1 月	44411	48153	50293	47619
2017 年 7 月	37205	36400	34053	35886	2020 年 2 月	11295	35367	50951	32538
2017 年 8 月	35521	35760	34498	35260	2020 年 3 月	48589	34765	51618	44991
2017 年 9 月	37495	36740	34950	36395	2020 年 4 月	52806	37563	52293	47554
2017 年 10 月	34484	35833	35407	35241	2020 年 5 月	58431	53275	52977	54895
2017 年 11 月	36936	36305	35870	36370	2020 年 6 月	52510	54582	53671	53588
2017 年 12 月	41518	37646	36340	38501	2020 年 7 月	55720	55554	54373	55215
2018 年 1 月	56306	44920	36815	46014	2020 年 8 月	55241	54490	55084	54939
2018 年 2 月	33564	43796	37297	38219	2020 年 9 月	63008	57990	55805	58934
2018 年 3 月	43051	44307	37785	41714	2020 年 10 月	53964	57404	56535	55968
2018 年 4 月	44006	40207	38279	40831	2020 年 11 月	62451	59808	57275	59844
2018 年 5 月	44589	43882	38780	42417	2020 年 12 月	60624	59013	58024	59220
2018 年 6 月	43631	44075	39287	42331	2021 年 1 月	68412	63829	58783	63675
2018 年 7 月	41420	43213	39801	41478					

如表 14–9 所示，奔驰销售数据的灰色变换很容易实现。与宝马的数据类似，w_1=0.333，w_2=0.333，w_3=0.333。结果表明，原始数据、季节平滑数据和 GM（1, 1）数据在信息熵的评价上没有差异，也表明灰色变换的信息保真度较高。表 14–9 的数据同时说明，中国市场的市场容量充分支撑了奔驰汽车的发展。

奥迪正竭尽全力巩固其在中国豪华车市场的领先地位。到 2020 年底，上汽奥迪正式宣布，奥迪将成为中国第一个拥有两大汽车生产和销售合资企业的奢侈品牌，这意味着奥迪将再次加速奢侈品牌汽车的销售战。2021 年，上汽奥迪发布首款国产奥迪 A7L，于 2022 年正式上市。2021 年 1 月，奥迪与中国第一汽车集团吉林省新能源汽车合资公司签订了合同。一期工厂计划投资 300 亿元，奥迪和大众集团持有新公司 60% 的股权。新投资和新持股比例有助于奥迪在未来 10 年锁定竞争优势。奥迪汽车销售的灰色变换数据如表 14–10 所示。

表 14–10　奥迪汽车销售的灰色变换数据

时间	$X^{(0)}(k)$	$X^{(S)}(k)$	$X^{(1)}(k)$	$X^{(CG)}(k)$	时间	$X^{(0)}(k)$	$X^{(S)}(k)$	$X^{(1)}(k)$	$X^{(CG)}(k)$
2016 年 1 月	55285				2017 年 12 月	30889	46726	46792	41469
2016 年 2 月	32994		41006		2018 年 1 月	62741	50308	47074	53374
2016 年 3 月	49537	45939	41253	45576	2018 年 2 月	32883	42171	47357	40804
2016 年 4 月	47440	43324	41501	44088	2018 年 3 月	53557	49727	47642	50309
2016 年 5 月	46644	47874	41751	45423	2018 年 4 月	46422	44287	47929	46213
2016 年 6 月	44011	46032	42002	44015	2018 年 5 月	45402	48460	48217	47360
2016 年 7 月	43746	44800	42255	43600	2018 年 6 月	41759	44528	48507	44931
2016 年 8 月	45512	44423	42509	44148	2018 年 7 月	38753	41971	48799	43174
2016 年 9 月	46075	45111	42765	44650	2018 年 8 月	55781	45431	49093	50102
2016 年 10 月	43193	44927	43022	43714	2018 年 9 月	61015	51850	49388	54084
2016 年 11 月	54789	48019	43281	48696	2018 年 10 月	46988	54595	49685	50423
2016 年 12 月	27063	41682	43542	37429	2018 年 11 月	51842	53282	49984	51703
2017 年 1 月	51069	44307	43804	46393	2018 年 12 月	52881	50570	50285	51245
2017 年 2 月	28694	35609	44067	36123	2019 年 1 月	50987	51903	50588	51159
2017 年 3 月	41506	40423	44333	42087	2019 年 2 月	30295	44721	50892	41969
2017 年 4 月	42444	37548	44599	41530	2019 年 3 月	48821	43368	51198	47796
2017 年 5 月	44406	42785	44868	44020	2019 年 4 月	40334	39817	51506	43886
2017 年 6 月	43717	43522	45138	44126	2019 年 5 月	37320	42158	51816	43765
2017 年 7 月	48232	45452	45409	46364	2019 年 6 月	50666	42773	52128	48522
2017 年 8 月	52377	48109	45683	48723	2019 年 7 月	53808	47265	52442	51171
2017 年 9 月	59382	53330	45957	52890	2019 年 8 月	55166	53213	52757	53712
2017 年 10 月	51994	54584	46234	50937	2019 年 9 月	62283	57086	53075	57481
2017 年 11 月	57294	56223	46512	53343	2019 年 10 月	63301	60250	53394	58982

续表

时间	$X^{(0)}(k)$	$X^{(S)}(k)$	$X^{(1)}(k)$	$X^{(CG)}(k)$	时间	$X^{(0)}(k)$	$X^{(S)}(k)$	$X^{(1)}(k)$	$X^{(CG)}(k)$
2019 年 11 月	65684	63756	53715	61052	2020 年 7 月	58893	57318	56356	57522
2019 年 12 月	60546	63177	54039	59254	2020 年 8 月	60629	58703	56695	58676
2020 年 1 月	53888	60039	54364	56097	2020 年 9 月	72298	63940	57037	64425
2020 年 2 月	8105	40846	54691	34547	2020 年 10 月	63998	65642	57380	62340
2020 年 3 月	34753	32249	55020	40674	2020 年 11 月	66756	67684	57725	64055
2020 年 4 月	55626	32828	55351	47935	2020 年 12 月	50301	60352	58072	56242
2020 年 5 月	56473	48951	55684	53703	2021 年 1 月	80008	65688	58422	68039
2020 年 6 月	56588	56229	56019	56279					

如表 14–10 所示，实现了奥迪销售数据的灰色变换。结果表明，原始数据、季节平滑数据和 GM（1, 1）数据在信息熵的评价上几乎没有差异，也表明灰色变换的信息保真度较高。表 14–10 的数据同时说明，中国市场的市场容量和资源充分支撑了奥迪汽车的成长与发展。

本小节采用平均绝对百分比误差指数来评价灰色变换的效果，灰色变换误差计算公式为

$$\mathrm{MAPE}=\frac{1}{n}\sum_{k=1}^{n}\left|\frac{A_k-F_k}{A_k}\right|\times 100\% \tag{14–21}$$

其中，A_k 是观测值；F_k 是预测值。

宝马、梅赛德斯 – 奔驰、奥迪的灰色变换误差如表 14–11 所示。

表 14–11　灰色变换误差（MAPE）

企业名称	$X^{(S)}(k)$	$X^{(1)}(k)$	$X^{(CG)}(k)$
宝马	14.970%	7.647%	5.786%
梅赛德斯 – 奔驰	12.908%	10.586%	6.629%
奥迪	17.627%	11.735%	8.400%

如表 14–11 所示，复合预测模型的预测效果很好。宝马汽车的复合预测模型数据的误差（5.786%）小于季节平滑模型的误差（14.970%）和灰色预测模型的误差（7.647%）。梅赛德斯 – 奔驰和奥迪也有类似的误差表现。宝马的预测误差小于奔驰和奥迪的预测误差。

如表 14–12 所示，基于 Lotka–Volterra 模型的原始数据回归方程的拟合效果比较好，多数变量的回归系数是显著的。其中，α_1=–0.385，K_1=63605；α_2=–0.448，K_2=50707；α_3=0.757，K_3=34489。

表 14-12　基于 Lotka-Volterra 模型的原始数据竞争分析

$N_i(t)$	γ_{i1}	γ_{i2}	γ_{i3}	γ_{i4}
$N_1(t)$	1.385（$P<0.001$）	-6.059×10^{-6}（P=0.176）	5.580×10^{-6}（P=0.184）	-7.078×10^{-6}（P=0.087）
$N_2(t)$	1.448（$P<0.001$）	-8.841×10^{-6}（P=0.145）	7.653×10^{-6}（P=0.173）	-7.316×10^{-6}（P=0.051）
$N_3(t)$	1.757（$P<0.001$）	-2.196×10^{-5}（$P<0.001$）	5.881×10^{-6}（P=0.225）	3.164×10^{-6}（P=0.494）

如表 14-13 所示，灰色模型数据的回归效果良好。而且，灰色系统的回归效果要优于原始数据的回归效果。灰色系统与原始数据的回归结果不同，但其影响系数的正负号及所反映的共生关系是相同的。其中，α_1=0.212，K_1=75601；α_2=0.297，K_2=43347；α_3=0.407，K_3=29156。

表 14-13　基于 Lotka-Volterra 模型的灰色变换数据竞争分析

$N_i(t)$	γ_{i1}	γ_{i2}	γ_{i3}	γ_{i4}
$N_1(t)$	1.212（$P\leqslant0.001$）	-2.814×10^{-6}（P=0.462）	5.048×10^{-6}（P=0.174）	-5.885×10^{-6}（P=0.057）
$N_2(t)$	1.297（$P\leqslant0.001$）	-6.856×10^{-6}（P=0.102）	8.649×10^{-6}（P=0.037）	-6.810×10^{-6}（P=0.017）
$N_3(t)$	1.407（$P\leqslant0.001$）	-1.398×10^{-5}（$P\leqslant0.001$）	4.073×10^{-6}（P=0.331）	3.232×10^{-6}（P=0.420）

基于 Lotka-Volterra 模型的共生系统如下：

$$\begin{cases} g_1(t)=0.212N_1\left(1-\dfrac{N_1}{75601}+\dfrac{\beta_{12}N_2}{43347}+\dfrac{\beta_{13}N_3}{29156}\right) \\ g_2(t)=0.297N_2\left(1-\dfrac{N_2}{43347}+\dfrac{\beta_{21}N_1}{75601}+\dfrac{\beta_{23}N_3}{29156}\right) \\ g_3(t)=0.407N_3\left(1-\dfrac{N_3}{29156}+\dfrac{\beta_{31}N_1}{75601}+\dfrac{\beta_{32}N_2}{43347}\right) \end{cases} \tag{14-22}$$

三种共生系统的平衡点如下：

$$\begin{cases} g_1(t)=0.212N_1-\dfrac{0.212N_1^2}{75601}+\dfrac{0.212\beta_{12}N_1N_2}{43347}+\dfrac{0.212\beta_{13}N_1N_3}{29156}=0 \\ g_2(t)=0.297N_2-\dfrac{0.297N_2^2}{43347}+\dfrac{0.297\beta_{21}N_1N_2}{75601}+\dfrac{0.297\beta_{23}N_3N_2}{29156}=0 \\ g_3(t)=0.407N_3-\dfrac{0.407N_3^2}{29156}+\dfrac{0.407\beta_{31}N_1N_3}{75601}+\dfrac{0.407\beta_{32}N_2N_3}{43347}=0 \end{cases} \tag{14-23}$$

通过方程式变形可得

$$\Rightarrow\begin{cases}N_1-\dfrac{N_1^{\ 2}}{75601}+\dfrac{\beta_{12}N_1N_2}{43347}+\dfrac{\beta_{13}N_1N_3}{29156}=0\\N_2-\dfrac{N_2^{\ 2}}{43347}+\dfrac{\beta_{21}N_1N_2}{75601}+\dfrac{\beta_{23}N_3N_2}{29156}=0\\N_3-\dfrac{N_3^{\ 2}}{29156}+\dfrac{\beta_{31}N_1N_3}{75601}+\dfrac{\beta_{32}N_2N_3}{43347}=0\end{cases} \tag{14-24}$$

$$\Rightarrow\begin{cases}1-\dfrac{N_1}{75601}+\dfrac{\beta_{12}N_2}{43347}+\dfrac{\beta_{13}N_3}{29156}=0\\1-\dfrac{N_2}{43347}+\dfrac{\beta_{21}N_1}{75601}+\dfrac{\beta_{23}N_3}{29156}=0\\1-\dfrac{N_3}{29156}+\dfrac{\beta_{31}N_1}{75601}+\dfrac{\beta_{32}N_2}{43347}=0\end{cases} \tag{14-25}$$

$$\Rightarrow\begin{cases}N_1=75601+\dfrac{75601\beta_{12}N_2}{43347}+\dfrac{75601\beta_{13}N_3}{29156}\\N_2=43347+\dfrac{43347\beta_{21}N_1}{75601}+\dfrac{43347\beta_{23}N_3}{29156}\\N_3=29156+\dfrac{29156\beta_{31}N_1}{75601}+\dfrac{29156\beta_{32}N_2}{43347}\end{cases} \tag{14-26}$$

$$\Rightarrow\begin{cases}N_1=75601+1.744\beta_{12}N_2+2.593\beta_{13}N_3\\N_2=43347+0.573\beta_{21}N_1+1.487\beta_{23}N_3\\N_3=29156+0.386\beta_{31}N_1+0.672\beta_{32}N_2\end{cases} \tag{14-27}$$

将以上关系嵌入 MCGP 模型可得

目标方程：$\min\sum_{i=1}^{n}(d_i^+ + d_i^-)+\sum_{i=1}^{n}(e_i^+ + e_i^-)$

$$\text{约束条件：}\begin{cases}g_i=f_i(x)+d_i^- - d_i^+,\quad i=1,2,\cdots,n\\x\in X, X=\{x_1,x_2,\cdots,x_m\}\\X\in F, F\text{是解的可行集}\\g_{i,\max}=g_i+e_i^- - e_i^+,\quad i=1,2,\cdots,n\\g_{i,\min}\leqslant g_i, g_i\leqslant g_{i,\max},\quad i=1,2,\cdots,n\\e_i^+,e_i^-,d_i^+,d_i^-\geqslant 0,\quad i=1,2,\cdots,n\\N_1=75601+1.744\beta_{12}N_2+2.593\beta_{13}N_3\\N_2=43347+0.573\beta_{21}N_1+1.487\beta_{23}N_3\\N_3=29156+0.386\beta_{31}N_1+0.672\beta_{32}N_2\\-1<\beta_{ij}<1,\quad i=1,2,3,\quad j=1,2,3\\\sum g_i=K, K\text{是市场容量}\end{cases} \tag{14-28}$$

使用 LINGO 软件解决以上问题。平衡共生模型 β 值优化结果见表 14–14。

表 14–14　共生生长平衡点

市场规模	150000	180000	210000	240000	270000	300000
β_{12}	0.000	0.079	0.316	0.167	0.212	0.237
β_{13}	0.000	0.182	0.181	0.181	0.216	0.252
β_{21}	0.000	0.049	0.181	0.211	0.257	0.287
β_{23}	0.000	0.181	0.181	0.229	0.259	0.297
β_{31}	0.000	0.000	0.181	0.184	0.204	0.220
β_{32}	0.000	0.000	0.181	0.185	0.207	0.226

如表 14–14 所示，随着市场规模的扩大，需要更多的种群之间的合作行为。合作行为是全面的，合作强度宜相似。

四、结果与讨论

为了分析经济系统中各变量之间的关系，提高 GM（1, 1）预测的性能，本书提出了三维灰色 Lotka–Volterra 系统。实证结果表明，三维灰色 Lotka–Volterra 的 MAPE 值的灰色变换效应在数值方面是非常精确的。与 GM（1, 1）相比，本章研究中使用的三维灰色 Lotka–Volterra 模型提供了更准确的预测性能。灰色变换数据与三维 Lotka–Volterra 模型相结合，可以挖掘某一系统中种群之间的关系，因此，该方法适用于数据有限的情况下预测竞争产品之间的关系。对中国豪华轿车市场的实证分析充分证明了该方法的有效性和适应性。

与传统的灰色模型相比，三维灰色 Lotka–Volterra 模型能够很好地描述人口增长机制。三维灰色 Lotka–Volterra 模型更适合于社会经济生态系统的研究。与传统的 Lotka–Volterra 模型相比，三维灰色 Lotka–Volterra 模型具有更高的精度。与灰色 Lotka–Volterra 模型、灰色 logistic 模型和三维 Lotka–Volterra 模型相比，三维灰色 Lotka–Volterra 模型更适用。基于三维灰色 Lotka–Volterra 模型的案例分析充分证明了该方法的准确性和适用性。三维灰色 Lotka–Volterra 模型可以有效地处理数据不足和数据缺失问题。当难以进行回归分析时，可以使用三维灰色 Lotka–Volterra 模型进行处理。

本节利用中国三家汽车企业的销售数据，成功构建了三维 Lotka–Volterra 模型。通过三种群系统分析发现，汽车企业之间存在共生关系，可以采用三种群模型来分析企业之间的竞争与合作。通过对共生系统的平衡发展分析，可得出三种群平衡状态下的共生优化结果。三种群的增长可能达到平衡。三种群进化分析表明，合作行动优于竞争战略，该方法在企业竞争战略分析中更具实用性。研究结果表明，该方法对分析企业群体的竞争、演化和均衡发展是可行和有效的。研究企业之间的关系对企业制定战略决策具有重要意义。未来的研究可以用三种群 Lotka–Volterra 模型分析企业间竞争的生命周期。

第三节　汽车制造群落共生机制

一、共生机制分析

本小节选取中国汽车制造企业及相关行业的上市公司作为研究样本。在选择上市公司时，主要选择行业先进企业作为上市公司的代表。例如，汽车制造业中选择市场价值在 100 亿元以上规模的企业。数据指标主要以公司财务报表中的无形资产指标来表征企业的创新资源。观测周期选择为 2015—2022 年公司财务报表中的季度数据（表 14–15）。

表 14–15　汽车制造群落共生机制

行业	企业	γ_1	γ_{11}	γ_{12}	种群共生机制
汽车制造	比亚迪（002594）	0.014（0.364）	-9.179×10^{-12}（−0.887）	2.503×10^{-12}（1.264）	共享驱动
	长城汽车（601633）	-0.057^{***}（−3.902）	-3.489×10^{-12}（−0.400）	$2.345\times10^{-12***}$（2.771）	共享驱动
	上汽集团（600104）	0.102^{***}（6.661）	-1.337×10^{-12}（−0.287）	-1.204×10^{-12}（−1.025）	外部竞争
	广汽集团（601238）	-0.188^{*}（−1.935）	$-4.400\times10^{-11***}$（−3.450）	$1.424\times10^{-11***}$（3.061）	共享驱动
	长安汽车（000625）	0.112^{***}（3.798）	1.351×10^{-11}（1.275）	$-3.452\times10^{-12***}$（−4.684）	外部竞争
	一汽解放（000800）	-0.392^{***}（−2.766）	$-2.389\times10^{-10***}$（−4.110）	$1.796\times10^{-11***}$（4.019）	共享驱动
	江淮汽车（600418）	0.197^{***}（4.312）	$-3.452\times10^{-11**}$（−2.040）	$-2.124\times10^{-12***}$（−4.601）	外部竞争

续表

行业	企业	γ_1	γ_{11}	γ_{12}	种群共生机制
汽车零部件	潍柴动力（000338）	0.292***（3.943）	-2.273×10^{-12}（−0.306）	-6.692×10^{-12}（−1.452）	外部竞争
	华域汽车（600741）	0.120***（3.030）	-3.789×10^{-11}**（−2.333）	1.156×10^{-12}（0.509）	共享驱动
	德赛西威（002920）	0.334（1.464）	-4.066×10^{-10}（−1.259）	-5.413×10^{-12}（−0.676）	外部竞争
	星宇股份（601799）	−0.267*（−1.753）	-1.311×10^{-9}***（−4.265）	2.129×10^{-11}***（3.326）	共享驱动
	拓普集团（601689）	0.373***（0.034）	1.447×10^{-10}*（0.972）	-1.173×10^{-11}***（−0.606）	外部竞争
	长安B（200625）	0.139***（3.183）	-1.105×10^{-11}（−0.640）	-2.343×10^{-12}（−0.983）	外部竞争
	福耀玻璃（600660）	0.097（1.612）	-7.141×10^{-11}（−1.177）	-1.731×10^{-13}（−0.233）	外部竞争
	宁德时代（300750）	0.293*（1.578）	6.827×10^{-11}***（3.417）	-9.552×10^{-12}*（−1.635）	外部竞争
汽车服务业	广汇汽车（600297）	0.163（1.029）	-5.259×10^{-11}***（−3.943）	2.157×10^{-11}（1.263）	共享驱动
	中国汽研（601965）	−0.216**（−2.163）	1.222×10^{-11}（1.31）	1.581×10^{-11}**（2.453）	共享驱动
	庞大集团（601258）	−0.058（−1.521）	2.027×10^{-12}（0.578）	1.893×10^{-12}（1.130）	共享驱动
	国机汽车（600335）	1.011***（2.970）	-5.471×10^{-10}***（−3.093）	-3.921×10^{-11}***（−2.696）	外部竞争
	东方时尚（603377）	−0.231*（−1.597）	-6.826×10^{-10}***（−8.736）	5.001×10^{-11}***（4.141）	共享驱动

注：*、**、*** 分别表示在 10%、5%、1% 的水平上显著。括号内为 T 值。

资料来源：证券之星官网。

表 14–15 中的数据说明共享驱动模式略多于外部竞争模式。共享驱动模式并不是普遍存在于汽车制造企业种群之中。共享视角下的汽车制造企业创新能力成长还有比较大的改进空间。

观察表 14–15 中的数据可得，半数的企业能够从种群创新池中获得共享式创新驱动的动力。从共享角度来看，企业创新驱动模式可以分为两大类，一类是具有显著的共享驱动模式，另一类是外部竞争模式。从内禀增长角度来看，企业创新驱动模式也可以分为两大类，一类是具有显著的内禀增长模式，另一类是内禀竞争模式。从实证分析的结果来看，多数企业的内禀增长系数为正，这说明汽车制造企业的内在成长动力充沛。从共享角度分析，半数企业有着明显的共享驱动模式，这也基本符合自然生态系统的种群动力学规律。并不是所有企业都可以从创新生态系统中获得共享式驱动动能，从共享驱动中获得驱动资源的企业可以比较好地获得并维护企业自身的核心竞争力。

企业创新种群之间存在着类似于自然生态系统中的群落共生关系。相关种群聚集构成群落，群落中的种群之间可以是互惠互利的协同关系，也可能存在竞争甚至是恶性竞争关系，或者种群之间存在捕食或寄生关系。本小节利用无形资产来表示不同创新种群的创新资源，基于种群动力学模型来分析共享视角下创新能力成长模式。表 14–16 为汽车制造群落创新资源移动平滑数据。

表 14–16　汽车制造群落创新资源移动平滑数据　　单位：亿元

时间	汽车制造	汽车零部件	汽车服务业	时间	汽车制造	汽车零部件	汽车服务业
2022–03–31	633	371	144	2018–12–31	425	348	162
2021–12–31	625	370	146	2018–09–30	410	344	160
2021–09–30	603	373	149	2018–06–30	397	341	157
2021–06–30	591	374	151	2018–03–31	388	342	153
2021–03–31	580	378	152	2017–12–31	372	341	154
2020–12–31	565	380	154	2017–09–30	359	341	155
2020–09–30	554	378	155	2017–06–30	345	310	156
2020–06–30	539	373	156	2017–03–31	331	278	155
2020–03–31	518	366	158	2016–12–31	325	244	147
2019–12–31	497	358	158	2016–09–30	314	209	138
2019–09–30	480	354	159	2016–06–30	308	205	130
2019–06–30	459	352	160	2016–03–31	302	199	120
2019–03–31	441	349	163	2015–12–31	290	191	116

通过将表 14–16 中的季节性平滑数据代入以下计量经济模型并进行回归分析，可得出表 14–17。基于财务数据的离散性，本小节对原有模型进行等价变换，可得以下模型。

$$\begin{cases} \Delta N_1(t)=\alpha_1 N_1(t-1)\left[1-\dfrac{N_1(t-1)}{K_1}+\dfrac{\beta_{12}N_2(t-1)}{K_2}+\dfrac{\beta_{13}N_3(t-1)}{K_3}\right] \\ \Delta N_2(t)=\alpha_2 N_2(t-1)\left[1-\dfrac{N_2(t-1)}{K_2}+\dfrac{\beta_{21}N_1(t-1)}{K_1}+\dfrac{\beta_{23}N_3(t-1)}{K_3}\right] \\ \Delta N_3(t)=\alpha_3 N_3(t-1)\left[1-\dfrac{N_3(t-1)}{K_3}+\dfrac{\beta_{31}N_1(t-1)}{K_1}+\dfrac{\beta_{32}N_2(t-1)}{K_2}\right] \end{cases} \tag{14–29}$$

$$\begin{cases}\Delta N_1(t)+N_1(t-1)=(\alpha_1+1)N_1(t-1)+\gamma_{12}N_1^2(t-1)+\gamma_{13}N_1(t-1)N_2(t-1)+\\ \qquad \gamma_{14}N_1(t-1)N_3(t-1)\\ \Delta N_2(t)+N_2(t-1)=(\alpha_2+1)N_2(t-1)+\gamma_{22}N_2^2(t-1)+\gamma_{23}N_2(t-1)N_1(t-1)+\\ \qquad \gamma_{24}N_2(t-1)N_3(t-1)\\ \Delta N_3(t)+N_3(t-1)=(\alpha_3+1)N_3(t-1)+\gamma_{32}N_3^2(t-1)+\gamma_{33}N_3(t-1)N_1(t-1)+\\ \qquad \gamma_{34}N_3(t-1)N_2(t-1)\end{cases} \quad (14-30)$$

$$\begin{cases}N_1(t)=\gamma_{11}N_1(t-1)+\gamma_{12}N_1^2(t-1)+\gamma_{13}N_1(t-1)N_2(t-1)+\gamma_{14}N_1(t-1)N_3(t-1)\\ N_2(t)=\gamma_{21}N_2(t-1)+\gamma_{22}N_2^2(t-1)+\gamma_{23}N_2(t-1)N_1(t-1)+\gamma_{24}N_2(t-1)N_3(t-1)\\ N_3(t)=\gamma_{31}N_3(t-1)+\gamma_{32}N_3^2(t-1)+\gamma_{33}N_3(t-1)N_1(t-1)+\gamma_{34}N_3(t-1)N_2(t-1)\end{cases} \quad (14-31)$$

其中，$\gamma_{11}=1+\alpha_1$，表示种群的内禀增长率，大于 1 时表示内禀增长率为正；若 $\gamma_{12}>0$，这意味着种群内的协同效应；$\gamma_{13}=-\frac{\alpha_1}{K_2}$，$\gamma_{14}=-\frac{\alpha_1}{K_3}$，若 $\gamma_{13}<0$，$\gamma_{14}<0$，这意味着种群间存在的竞争效应，它被称为种群竞争系数。同理可得：$\gamma_{21}=\alpha_2+1$，$\gamma_{22}=-\frac{\alpha_2}{K_2}$，$\gamma_{23}=-\frac{\alpha_2\beta_{21}}{K_1}$，$\gamma_{24}=-\frac{\alpha_2\beta_{23}}{K_3}$，$\gamma_{23}=\alpha_3+1$，$\gamma_{23}=-\frac{\alpha_3}{K_3}$，$\gamma_{33}=-\frac{\alpha_3\beta_{31}}{K_1}$，$\gamma_{34}=-\frac{\alpha_3\beta_{32}}{K_2}$。

回归结果如表 14–17 所示。

表 14–17　三种群 Lotka–Volterra 模型的回归结果

$N_i(t)$	γ_{i1}（内禀增长率）	γ_{i2}（内部抑制系数）	γ_{i3}（种群共生关系）	γ_{i4}（种群共生关系）
$N_1(t)$	0.963^{***} （22.554）	-4.325×10^{-5} （–0.954）	-3.038×10^{-5} （–0.238）	$6.427\times10^{-4*}$ （1.564）
$N_2(t)$	0.802^{***} （6.846）	-0.0016^{***} （–4.939）	$3.037\times10^{-4***}$ （2.684）	$4.061\times10^{-3***}$ （3.725）
$N_3(t)$	1.158^{***} （18.310）	-1.806×10^{-4} （–0.301）	-1.012×10^{-5} （–0.151）	$-3.651\times10^{-4**}$ （–2.039）

注：*、**、*** 分别表示在 10%、5%、1% 水平上显著。括号内为 *T* 值。

如表 14–17 所示，回归效果参差不齐，部分回归系数的 *P* 值较高，未能通过检验。其中，$\alpha_1=-0.037$，$K_1=855$；$\alpha_2=-0.198$，$K_2=124$；$\alpha_3=0.158$，$K_3=875$。

二、共生网络优化

理论共生网络模型：

$$\begin{cases} N_1(t)=(1-0.037)N_1(t-1)+\dfrac{0.037}{855}N_1^2(t-1)+\dfrac{-0.037\beta_{12}}{124}N_1(t-1)N_2(t-1)+ \\ \qquad \dfrac{-0.037\beta_{13}}{875}N_1(t-1)N_3(t-1) \\ N_2(t)=(1-0.198)N_2(t-1)+\dfrac{0.198}{124}N_2^2(t-1)+\dfrac{-0.198\beta_{21}}{855}N_2(t-1)N_1(t-1)+ \\ \qquad \dfrac{-0.198\beta_{23}}{875}N_2(t-1)N_3(t-1) \\ N_3(t)=(1+0.158)N_3(t-1)+\dfrac{-0.158}{875}N_3^2(t-1)+\dfrac{0.158\beta_{31}}{855}N_3(t-1)N_1(t-1)+ \\ \qquad \dfrac{0.158\beta_{32}}{124}N_3(t-1)N_2(t-1) \end{cases} \tag{14-32}$$

剔除回归不显著项之后，可以得到实际共生网络模型：

$$\begin{cases} N_1(t)=(1-0.037)N_1(t-1)+\dfrac{-0.037\beta_{13}}{875}N_1(t-1)N_3(t-1) \\ N_2(t)=(1-0.198)N_2(t-1)+\dfrac{0.198}{124}N_2^2(t-1)+\dfrac{-0.198\beta_{21}}{855}N_2(t-1)N_1(t-1)+ \\ \qquad \dfrac{-0.198\beta_{23}}{875}N_2(t-1)N_3(t-1) \\ N_3(t)=(1+0.158)N_3(t-1)+\dfrac{0.158\beta_{32}}{124}N_3(t-1)N_2(t-1) \end{cases} \tag{14-33}$$

$$\begin{aligned} &N_1(t)=0.963N_1(t-1)-0.000042\beta_{13}N_1(t-1)N_3(t-1) \\ &N_2(t)=0.802N_2(t-1)+0.001596N_2^2(t-1)-0.000231\beta_{21}N_2(t-1)N_1(t-1)- \\ &\qquad 0.000226\beta_{23}N_2(t-1)N_3(t-1) \\ &N_3(t)=1.158N_3(t-1)+0.001274\beta_{32}N_3(t-1)N_2(t-1) \end{aligned} \tag{14-34}$$

通过将上述共生关系代入 MCGP 模型，得到多维 Lotka-Volterra MCGP 模型，如下所示：

目标方程：$\min \sum_{i=1}^{n}(d_i^+ + d_i^-) + \sum_{i=1}^{n}(e_i^+ + e_i^-)$

约束条件：
$$\begin{cases} g_i = f_i(x) + d_i^- - d_i^+, \quad i = 1,2,\cdots,n \\ x \in X, X = \{x_1, x_2, \cdots, x_m\} \\ X \in F, F\text{是解的可行集} \\ g_{i,\max} = g_i + e_i^- - e_i^+, \quad i = 1,2,\cdots,n \\ g_{i,\min} \leqslant g_i, g_i \leqslant g_{i,\max}, \quad i = 1,2,\cdots,n \\ e_i^+, e_i^-, d_i^+, d_i^- \geqslant 0, \quad i = 1,2,\cdots,n \\ N_1(t) = 0.963N_1(t\text{-}1) - 0.000042\beta_{13}N_1(t\text{-}1)N_3(t\text{-}1) \\ N_2(t) = 0.802N_2(t\text{-}1) + 0.001596N_2^2(t\text{-}1) - 0.000231\beta_{21}N_2(t\text{-}1)N_1(t\text{-}1) - \\ \qquad 0.000226\beta_{23}N_2(t\text{-}1)N_3(t\text{-}1) \\ N_3(t) = 1.158N_3(t\text{-}1) + 0.001274\beta_{32}N_3(t\text{-}1)N_2(t\text{-}1) \\ -1 < \beta_{ij} < 1, \quad i = 1,2,3, \quad j = 1,2,3 \\ \sum g_i = K, K\text{是市场容量} \end{cases} \tag{14–35}$$

使用 LINGO 软件解决上式的优化问题。共生模型的 β_{ij} 值优化结果如表 14–18 所示。

表 14–18　汽车制造群落三种群平衡生长的共生关系模拟

创新池 / 亿元	600	700	800	900	1000	1200	1400	1600	1800	2000	2200
G_1	290	290	330	330	480	600	600	600	600	600	600
G_2	190	190	280	280	350	370	370	370	370	370	370
G_3	120	220	190	290	170	230	430	630	830	1030	1230
β_{13}	0	0	0	0	0	0.024	0	0	0	0	0
β_{21}	0	0	0	0	0	0.024	0	0	0	0	0
β_{23}	0	0	0	0	0	0.020	0	0	0	0	0
β_{32}	1	1	1	1	1	0.858	1	1	1	1	1

观察表 14–18 可以发现，汽车制造关联种群之间的共生关系表现为显著的“偏态共生关系”。在动态模拟过程中，随着创新共享池规模的扩大，互动影响系数的值在不断改变。但是，发生变化的共生系数始终集中在少数关系上，这说明系统中存在关键共生反馈路径。这些主要反馈路径控制了整个系统发展的方向。但是，在现实社会的创新生态系统中的资源未必能够支持主要反馈回路上的种群发展。偏态分布难以支持协同性发展，优化模型重新回到“全种群共生关系模型”，全状态模型如下所示：

$$\begin{cases} N_1(t)=0.963N_1(t\text{-}1)+0.000043N_1^2(t\text{-}1)\text{-}0.000298\beta_{12}N_1(t\text{-}1)N_2(t\text{-}1)- \\ \qquad 0.000042\beta_{13}N_1(t\text{-}1)N_3(t\text{-}1) \\ N_2(t)=0.802N_2(t\text{-}1)+0.001596N_2^2(t\text{-}1)\text{-}0.000231\beta_{21}N_2(t\text{-}1)N_1(t\text{-}1)- \\ \qquad 0.000226\beta_{23}N_2(t\text{-}1)N_3(t\text{-}1) \\ N_3(t)=1.158N_3(t\text{-}1)-0.000180N_3^2(t\text{-}1)+0.000184\beta_{31}N_3(t\text{-}1)N_1(t\text{-}1)+ \\ \qquad 0.001274\beta_{32}N_3(t\text{-}1)N_2(t\text{-}1) \end{cases} \tag{14-36}$$

通过将上述共生关系代入 MCGP 模型，得到以下结果：

目标方程：$\min\sum_{i=1}^{n}(d_i^++d_i^-)+\sum_{i=1}^{n}(e_i^++e_i^-)$

约束条件：
$$\begin{cases} g_i=f_i(x)+d_i^--d_i^+,\quad i=1,2,\cdots,n \\ x\in X, X=\{x_1,x_2,\cdots,x_m\} \\ X\in F, F\text{是解的可行集} \\ g_{i,\max}=g_i+e_i^--e_i^+,\quad i=1,2,\cdots,n \\ g_{i,\min}\leqslant g_i, g_i\leqslant g_{i,\max},\quad i=1,2,\cdots,n \\ e_i^+,e_i^-,d_i^+,d_i^-\geqslant 0,\quad i=1,2,\cdots,n \\ N_1(t)=0.963N_1(t\text{-}1)+0.000043N_1^2(t\text{-}1)\text{-}0.000298\beta_{12}N_1(t\text{-}1)N_2(t\text{-}1)- \\ \qquad 0.000042\beta_{13}N_1(t\text{-}1)N_3(t\text{-}1) \\ N_2(t)=0.802N_2(t\text{-}1)+0.001596N_2^2(t\text{-}1)\text{-}0.000231\beta_{21}N_2(t\text{-}1)N_1(t\text{-}1)- \\ \qquad 0.000226\beta_{23}N_2(t\text{-}1)N_3(t\text{-}1) \\ N_3(t)=1.158N_3(t\text{-}1)-0.00018N_3^2(t\text{-}1)+0.000184\beta_{31}N_3(t\text{-}1)N_1(t\text{-}1)+ \\ \qquad 0.001274\beta_{32}N_3(t\text{-}1)N_2(t\text{-}1) \\ -1<\beta_{ij}<1,\quad i=1,2,3,\quad j=1,2,3 \\ \sum g_i=K, K\text{是市场容量} \end{cases} \tag{14-37}$$

三种群平衡生长的共生关系模拟如表 14-19 所示。

表 14-19　三种群平衡生长的共生关系模拟（一）

创新池 / 亿元	600	700	800	900	1000	1200	1400	1600	1800	2000	2200
G_1	290	290	333	330	480	600	600	600	600	600	600
G_2	190	190	280	280	350	370	370	370	370	660	822
G_3	120	220	187	290	170	230	430	630	830	740	778
β_{12}	0	0	0.038	0	0	0	0.087	0	0	0	0
β_{13}	0	0	0.039	0	0	0	0.089	0	0	0	0
β_{21}	0	0	0.038	0	0.083	0	0.086	0	0	0	0
β_{23}	0	0	0.036	0	0.080	0	0.076	0	0	0	0
β_{31}	0.271	0.302	0.307	0.437	0.305	0.893	0.349	1	1	1	1
β_{32}	0.275	0.616	0.573	1	0.349	1	0.388	1	1	1	1

目前的系统最大的特点就是种群 1 和种群 2 的内禀增长率是一个负值。在进行优化路径模拟时，可以设定种群 1 和种群 2 能够达到一个微小的正的内禀增长率，则系统可以演化为以下新系统：

$$\begin{cases} N_1(t)=1.037N_1(t\text{-}1)\text{-}0.000043N_1^2(t\text{-}1)+0.000298\beta_{12}N_1(t\text{-}1)N_2(t\text{-}1)+ \\ \qquad 0.000042\beta_{13}N_1(t\text{-}1)N_3(t\text{-}1) \\ N_2(t)=1.198N_2(t\text{-}1)\text{-}0.001596N_2^2(t\text{-}1)+0.000231\beta_{21}N_2(t\text{-}1)N_1(t\text{-}1)+ \\ \qquad 0.000226\beta_{23}N_2(t\text{-}1)N_3(t\text{-}1) \\ N_3(t)=1.158N_3(t\text{-}1)\text{-}0.00018N_3^2(t\text{-}1)+0.000184\beta_{31}N_3(t\text{-}1)N_1(t\text{-}1)+ \\ \qquad 0.001274\beta_{32}N_3(t\text{-}1)N_2(t\text{-}1) \end{cases} \tag{14-38}$$

这个虚拟系统中将内禀增长率从 –0.037 和 –0.198 调整为正值，其他相关系数也从全面合作的角度进行调整。

如表 14–20 所示，随着市场规模的扩大，需要更多的种群合作行为。合作行为是全面的，合作强度宜相似，而不是越大越好。企业种群间的合作强度应接近均衡。

表 14–20　三种群平衡生长的共生关系模拟（二）

创新池 / 亿元	600	700	800	900	1000	1200	1400	1600	1800	2000	2200
G_1	290	290	360	460	471	690	890	600	1290	1490	1562
G_2	200	190	280	280	280	370	370	370	370	370	370
G_3	110	220	160	160	249	140	140	630	140	140	268
β_{12}	0.973	1	0	0	0.149	0	0	0	0	0	0
β_{13}	1	1	0	0	1	0	0	0	0	0	0
β_{21}	0.014	1	1	1	1	1	1	1	1	1	1
β_{23}	1	1	1	1	1	1	1	1	1	1	1
β_{31}	0.011	0.254	0	0	0	0	0	0	0	0	0
β_{32}	0.011	0	0	0	0	0	0	0	0	0	0

本小节以三个汽车制造相关产业种群构成的汽车制造企业群落为研究样本，从三种群的均衡发展和三种群的竞争演化两个方面对共生系统进行了实证分析。三种群共生均衡状态下的优化表明，三个汽车相关产业种群的增长存在均衡互惠的可能。实证分析充分说明了这一研究范式的可行性。演化分析表明，合作行为优于竞争策略，全面合作是三种群共生系统的理想状态。

第四节 本章小结

任何自然、社会经济生态系统的发展都会受到自身成长能力和资源环境的制约，因此生态系统的演化过程是有限的、有规律的。绝大多数行业会遵循周期规律，并将经历从诞生到增长到成熟再到衰退的过程。同样，种群的发展也不应是无限的。由于种群自身和外部条件的限制，存在增长受限的问题。创新企业种群动力学模型主要关注种群变化机制，其变化规律基于生物种群数量的非线性增长规律。自然界中许多物种是非线性增长的，种群非线性增长现象也很普遍。在一定区域的市场环境、创新政策和发展资源的影响下，企业种群和群落可能会发生快速变化。

本章从企业创新主体视角，利用 logistic 模型和 Lotka-Volterra 模型对企业成长的内禀驱动机制、市场共享驱动机制、企业创新能力成长机制进行了实证检验。研究发现：汽车制造企业的创新能力成长模式丰富多彩，市场共享驱动企业成长是主导模式。汽车制造企业的发展主要依赖于市场规模的扩大，这得益于中国经济的持续增长和市场需求的扩大。部分汽车制造企业在创新能力发展、创新驱动模式和共享式创新驱动模式方面表现出色，这些企业在行业内具有引领作用。部分企业面临来自企业种群的外部竞争压力，这些企业需要强化内功，保持内禀增长能力，同时积极利用外部创新和市场资源，转变成长模式。

本章从群落内部种群之间共生关系视角分析汽车制造企业共享式创新发展的模式。研究中将研究样本分为汽车制造和信息技术与汽车制造两个群落，每个群落由三个紧密联系的种群构成。其中，汽车制造群落呈现出偏态分布的特征，种群间关系是不对称的。信息技术与汽车制造群落创新驱动生态系统是一个相对均衡发展的共生系统。通过 Lotka-Volterra MCGP 优化模型来模拟系统演化和优化路径及其系统特征。模拟结果说明平衡系统在共享发展模式上优于偏态系统。本章提出的多维种群动力学及其衍生模型的稳健性将通过第十五章的实证案例解析加以验证。

现有研究通常使用单一的 MCGP 模型来分析创新种群的共生关系，而且更加关注创新种群规模的优化。本章将 Lotka-Volterra 和 MCGP 相结合，构建了一个多选择模型，并基于优化结果进行了群落协同评价。该方法集成和扩展了两种模型的应用领域，更适用于解决实际问题。企业种群的共生关系是创新生态系统研究中的一个热点主题。创新生态系统的研究主要从资源约束和生态机构两个角度进行。与这些研究相比较，本书不仅研究了种群共生关系，还研究了群落共生关系。本章的研究拓展了社会经济生态系统的理论研究和实践研究领域。

本章研究了汽车制造企业群落内部种群之间的共生机制及其共生演化规律。经典的 Lotka-Volterra 模型主要是二维构型。二维形式限制了 Lotka-Volterra 模型的应用场景。本章的研究目标是建立一个可行的三种群均衡模型来分析汽车制造企业群落内部种群之间的共生机制。为了将 Lotka-Volterra 模型扩展到实证分析，本章在三维 Lotka-Volterra 模型的基础上，提出了一个汽车制造企业群落共生模型。在模型动态模拟过程中，汽车制造关联种群之间的共生关系表现为显著的“偏态共生关系”。偏态分布难以支持协同性发展，本章重新构建了“全种群共生关系”优化模型。三种群均衡状态下的共生优化表明，三个汽车制造产业种群的增长存在均衡互惠的可能性。实证分析充分说明了这一研究范式的可行性。共生系统演化分析表明，合作行为优于竞争策略。本章提出的研究范式可以比较好地分析企业群落的共生机制。

第十五章　新能源汽车产业激励政策分析

工业 4.0 承诺通过技术整合网络世界和物理世界，实现第四次工业革命。一些人认为，应该不断利用公共资源来支持新兴产业的发展。新兴产业总是面临重大挑战，需要保护其免受更成熟产业的竞争优势的影响。自动驾驶汽车技术的商业化还有很长的监管之旅。与传统汽车行业相比，新能源汽车行业具有良好的正外部性。新能源汽车行业是中国的战略性新兴产业之一，迫切需要政府的支持和引导。

第一节　产业政策

一、产业发展背景

人们已经认识到，使用新能源汽车是降低碳排放的一种有效的替代方案。与传统燃油汽车相比，新能源汽车带来了巨大的社会效益和环境效益，包括减少温室气体和其他有害气体排放，提高能源安全，促进新技术的采用等。然而，将新能源汽车商业化将是一项艰巨的任务。中国、美国、荷兰和日本等国的经验表明，新能源汽车的推广受价格、充电设施、电池更新成本、汽车性能和可靠性等因素影响。

新能源汽车不仅带来绿色、可持续的技术创新，而且对节约能源和保护环境具有重要意义。各国政府制订了补贴和激励计划，以刺激新能源汽车的消费。例如，日本政府和德国政府发布了新能源汽车用户免费充电政策；挪威政府补贴公共和私人充电基础设施的建设；美国政府为新能源汽车使用者提供财政补贴和所得税抵免等优惠政策；荷兰政府加大对新能源汽车技术的投资，以促进新能源汽车的发展。

自 2009 年以来，中国采取了各种措施以加快新能源汽车产业化。各级政府都为新能源汽车的发展提供资金支持。国家通过财政补贴来补偿购买新能源汽车的部分成本，而地方政府的财政激励不仅涵盖新能源汽车的购买成本和制造成本，还侧重于基础设施建设和电池回收。通常，新能源汽车获得的单位补贴金额取决于电池技术水平、车型和续航里程。这些政策通常分为如下三个领域：

（1）供应方。为制造业提供必要的支持，包括基础设施投资、财政援助、人力培训和技术补贴。

（2）需求端。满足产品消费者和零售商的市场需求，提供优惠使用规则、政府采购及直接税和费用减免。

（3）环境方面。创造优惠环境，促进新能源汽车的使用、回收和再制造，并完善相关法律法规。

在国家和地方政府政策的大力支持下，中国新能源汽车行业一直处于快速增长阶段。考虑到新能源汽车具有创新技术的性质，消费者对新能源汽车和燃油汽车有不同的认知、态度与购买意愿。初始阶段的创新通常会产生更高的技术风险，这会带来许多与功能和质量相关的变化。由于新能源汽车代表了一种与燃油汽车完全不同的新产品，它们会导致市场的波动和技术的不确定性。与燃油汽车相比，新能源汽车的不确定性更大，这种不确定性阻碍了个人购买新能源汽车的行为。尽管政府大力支持新能源汽车产业的发展，但在提高新能源汽车的普及率方面仍然存在低效现象。消费者对新能源汽车的购买热情有待提高。

二、产业政策影响

为了缓解产品与市场的波动性和消除供需双方的疑虑，政府先后从生产、采购与使用、售后服务三个方面对新能源汽车的激励政策进行调整。然而，在分析政府政策在新能源汽车购置与回收的整体作用的研究中，很少有人将政府政策分为三个子类，并分别探讨包括生产政策、购买 / 使用政策和回收政策在内的政策组合对消费者购买意愿的影响。为此，本章的研究试图缩小这一差距，从而帮助决策者更好、更全面地了解每个子类政策在提高新能源汽车消费方面的作用，并提供政策组合指南，旨在从产品生命周期政策的角度减少创新和购买的不确定性。

目前，我国关于新能源汽车的产业政策是有效的。产业政策有效地促进了中国新能源汽车技术的进步。在一系列国家政策的支持下，中国新能源汽车专利数大幅上升。这也证明了利用产业政策促进新能源汽车发展是可行的。根据本章研究的分析结果，中国的新能源汽车产业政策是有效的。

研发、财税、科技成果转化等核心创新激励政策对新能源汽车专利数量的增长和技术进步水平有很大影响。产业政策已成为支持中国新能源汽车产业发展的有效手段。如今，中国的产业政策应侧重于未来产业能力的部署，以及支持新能源汽车的技术发展，以建立比较优势，增强中国新兴新能源汽车产业的竞争力。

同时，我国新能源汽车产业政策应进一步加强。中国新能源汽车产业是中国应对气候变化及相关问题的绿色能源政策革命的重要分支，在强有力的政策干预和培育下得以生存。中国发展新能源汽车市场的政策表明，在新能源汽车行业的起步阶段，政府的大力干预是必要的，也是成功的。政策权力对其运作强度具有显著的阈值效应，有必要制定高强度的政策来促进新能源汽车领域的技术创新。

应进一步实施关于新能源汽车的研发、财税和科技中介机构的核心政策，以促进技术进步。未来的新能源汽车政策制定需要根据产业链不同环节的情况调整政策措施。中国的新能源汽车产业政策应构建一个新的产业政策运作框架，在这个框架中，政府、市场和企业研发部门可以在一个政策体系中进行合作，以促进新能源汽车产业的创新发展。中国的新能源汽车产业政策有效地支持了本土新能源汽车产业的部署。然而，为了成为新能源汽车技术的全球领导者，中国政府应进一步加强促进新能源汽车发展的产业政策，以提高技术水平和环境保护力度。在未来的研究中，可以用更多的指标来衡量中国新能源汽车的技术水平。为了改善这种情况，需要收集更多的数据，如调查同新能源汽车企业经营状况有关的详细信息。

第二节　新能源汽车产业政策感知

在现有新能源汽车消费研究的基础上，本章建立了一个政策感知—内涵框架，将消费者感知和产品生命周期政策组合纳入其中，全面考察新能源汽车选用意愿的前因。本章还使用技术接受模型考虑了感知的易用性和感知的有用性，因为技术接受模型是一种流行的决策理论，可以基于技术属性解释消费者行为。本章从三个方面进行探讨：一是从产品生命周期的角度评估消费者选用新能源汽车的政策含义；二是与以往研究政府政策的整体不同，本章分别研究了政策组合对感知易用性和感知有用性的影响；三是确定三类政策在提高消费者购买意愿方面的差异。

一、概念框架

技术接受模型（technology acceptance model, TAM）是技术采用研究中最流行的模型，该模型被广泛采用。技术接受模型调查了消费者的意图与两个关键因素之间的因果关系，这两个因素包括感知的易用性和感知的有用性。在目前的研究中，新能源汽车是新兴的高科技产品，消费者在决定购买新能源汽车之前，可能会考虑新能源汽车的易用性和有用性。

先前的研究引入了技术接受模型来调查消费者对新技术的感知和意图的前因，并表明技术接受模型可以识别影响用户采用技术意图的因素。然而，仅利用感知的易用性和感知的有用性来评估消费者的态度和行为意图是不够的，因此可以通过添加其他因素来提高分析模型的解释力。考虑到新技术的商业化与开发初期的政府政策密切相关，因此政府政策是消费者对新技术认知的重要前提。

作为一种新兴产品，新能源汽车处于不成熟阶段，为此，政府制定了一系列政策来促进新能源汽车的发展。此外，不同时期发布的政策有不同的目的，其中一些侧重于新能源汽车的生产，一些可能关注购买与使用，另一些则强调售后服务，如回收和再制造。从社会心理学角度来看，这些不同的政策可能在消费者感知的易用性和感知的有用性方面产生不同的作用。

在研究框架中，产品生命周期政策组合为新能源汽车消费者在技术接受模型下的决策提供一个环境，其中感知的易用性和感知的有用性表征了消费者的心理，而新能源汽车购买意愿则刻画了人们在政策组合场景下的行为。因此，产品生命周期政策组合可以从感知的易用性 / 有用性中产生个人的积极态度。这种积极影响进一步增强了人们对新能源汽车的购买意愿。

二、技术接受模型

技术接受模型是预测和解释潜在用户使用意向中技术接受的成熟理论，有两个基本决定因素，一个是感知有用性，另一个是感知易用性。感知有用性指的是一个人相信使用特定的系统会提高其工作表现并有助于实现有价值的目标的程度。经济效益是新能源汽车消费者最重要的购买因素之一。从消费者的角度来看，新能源汽车的使用成本低于燃油汽车。例如，除了政府为消费者购买新能源汽车提供的补贴外，新能源汽车消费者还享有各种各样的使用成本减免，包括保险费、购置税和车船费。从社会角度来看，新能源汽车不仅是环保型交通工具领域的技术创新，更是一种节能的汽车。新能源汽车可以为社会发展带来巨大的好处，如减少废气排放和控制环境污染等，从而使每个人都受益。从这个意义上说，消费者从新能源汽车中感知到的有用性越大，他们就越有可能购买新能源汽车。

根据需求层次理论，每个人都有几乎相同、不可改变的需求，如食物、睡眠和社会接受。这种需求可以根据一个人所处的情况以不同的方式表达。当有衣服保暖、有住所居住、有食物避免饥饿等基本需求得到满足时，人们会追求高层次的需求，如自我发展需求和自尊需求，这些需求通常会从心理角度进行评估，而不是像满足基本需求那样简单地从金钱角度进行评估。为此，基于自我验证理论，为了给受尊重的群体贴上社会知名度和地位的标签，人们倾向于购买具有象征属性的产品。对于那些希望将社会地位和声誉作为其自我身份的一部分来表现亲和力的消费者来说，新能源汽车将成为一种象征性产品，因为新能源汽车被视为一种颠覆性的绿色创新，包含新兴的无人驾驶和智能技术。这样一种具有象征性的产品可以与马斯洛作为社会身份的等级制度中的个人尊重需求相匹配，从而促使消费者采用这种独特而新颖的产品。因此，当潜在消费者有更大的尊重需求并愿意购买新能源汽车时，无论新能源汽车的价格有多高，当消费者认为新能源汽车优于现有的绿色产品时，便值得一试。因此，尊重需求是影响人们购买新能源汽车意愿的一个关键因素。

感知到的易用性意味着一个人认为使用特定系统是免费的。新能源汽车的性能和基础设施与感知的易用性有关。性能是产品能为用户提供什么的总和或任何方面。制造商利用产品的性能来识别产品特征，并使用户拥有一套功能。性能可能很容易识别，也可能不容易识别。在新能源汽车产品的背景下，消费者对新能源汽车性能的了解有限，因为相对于燃油汽车，新能源汽车是新兴的，尤其是新能源汽车的动力系统是电池，与燃料驱动的燃油汽车截然不同。尽管新能源汽车具有使用成本低、易于使用和维护方便的特点，但在续航里程和安全问题上存在明显的缺陷，这仍然困扰着新能源汽车的用户和制造商。消费者一旦意识到新产品性能方面的高风险，就很可能不再使用新能源汽车。因此，功能性和可用性是影响新能源汽车购买意愿的关键因素。

基础设施主要是指新能源汽车充电的便利程度，这与新能源汽车公共充电站、私人充电桩等充电设施的数量和规模密切相关。充电基础设施的可用性影响新能源汽车的驾驶体验。需要强调的是，缺乏支持性基础设施将在一定程度上阻碍潜在消费者购买新能源汽车。由于加油站数量庞大，燃油汽车相对于新能源汽车具有竞争优势。此外，在工作场所或家中拥有充电设施是使用新能源汽车的重要决定因素。尤其是在家充电，它不仅方便，而且像家用电器一样易于使用。

第三节　市场技术接受的前提条件

为了提高新能源汽车的市场渗透率，各国政府颁布了一系列政策，指导汽车制造商制定生产战略，帮助客户改变新能源汽车消费行为。这些政策涵盖了新能源汽车供应链的每一个环节，从制造环节到购买/使用，再到电池回收。值得注意的是，有些政策已经过时，然后被新政策取代，而另一些政策可能是新制定的，以缩小政策差距。政府出台这些政策的目的是促进新能源汽车的发展，营造一个良好的环境，让消费者愿意购买新能源汽车。因此，我们从产品生命周期的角度将这些政策分为三个子类，即生产政策、购买与使用政策和回收政策，并提出这些子类政策是技术接受模型在消费者新能源汽车购买意愿设定中的前提。

一、新能源汽车生产政策

新能源汽车产业的发展在很大程度上依赖于政府在婴儿期的政策支持。当然，新能源汽车生产作为新能源汽车产业的重要组成部分，也需要为其提供相应的帮助。在新能源汽车生产方面，中国政府制定了税收减免或免税政策，以减轻新能源汽车制造商的负担。此外，在技术突破和创新方面，中国政府为新能源汽车生产部门提供了大量补贴。目前，最有影响力的制造业政策是“双积分”政策，即《乘用车企业平均燃料消耗量与新能源汽车积分并行管理办法》，该政策自2018年4月1日起生效。

“双积分”政策对汽车制造商的燃料消耗积分和新能源汽车积分进行平行管理，要求燃油汽车制造商在获准生产之前必须满足两个条件：一是燃油汽车的输出需要相应的新能源汽车得分；二是燃油汽车的实际燃料消耗量必须低于政府的阈值。为了获得必需的新能源汽车信贷，燃油汽车的制造商有两种选择，即自主生产新能源汽车和从新能源汽车公司购买信贷。从上述实践中可以看出，“双积分”政策明显抑制了低质量燃油汽车的生产，鼓励了新能源汽车的生产。这意味着燃油汽车的制造，尤其是质量较低的燃油汽车，需要更多的新能源汽车积分，从而导致与新能源汽车相比，燃油汽车的生产成本增加。

此外，“双积分”政策具有丰富的内涵，包括发展最先进的技术，如自动驾驶、语音识别和人工智能，因为新能源汽车与这些复杂的技术密切相关，这些技术是相对于燃油汽车而言独特的新能源汽车属性。因此，生产政策也表明，新能源汽车对消费者来说是一种激进的创新，这使消费者将新能源汽车视为一种身份象征。在这方面，“双积分”政策可能会影响新能源汽车制造商对研发部门的投资，从而刺激新能源汽车的销售。此外，为了普及新能源汽车，尽管对新能源汽车制造商的补贴金额每年都在下降，但保留了对充电基础设施建设的补贴。

二、新能源汽车购买与使用政策

新能源汽车购买与使用政策涉及车船税豁免、保险费豁免、购买补贴、取消驾驶限制、道路通行费豁免及停车费豁免等广泛领域，旨在鼓励人们对新能源汽车的购买 / 使用。相反，上海和北京等大城市推出了严格的政策，通过车牌摇号和车牌拍卖来规范燃油汽车的购买，这些政策对新能源汽车的传播具有典型的积极影响。其他城市也通过实施单双号号牌政策，规定燃油汽车在雾霾天气等特定情况下不得上路，但这些政策和规定并不适用于新能源汽车。此外，一些政策甚至为新能源汽车提供了在公交专用道上行驶或拥有自己专用停车场的特权，这让新能源汽车驾驶员感到更方便。由于使用成本较低，所有这些和新能源汽车购买 / 使用相关的政策都直接惠及新能源汽车消费者。

还有一些交通政策起到了非经济激励的作用，吸引了大量潜在消费者。与严格限制下驾驶燃油汽车截然不同的是，拥有新能源汽车意味着消费者的旅行体验得到了极大的改善，从而降低了个人拥有燃油汽车的内在需求，导致消费者愿意购买新能源汽车而不是燃油汽车。此外，尽管新能源汽车零售商不像新能源汽车制造商那样参与基础设施建设，但他们可以自由地为消费者提供充电桩，以吸引消费者购买，因为充电桩是一种紧凑的家用充电设备，极大地缓解了潜在消费者的充电焦虑。

三、新能源汽车回收政策

自从新能源汽车进入市场以来，回收问题正成为新能源汽车行业的一个关键问题，中国政府已经出台了与新能源汽车回收直接相关的政策，要求对新能源汽车在生产、使用、储存和运输过程中产生的报废动力电池进行回收和妥善处理。汽车技术研究中心的报告显示，到 2025 年，废弃的新能源电池总量预计将达到约 78 万吨。为了有效、高效地处理当前存在的问题，工业和信息化部在 2018 年通过建立回收渠道，强化了新能源汽车制造商必须充分承担回收报废电池义务的规定。这是中国首次提出新能源汽车废旧电池回收利用的问题。新能源汽车报废动力电池的回收利用是新能源汽车行业的一个关键问题，不仅是环境问题，而且明显影响了新能源汽车的感知价值，因为对新能源汽车废旧电池的适当处理是回收新能源车的关键。对使用过的新能源汽车电池处理不当肯定会造成严重的环境污染和碳排放。

开发有效的回收方法，从废旧电池中回收所有有价值的部件是非常必要的。有两种可行的方法来处理废旧电池，即梯度或梯次利用和再制造。无论采用哪种方法，回收都会让消费者有更好的体验。许多研究从经济性能的角度对新能源汽车的废旧电池进行了调查，发现报废新能源汽车的管理在当前和未来都具有巨大的回收潜力。此外，回收政策可以提高消费者的环保意识，因为有自尊需求的人比普通人更关心环境问题，这意味着那些倾向于追求被尊重的人更有可能给自己贴上环保主义者的标签。此外，从产品生命周期的角度来看，回收是从制造到处置的整个过程的一部分，良好的回收政策可以促进新能源汽车在易于充电和易于拆卸方面的性能升级。

第四节　感知有用性与激励政策

一、感知有用性

感知有用性是消费者购买新能源汽车意愿的前因。其中，经济利益对消费者购买新能源汽车的意愿有正向影响，消费者愿意在经济激励下购买新能源汽车。自尊需求是个人对新能源汽车购买意愿的可靠预测因素，这意味着自尊需求较高的消费者更倾向于购买新能源汽车。研究表明，增强消费者的经济利益和自尊需求可以增强他们的感知有用性，从而提升消费者对新能源汽车的购买意愿。

关于感知的易用性，新能源汽车的性能和基础设施都是人们购买新能源汽车的前因。前者得到了先前研究的支持，即新能源汽车的性能是消费者购车意愿的强大驱动力。相反，人们认为，对新能源汽车性能持高度怀疑态度的消费者会拒绝购买新能源汽车。这表明，随着新能源汽车性能的提高，新能源汽车的市场扩张是可以实现的。此外，后者的效果也得到了先前研究的验证。充电基础设施的可用性对普及新能源汽车至关重要。同时，基础设施对新能源汽车购买意愿的正向影响超过了新能源汽车性能。结论表明，消费者在决定购买新能源汽车时，优先考虑充电方便性因素，而不是新能源汽车的性能因素。这意味着充电基础设施的建设迫切需要促进新能源汽车在婴儿阶段的普及。

二、激励政策

政策组合对消费者感知到的有用性和易用性有显著影响。就感知有用性而言，生产政策和回收政策是经济效益的前提，而购买与使用政策则不是。生产政策、购买政策与使用政策和回收政策对尊重需求产生积极影响。当消费者做出购买决策时，与新能源汽车相关的三个子类政策在个人感知中发挥着不同的作用。在政府政策组合的背景下，结果与先前关于生产政策的研究一致。研究人员认为，与制造业相关的补贴政策可以提高消费者的经济利益和自尊需求。然而，购买政策与使用政策对经济效益的影响并不显著，这与之前的研究不一致。与生产政策和回收政策相比，消费者更直接地受购买政策与使用政策的影响。就易用性而言，购买政策与使用政策和生产政策是基础设施的前提。回收政策是新能源汽车绩效的先行因素，而生产政策对新能源汽车性能的影响并不显著。这一结论与先前的研究一致，即扩大新能源汽车的生产规模和市场规模可以加强基础设施的建设，生产激励可以促进新能源汽车技术的改进。结果表明，健全的生产政策、购买政策与使用政策是促进基础设施建设有效和有用的工具。同时，应进一步修订与电池相关的回收政策，以促进新能源汽车电池功能和质量的提升。

生产政策对财政效益的显著正向影响大于基础设施，回收政策对新能源汽车绩效的正向影响大于财政效益。研究表明，相对于基础设施，生产政策在感知财务效益方面发挥着关键作用，回收政策也有助于消费者更容易感知新能源汽车的性能，而不是财务效益，以往的研究部分支持了这一结果。同时，购买政策与使用政策对基础设施具有显著的积极影响，这意味着该政策支持新能源汽车充电基础设施的建设。相反，购买政策与使用政策对经济效益的影响很小，这表明经济激励对促进新能源汽车的购置作用有限。这些发现是对先前研究的补充，即随着“双积分”政策的实施，激励补贴不会进一步促进新能源汽车的发展。

感知的易用性和感知的有用性是政府政策组合和新能源汽车购买意愿之间的中介。具体而言，生产政策确实通过经济利益、尊重需求和基础设施的中介作用对新能源汽车购买意愿产生了显著的正向影响。基础设施在购买与使用政策和新能源汽车购买意愿之间发挥着中介作用。与上述两个子类政策相比，财务效益没有显著的中介作用。回收政策通过财务效益的中介因素对新能源汽车购买意愿的间接影响显著正向。

三、政策启发

第一，政府应有一个整体的观点来发布不同的子类政策，并有效地构成政策组合。这是因为不同的子类策略在消费者的感知中具有独特和不同的作用。

第二，考虑到具有三个子类政策的政策组合，尊重需求、新能源汽车绩效和基础设施对人们的新能源汽车购买意愿有积极影响。因此，政府应采取策略，增强消费者对新能源汽车有用性和易用性的认知。例如，汽车制造商可以通过广告宣传驾驶新能源汽车的象征意义，政府应鼓励更多的社会资本投资于基础设施的扩建，以消除消费者的充电焦虑。

第三，政府应完善现有的新能源汽车回收政策，特别是废旧电池回收政策，并将回收政策纳入其他子类，以产生一揽子政策。这样做的目的是让消费者充分感知新能源汽车的价值。另外，政府应加强实施基于市场的“双积分”政策，汽车制造商应加快新能源汽车技术的升级和改进，从而扭转生产政策主要关注新能源汽车生产规模，而忽视其质量和功能的现状。

第四，由于生产政策、购买政策与使用政策、回收政策是尊重需求的前提，同时生产政策和购买政策与使用策略对基础设施产生积极影响。因此，政府应在不同的政策类别中强调或传播新能源汽车的独特性质，以吸引消费者的注意。例如，生产政策中可以强调自动驾驶和物联网技术，购买政策与使用政策中可以突出公共停车场的免费或折扣费用，回收政策中可以明确报销废旧电池的处置或交易费用。此外，生产政策和回收政策都应包括充电基础设施建设的内容，如充电基础设施的功能可以从单纯的充电扩展到电池更换，甚至可以扩展到回收废旧电池。

第五，鉴于生产政策和回收政策是财政效益的前提，而购买政策与使用政策不是重要的影响因素，政府应放慢缩减消费者购买新能源汽车补贴的步伐，从而缩小以前的补贴政策和现在的补贴政策之间的感知效益差距，否则，由于感知到的经济效益急剧下降，这将抑制消费者购买新能源汽车的意愿。

第五节　新能源汽车产业政策案例分析

一、新能源汽车产业政策——以深圳市为例

深圳市是国家新能源汽车产业发展的先行试点城市，深圳市的新能源汽车产业发展从无到有、从小到大、从弱到强，已经发展成为新能源领域的优势城市。深圳市的新能源汽车产业政策有许多可供参考之处，本小节以深圳

市的新能源汽车产业政策为例说明有效的新能源汽车产业政策特点。

一方面，深圳市政府注重新能源汽车产业政策的顶层设计。深圳市在2009年制定了《深圳新能源产业振兴发展规划（2009—2015年）》，有效推动了深圳市新能源汽车产业的发展。在充足的资金和技术支持下，深圳市新能源汽车产业发展在核心技术突破和市场化发展方面均取得了突飞猛进的成果。2016年深圳市制定《〈中国制造2025〉深圳行动计划》，重点关注新能源汽车产业的体系化发展。2021年深圳市颁布《深圳市新能源汽车推广应用工作方案（2021—2025年）》，为新能源汽车在生产和生活中的广泛应用提供了基础设施配套建设的发展目标与规划。2023年深圳市颁布《深圳市加快打造"新一代世界一流汽车城"三年行动计划（2023—2025年）》，将新能源汽车产业设定为未来经济与社会发展的支柱产业。

另一方面，深圳市为支持新能源汽车产业发展提供了财税和金融政策支持。例如，深圳市制定《深圳市新能源汽车推广应用扶持资金管理暂行办法》《深圳金融支持新能源汽车产业链高质量发展的意见》，重点支持城市充电设施建设、新能源公共交通车辆购置和新能源汽车金融服务。

二、产业政策下企业应对策略——以比亚迪为例

比亚迪掌握电池、电机、电控、车规级半导体等新能源汽车核心技术，是我国新能源汽车产业的领军企业。本小节考察比亚迪积极应对汽车产业面临的新变化，通过企业战略调整实现了新能源汽车市场份额快速提升的相关策略。

首先，比亚迪采取开放式创新合作策略，将核心技术拿出来进行共享合作。比亚迪发挥自身核心竞争力的产业化优势，在新能源汽车领域寻求利益最大化。在新能源汽车市场发展初期，新能源车企需要借助我国新能源汽车产业政策的支持，迅速扩大自身的市场份额。比亚迪的开放式创新合作策略有利于整个新能源汽车市场的发展壮大。

其次，比亚迪重点开发适应多元化市场需求的产品矩阵。比亚迪成功开发了纯电动汽车（如车型"唐""宋""元"）、插电式混合动力汽车（如车型"秦"）、燃料电池汽车的产品矩阵。比亚迪在新能源汽车领域持续推出了满足客户需要的多样化产品，在满足市场需要的同时实现了新能源产品的可持续发展。

最后，比亚迪专注于以技术创新支撑市场需求。在新能源汽车领域，核心技术是企业获取市场份额和利润的基础。比亚迪在生产电子产品电池时便开始了电池产品的基础研究，同时也积极开展与电池相关的材料和化学领域的研究，比亚迪在锂铁磷酸盐电池领域实现了领先优势。

第十六章　新能源汽车可持续发展战略

第一节　新能源汽车可持续发展思路

一、总体思路

目前，创新物种数量不足、创新活力不够、创新要素流动不畅、科技成果转化率不高等问题是新能源汽车可持续发展的主要短板，科技与市场脱节、科研导向与市场需求不匹配问题突出。完善新能源汽车可持续发展系统的总体思路就是要围绕产业链部署创新链，围绕创新链部署服务链。

新能源汽车可持续发展系统应发挥体制机制优势、民营经济优势和信息经济优势，从创新物种、创新资源和创新环境三大方面，围绕产业链部署创新链，围绕创新链部署服务链，加快提升新能源汽车可持续发展能力。

一方面，围绕产业链部署创新链，目的是解决科技与市场脱节、科研与市场需求不匹配的问题，针对产业链薄弱环节，加强科研攻关，加快对关键共性技术的突破；对一些具有战略性、前瞻性的新能源汽车重大科技项目，加快新能源汽车创新大平台的组建。

另一方面，围绕创新链部署服务链。针对创新链条，部署多层次资本体系、科技中介体系和创新公共服务体系。完善专业性交易市场，加快建设科技成果信息共享与发布平台、知识产权交易市场、技术交易市场和科技大市场，提高科技成果转化率。

二、战略地图

战略地图（strategy map）由罗伯特·卡普兰（Robert S. Kaplan）和戴维·诺

顿（David P. Norton）提出。他们是平衡计分卡的创始人，在对实行平衡计分卡的企业进行长期的指导和研究的过程中，两位大师发现，企业由于无法全面地描述战略，管理者之间及管理者与员工之间无法充分沟通，对战略无法达成共识。平衡计分卡只建立了一个战略框架，而缺乏对战略进行具体、系统、全面的描述。战略地图是在平衡计分卡的基础上发展而来的。与平衡计分卡相比，战略地图增加了两个层次的东西：一是颗粒层，每一个层面下都可以分解为很多要素；二是动态的层面，也就是说战略地图是动态的，可以结合战略规划过程来绘制。战略地图是以平衡计分卡的四个层面目标（财务层面、客户层面、内部层面、学习与增长层面）为核心，通过分析这四个层面目标的相互关系而绘制的企业战略因果关系图。本章的研究借鉴相关理论与实践，构建新能源汽车可持续发展战略地图。

新能源汽车可持续发展系统的优化过程可以通过一个战略地图来展示，如图 16-1 所示。

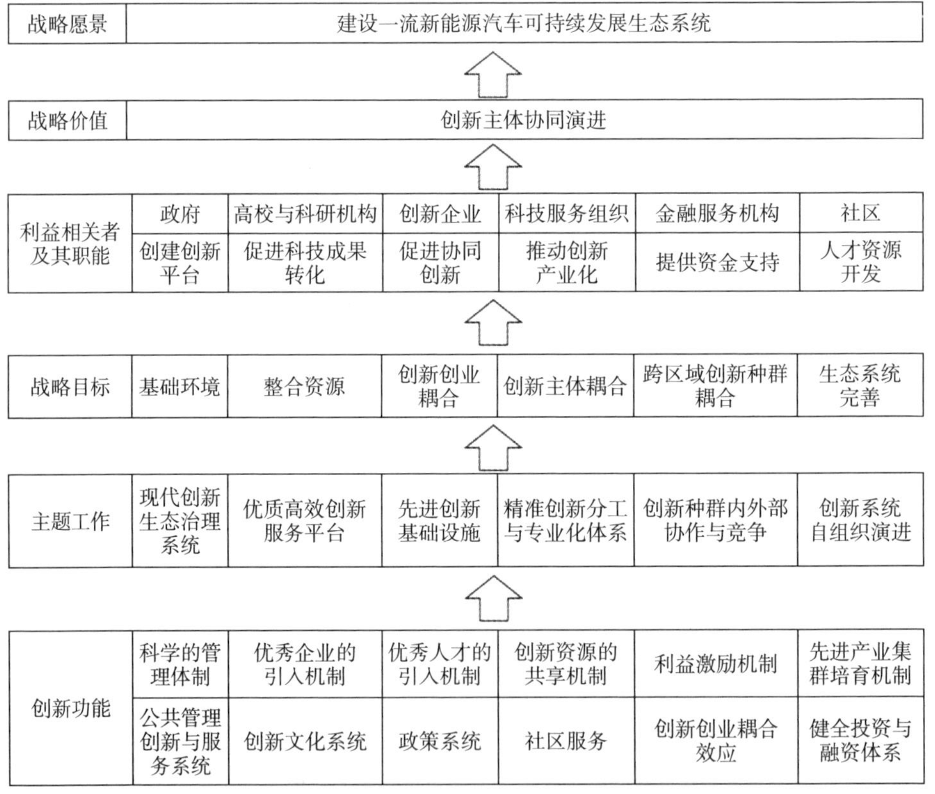

图 16-1　新能源汽车可持续发展战略地图

新能源汽车可持续发展战略地图中关于价值创造和创新管理的内容在很大程度上来源于价值链、产业链的思想。价值链理论中关于价值活动分解的原理在很大程度上为我们分析区域创新生态系统的战略路径提供了一种合适的思路。

第二节　新能源汽车可持续发展战略案例分析

一、一汽集团红旗新能源汽车发展战略

近年来，一汽集团红旗品牌开始开发新能源汽车产品，推出了纯电动运动多功能（SUV）车型。但是，一汽集团红旗品牌在新能源汽车发展上存在市场占有率低、产品线单薄等问题。在新能源汽车发展的外部环境总体良好的情况下，一汽红旗品牌并没有占得新能源汽车发展的先机。在传统燃油汽车领域，一汽集团有着显著的领先地位；但是在新能源汽车领域，一汽集团面临着比亚迪、特斯拉、蔚来、理想和小鹏等新能源汽车厂家的激烈竞争。

虽然未能在新能源汽车领域占得先机，一汽红旗仍然可以凭借其优势能力重塑新能源汽车市场地位。首先，一汽红旗品牌承载着中国人对汽车产业的特殊情怀，能够体现中国优秀汽车文化和传承。一汽红旗能够完美融合中国美学理念和现代科技创新。其次，一汽集团在汽车产品研制领域有着雄厚的实力。近年来，为了适应汽车产业时代发展的要求，一汽集团在新能源技术、自动驾驶、材料、智能与网络领域均进行了大量研发投入。再次，一汽集团有着规模庞大且优质的生产资源。一汽集团红旗品牌尤其重视智能化、数字化工厂的建设与运营。最后，一汽集团的销售能力在国内也是名列前茅的。

针对企业面对的内外部运营环境，一汽红旗在技术研发上适合采用一体化自主创新战略，在产品开发领域适宜采用多元化产品开发战略。一体化自主创新战略有利于一汽红旗充分利用现有的汽车技术，并且将汽车领域的专利技术和新能源领域的技术创新有效结合，使新能源汽车领域的综合竞争力得到提高。在新能源产品市场开发领域，一汽红旗应该抓住历史机遇，着力提高汽车品牌的消费者认可度和市场影响力。

二、北汽新能源汽车发展战略

北汽新能源在新能源汽车领域起步早，是国内新能源汽车市场的先行者，但是也存在一些限制发展的问题。北汽新能源的汽车产品主要集中在低端车型，中高端车型的市场占有率不高，产品开发与销售结构有待完善。北汽新

能源产品的动力来源比较单一，主要集中于纯电动车型，北汽新能源在混合动力车型领域有待改进。北汽新能源的品牌影响力有待提高，品牌影响力的提高有利于产品竞争力的提高。

北汽新能源在新能源汽车核心技术、车型和产品线等方面有着一定的优势。北汽新能源有着充沛的技术储备，如自主研发的“达尔文系统”能够实现车载人工智能系统的深度学习。北汽新能源的车型比较全面，涵盖了乘用车、客运车和货运车等类型。

基于北汽新能源的实际情况，其适合采用纵向一体化战略和市场焦点战略。实施纵向一体化战略有利于新能源汽车企业将电池、电机和电控技术整合起来，更好地降低整车生产成本，并保证产品质量。市场焦点战略有利于北汽新能源汽车扩大市场份额，如北汽新能源汽车在中亚、西亚、南非和墨西哥等地以扩充产能的方式来提升市场占有率。

三、比亚迪新能源汽车发展战略

比亚迪是目前中国新能源汽车领域最大的经销商。比亚迪在新能源配件，尤其是电池领域凭借高性价比的产品获得了显著优势。比亚迪汽车在新能源汽车领域的劣势主要表现在品牌效应上，尤其是与国外知名品牌相比较，比亚迪的品牌价值有待提高。比亚迪需要从之前的成本领先战略转向成本领先和差异化并重的战略。

比亚迪公司在将来的发展战略选择中，应该继续聚焦于新能源汽车业务，持续重视研发投入，继续与上下游企业建立合资公司，保持多元化投资。比亚迪在具体实施差异化发展战略时，注重产品差异化、技术差异化和营销差异化。实施差异化战略时也不能放弃低成本战略，比亚迪需要进一步开放供应链以降低成本，通过产品平台架构实现产品价值链的迭代升级。

四、江铃集团新能源汽车发展战略

江铃新能源汽车的核心竞争力主要体现在新能源核心技术和完整产业链两个方面。江铃新能源汽车在电驱动系统、汽车整车控制系统和系统匹配与集成领域有着核心技术储备。江铃新能源汽车与宁德时代达成了战略合作协议，充分利用外部资源进行开放式创新。江铃新能源汽车的工业设计水平较高，拥有自主研发能力和国家级工业设计中心。同时，江铃新能源汽车拥有完整的产业链。

江铃新能源汽车的发展劣势主要表现为品牌影响力不足、企业技术型人才储备不足、企业产品线比较单一。但是在国家新能源政策的有力支持下，企业能够实现对战略机遇的把握。随着基础设施建设的加快，江铃新能源汽车产业将会得到一个快速发展的机遇期。江铃新能源汽车可以通过创新驱动、坚持市场导向和质量优先战略，最终达到合作共赢的战略意图。

五、理想汽车集团新能源汽车发展战略

理想汽车通过多轮融资，获得融资超过240亿元。在充足的资金支持下，理想汽车拥有的专利数在同类企业中名列前茅。理想汽车的专用技术实现了移动网络下复杂工况的人机交互功能。在发展过程中，理想汽车利用后发优势实现了成本控制目标。理想汽车通过收购力帆汽车，提高了生产规模化水平。

理想汽车发展中面对的劣势主要来自竞争对手和自身产品的能耗特点。例如，特斯拉作为自主品牌新能源汽车的主要竞争对手，实现了充电桩技术的突破，并且完成了主要城市的充电桩建设与布局。充电速度快是特斯拉的一大优势。理想汽车在充电基础设施开发与建设方面有待改进。理想汽车产品的能耗特点来自增程式汽车的运行特点，在高速行驶时的节能效果将会明显降低。因此，理想汽车的发展战略聚焦于无里程焦虑的豪华型SUV，通过增加车型来实现市场占有率的增长。具体实施时可以采用后向一体化的策略来实现成本领先战略目标。

第十七章　新能源汽车可持续发展机制调整

只有不断完善新能源汽车可持续发展系统建设，建立良好的发展动力机制，才能使新能源汽车产业与科技创新系统协调发展，进而带动我国整个汽车产业和制造业的可持续发展。

第一节　新能源汽车可持续发展动力机制

一、规划引导机制

新能源汽车可持续发展必须符合区域科技创新驱动发展战略需要，在充分重视和深刻理解与掌握新能源汽车科技创新驱动发展战略的基础上，对科技创新平台生态系统的发展进行规划与部署，引导新能源汽车科技创新平台向正确方向发展。

合理规划新能源汽车创新生态系统创新资源体系中产业集群的布局，既要避免重复建设，相互争夺相似创新资源，又要有利于产生集聚效应，避免创新主体在创新活动中单打独斗，增强创新主体的存活能力。充分利用新能源汽车的优势产业基础及完善的产业配套优势，在装备制造、绿色能源和新材料等产业，发挥新能源汽车创新生态系统创新服务的作用，重点提升高科技含量。

借助科技创新平台生态系统大力发展优势企业，积极发挥优势企业的集聚效应，促进相应产业的集聚，通过外部规模效应，带动该产业全面发展，提高产业的整体发展水平。发挥创新生态系统科技优势，重视科技企业的成长，给予创新生态系统中的中小企业一定的政策倾斜，鼓励科技人才在平台的扶持下自主创业。以研发设计、生产环节的创新为主，增加供应链管理、增值服务、品牌营销等环节的创新服务，发展服务型制造，加快制造业从价值链低端环节向高端环节的跃升。

通过创新生态系统，借助网络、线下的合作洽谈会等信息交流方式，增强政府与企业之间的服务与沟通关系。改善投资环境，拓展融资渠道，加大新能源汽车创新生态系统在创新资源、中介服务、专用性基础设施等方面的投资，为创新主体的发展提供适宜条件。完善相关法律法规，切实保护知识产权，保护知识产权权益人的合法利益，严厉打击不正当竞争行为，鼓励创新。完善新能源汽车创新生态系统中介服务体系的建设，通过建立健全创新信息咨询、创新资源评估、技术交易、服务外包、风险投资、融资担保等机构的职能，发挥中介机构在创新生态系统中的作用。吸收国际创新成果，加强国际创新交流，输出本土创新资源，提升创新主体利用全球创新资源和开拓国际市场的能力，提高新能源汽车产业的国际化水平。

二、创新驱动机制

为了促进新能源汽车创新生态系统的可持续发展，一方面要聚焦自主创新方向和选择自主创新项目，开展技术创新活动，申报专利，开发新技术核心产品；另一方面要开展管理创新工作，包括发展模式创新、发展机制创新及管理制度创新等。

新能源汽车创新生态系统应以深化科技管理改革为动力，以加快科技成果转化为主线，集聚各类创新创业要素，营造创新创业环境，为新能源汽车产业的快速发展提供支撑。在技术创新驱动方面，新能源汽车创新生态系统应在鼓励企业组建研发机构的同时，接纳更多大专院校、科研院所成为创新主体，这样不仅可以完成更多的创新活动，提供大型仪器、实验室、检测设备等创新资源，而且可以承接来自企业研发机构、科研院所的科技成果转化。

在新能源汽车创新生态系统中通过产业环节的分解，衍生出一批具有分工协作关系的创新主体，构建“基础研究—应用研究—产业转化”覆盖整个创新链的技术创新模式。在新能源汽车创新生态系统中要优先鼓励关键技术、共性技术的创新。在管理创新驱动方面，新能源汽车创新生态系统要精简管理机构，完善服务体系，提高服务效率和质量。完善管理制度，强化创新生态系统的综合服务功能和科技创新促进功能，提高创新效率。

三、竞争合作机制

新能源汽车创新生态系统是由创新企业、高校、科研院所、中介机构等创新种群构成的相对开放的生物圈。一方面，创新主体、创新种群为了保住自己的生态位，在创新过程中会争夺创新资源，甚至垄断部分资源以获得竞争优势；另一方面，创新主体、创新种群会选择合作，与合适的伙伴优势互补、互惠共生，共同提高创新能力。创新生态系统应适度引入市场竞争机制，利用市场调节，提高创新种群、创新主体的市场竞争意识和管理手段，激励创新种群、创新主体的技术创新，提高其创新能力。创新生态系统应统筹协调，完善沟通交流机制、资源匹配机制、利益分配机制，疏通创新合作渠道，鼓励创新主体之间建立非正式沟通渠道和关系，寻找共同的利益目标，进行合作与对接，通过资源共享、优势互补、风险分担，促进开展合作的创新主体共同发展。

创新生态系统应根据系统中种群的规模、生态位等状态，针对该种群采取不同的竞争合作机制。当新能源汽车企业种群规模较小时，鼓励种群内部创新主体采取合作方式，优势互补，促进种群稳定成长；当新能源汽车企业种群规模适中时，引入适当的竞争机制，让种群处于竞争压力之下，淘汰创新能力较差的创新主体，促进种群整体健康发展；当种群规模足够大时，不再引入同类，以避免恶性竞争，让现有种群内部创新主体之间自发采取竞争合作机制，保持种群创新活动的活跃度。为了维持创新主体较为稳定的竞争合作关系，创新生态系统应建立协调监督机制。协调监督机制的建立，不仅可以促进企业合作，而且可以对科技创新平台生态系统内部的创新主体进行有效监督，规范其竞争合作创新行为，减少纠纷和摩擦，避免合作风险的出现。协调监督机制可以通过有效的强制性措施进行干预，以维持科技创新平台生态系统内的竞争合作关系。

四、信任管理机制

新能源汽车创新生态系统中，各创新种群、创新主体之间的合作是建立在信任的基础上的，信任是保持新能源汽车创新生态系统稳定发展的基础。为了构建新能源汽车创新生态系统信任管理机制，应从以下两方面入手。

一方面，建立良好的新能源汽车创新生态系统诚信文化。在创新平台生态系统内应营造良好的信任氛围，构建通畅的信息流动机制，以减少信息不对称带来的不确定性，增进各主体之间的信任度。建立区域科技创新平台的信任监督机制。该机制包括信任评估制度、信任积累制度、信任信息披露制度、征信制度。信任评估制度是指科技创新平台需要对加盟的创新主体定期进行信任评估，对创新生态系统内各创新主体的信誉进行分类与评价，进而为创新主体的合作创新提供信任基础，以降低合作过程中可能存在的信誉风险，提高合作成功率，推动创新平台生态系统发展。信任积累制度是创新生态系统根据日常创新资源供给方和需求方的行为表现与交易记录，对加盟平台各创新主体信誉进行评价，通过建立信誉档案并进行级别划分，为创新主体选择适宜的合作伙伴提供科学依据。信任信息披露制度是新能源汽车创新生态系统定期将创新主体的不良信任信息情况加以公布，形成对失信创新主体的社会监督和约束。征信制度是创新生态系统建立信任信息数据库，建立在新能源汽车产业或平台范围内统一的信用评估准则、评估方法、信用评级制度，在创新主体选择合作伙伴时提供查询服务。设立第三方机构，承担监管职责。该机构可以由创新生态系统的职能部门承担，也可以由专门的中介机构承担，为推动创新主体双方协作，确保合作质量，维护各创新主体利益，以通过维持系统内长期稳定的互利关系提升主体间信任度，实现合作发展。

另一方面，建立失信惩罚机制。制定相关制度，对创新主体的失信行为进行惩治，如与平台内的经营收益或经营成本挂钩，或在资源匹配时加以警示，等等。通过合理的失信惩罚机制，对创新主体在科技创新平台采取的投机行为进行约束。

五、沟通交流机制

良好的沟通机制能促进创新资源的高效获取，能保证创新主体之间有效的合作，也是平台传递市场信息、技术信息等创新资源的需要。为了保证新能源汽车创新生态系统的高效运行，有必要建立一套全方位、多层次的沟通机制。发挥平台集成优势，加强平台交流渠道建设。新能源汽车创新生态系统集成了众多的创新主体、创新资源。为了方便资源匹配、对接，方便创新主体进行创新活动，要完善平台交流渠道建设，为创新主体的科技创新活动开展提供便捷有效的沟通交流途径。制定平台定期交流制度。新能源汽车创新生态系统应制定常态化的定期交流制度，如专利对接座谈会、科技成果转化推动会等。通过这些交流活动，促进创新主体对平台职能与政策的了解，促进创新主体之间的沟通协作，促进平台内各创新主体的相互学习与交流。

六、成本控制机制、利益分配机制与资源匹配机制

成本控制机制是指通过建立相应的制度、安排，将区域科技创新平台生态系统运行过程中产生的开支和创新活动的协同成本控制在一定的范围内。对于新能源汽车创新生态系统来说，控制平台生态系统运行的开支，通常采用精简机构、加强预算管理、严格控制预算外支出等方式来实现。创新活动

的协同成本的控制，应通过创新成本信息集成管理来实现。首先创新生态系统要对创新成本信息进行标准化，将创新项目种类繁多、计算复杂的创新成本信息进行简化和优化，制定统一的标准。其次要建立创新成本计划模型，录入具体创新项目的计划成本或目标成本。最后对该创新项目的实际成本进行追踪，控制实施成本，并对创新成本信息进行反馈和分析，完成创新成本信息集成管理的全过程。

为了保证新能源汽车创新生态系统的稳定运行，保证创新主体利益不受侵害，提高创新主体进行创新活动的积极性，有必要在创新资源的提供者之间、创新资源提供者与需求者之间、创新资源提供者与科技创新平台生态系统之间、科技创新平台生态系统与创新资源需求者之间建立一套科学合理的利益分配的规则与方法。制定完善的新能源汽车创新生态系统利益分配规则，明确创新资源的使用流程与分配方法，出台创新资源合作标准协议，依据具体协议执行情况、协议中双方义务的约定，按照协议约定的规则来分配利益。为了鼓励创新资源共享，鼓励创新活动，新能源汽车创新生态系统在创新资源合作中，应对创新资源提供者与需求者同时给予补贴。给予创新资源提供者补贴，提高其提供创新资源的积极性，促进科技创新平台生态系统的科技创新；给予创新资源需求者补贴，减少其在创新活动中的成本支出，支持、鼓励创新活动的进行。为了避免在具体创新活动中出现纠纷，新能源汽车创新生态系统中应设计利益分配动态调整机制，对协议中双方合作效果进行评价，对协议约定的利益分配方法进行调整，保持利益分配机制的客观性和公正性。

根据新能源汽车创新生态系统的具体任务，生态系统应从以下两方面构建资源匹配机制。一方面要提高科技创新平台生态系统的创新资源汇集能力，将平台内生态系统创新主体提供的资源，转变为创新服务能力；另一方面要提高科技创新平台生态系统对需求的描述能力和对创新资源的集成能力，完成创新资源的对接。依据创新资源的匹配程度建立对接机制，磋商达成协议，对合作过程进行监督，对多边合作进行协调，对合作效果进行评价以便在后续创新资源匹配过程中提供决策依据。

七、融合引导机制、知识共享机制与服务创新机制

为了实现新能源汽车创新生态系统的创新功能，需要引导科技创新平台生态系统，整合平台生态系统内外部资源，为区域经济发展提供技术支撑。以新能源汽车经济社会重大需求为导向，推动平台创新资源深度融合。新能源汽车创新生态系统应整合平台生态系统内的创新资源，引导平台创新活动

迎合新能源汽车发展方向，最大限度地为地方经济发展提供技术保障。以重点项目为依托，引导、融合创新主体，承接新能源汽车发展的重大课题，推动重点技术项目的技术攻关、推广和应用。融合创新资源、创新主体，健全新能源汽车创新生态系统建设。通过完善新能源汽车创新生态系统基础设施建设、制度建设，为科技创新平台生态系统的创新活动提供基础条件。

知识共享机制是创新主体以创新平台生态系统为媒介，将创造出的新知识、新技术、新资源进行共享的行为过程。建设新能源汽车创新生态系统的主要目的，是为区域与产业科技创新提供创新资源支持。作为重要的创新资源，知识、技术通过共享机制，实现科技资源的再配置和再使用，支持创新主体的创新活动，充分、有效地利用创新资源，降低社会创新成本。培养新能源汽车创新生态系统创新主体共享的价值观，改变传统上认为共享是一种损己利人的观念。树立共享可以使交流者共赢的意识，培育乐于共享知识的文化理念，提高新能源汽车创新生态系统中创新主体知识共享的积极性。制定统一的知识产权政策，结合相关法律加强知识产权的保护。通过政策与法律，保护知识原始拥有者的权益，提高其共享知识的积极性。

建立知识共享绩效评价体系，完善知识共享绩效监督机制。对新能源汽车创新生态系统知识共享的效率和效果进行评价，对知识共享各个环节的执行情况和绩效评价结果进行监督，确认知识共享流程中需要改进的领域，不断调整和完善科技创新平台生态系统中的知识共享。通过激励机制鼓励新能源汽车创新生态系统中的知识共享。依据创新主体在知识共享中所做出的贡献，给予丰厚的物质激励和精神激励。这种激励一方面使其得到提供创新资源、与其他创新主体共享创新资源的回报，另一方面达到示范效应，使平台生态系统内所有创新主体看到共享知识带来的收益大于独占知识获得的利益，提高科技创新平台生态系统知识共享的积极性。按照知识共享规律，创造共享条件，促进知识共享支撑创新活动。通过专业技术知识的学习，缩短知识共享双方的知识距离；通过教育与培训，提高共享知识接收者的知识吸收能力；通过完善科技创新平台生态系统中知识库的建设，促进隐性知识向显性知识转化。

在新能源汽车科技创新平台生态系统中，服务创新机制促进了技术创新与服务的融合，为区域创新活动提供服务支持。服务创新机制不仅要在科技创新平台生态系统的不同阶段，采取不同的机制，提供不同的服务内容，而且要针对平台生态系统内不同的种群、群落的规模及所处的生态位，提供不同的创新服务。培育新兴科技服务业态，引进专业化的中介服务机构，完善、升级现有中介职能，提供创新信息咨询、创新资源评估、技术交易、服务外包、风险投资、融资担保等创新服务。

引进或鼓励创新主体创办人才培育服务机构、创业辅导服务机构、科技咨询服务机构、研发服务机构、设计服务机构、检验检测服务机构，提供贯穿创新链条的全方位、专业化的创新服务。将日常服务与专题服务相结合，通用解决方案与定制解决方案相结合，模块化方案与整体化方案相结合，线上网络沟通与线下面对面沟通相结合，推广服务、跟踪服务和反馈服务相结合，利用多种服务形式，集成服务内容、服务方式、服务流程，打造新能源汽车创新生态系统全方位创新服务体系。

第二节　新能源汽车可持续发展环境支撑机制

一、政策环境支撑机制

科技政策对新能源汽车科技创新平台生态系统的发展起着至关重要的作用。新能源汽车创新平台建设应紧密围绕区域创新驱动发展战略要求，在政府的统筹规划下，以科技创新为核心构建政策制度框架，促进新能源汽车科技创新平台生态系统发展，带动新能源汽车科技创新能力的提高。

制订新能源汽车创新生态系统发展规划方案，并完善相关制度，加强新能源汽车创新生态系统的管理，跟踪实际运行情况，及时调整计划，保持与区域经济相协调的发展方向。完善与新能源汽车创新生态系统相关的政策、法律法规，建设基本制度框架，制定创新服务开发、对接、协调、集成的制度，维护竞争与合作秩序，规范平台生态系统创新主体的行为，发挥科技创新平台生态系统的引导、服务创新主体的职能。

制定相关政策，完善新能源汽车创新生态系统服务设施，鼓励更多的实验室、专业仪器设备、行业检测机构、创新服务机构加盟，通过强化服务意识、优化服务机构、健全服务体系为科技创新平台生态系统创新活动提供环境保障。实施优惠的人才吸引、培养、激励政策，从国内外引进优秀的科技人才和管理人才，完善人才培育体系，为科技创新提供人才保障。加强国际科技交流与合作，组织多种形式的国际科技交流活动，整合国际化创新资源，将新能源汽车创新生态系统发展为国际创新合作的载体，推动平台生态系统创新主体利用全球创新资源，参与国际市场竞争，提高新能源汽车高新技术产业的国际化水平。

二、经济环境支撑机制

良好的经济环境对创新平台集聚创新资源、提供创新服务的规模与质量具有重要影响，能为新能源汽车科技创新平台生态系统发展提供强有力的基础条件支撑。政府要建立完善的科技金融服务体系，制定多方面优惠政策，吸引银行机构、创投机构、保险机构、担保机构、信托机构等科技金融服务机构，增加系统中金融机构的数量，为创新活动全过程提供多形式、多层次的科技金融服务。

协调各级财政部门，加大对创新活动的投入。在创新活动所需资金的银行贷款等方面通过贴息、担保等方式给予优惠；协调政府部门，出台税收优惠政策，鼓励创新主体加大技术开发投入。加大银行机构对科技信贷的支持。增强银行机构信贷服务功能，不断创新符合创新主体的信贷模式与信贷产品，满足创新活动的需求。引进风险投资机构，鼓励新能源汽车企业引入风险投资，增加创新活动的资金供给，同时要加强管理，规范风险投资资金的运作。设立专项基金，鼓励科技项目、计划项目的申报，协调、组织创新主体联合攻关。

三、文化环境支撑机制

新能源汽车创新生态系统的建设与发展离不开浓厚的创新文化支撑，通过培养平台生态系统创新生态化的思想和理念，引导创新主体实现彼此的共生发展。新能源汽车创新生态系统中集聚了具有不同文化背景的创新个体、产业群落，为了加强这些创新个体、产业群落的相互沟通与理解，增强它们在创新过程中的协调力、凝聚力，有必要通过完善的合作机制、沟通与交流机制，培育新能源汽车创新生态系统共同的组织文化。

新能源汽车创新生态系统共同的组织文化要以信任为基础，以共享为理念，以合作为导向，以良好的学习机制为手段，培养创新主体的创新创业精神，同时保持新能源汽车创新生态系统文化的开放性和兼容性，减少创新过程中创新主体之间的矛盾和冲突，保持新能源汽车创新生态系统创新活动的连续性、稳定性。

第三节　新能源汽车可持续发展支撑机制案例

一、北京新能源汽车可持续发展支撑机制

北京市是全国的政治中心、经济中心与文化中心，同时也是新能源汽车产业发展的先行示范区，新能源汽车推广量稳居全国前列。2013 年，北京市成为全国首批新能源汽车推广应用城市，在新能源汽车技术创新和新能源汽车基础设施建设方面进行了大量积极探索。北京市在 2016 年已经实现六环范围内半径 5 千米的充电网络服务功能。

北京地区新能源汽车发展支撑机制主要通过相关汽车政策来体现，新能源汽车支撑机制分为行动计划类和补助办法类。北京市政府先后颁布了《北京市 2013—2017 年清洁空气行动计划》《北京市 2013—2017 年机动车排放污染控制工作方案》《北京市电动汽车推广应用行动计划（2014—2017 年）》等新能源行动计划。在补贴办法方面，北京市发布了《北京市纯电动汽车示范推广市级补助暂行办法》《北京市示范应用新能源小客车财政补助资金管理细则》《北京市示范应用新能源小客车财政补助资金管理细则（修订）》等补贴管理办法。

为了大力推广新能源汽车，重点加大对新能源汽车基础设施的建设支持力度，北京市发布了《北京市示范应用新能源小客车自用充电设施建设管理细则》《北京市新能源小客车公用充电设施投资建设管理办法（试行）》《北京市电动汽车充电基础设施专项规划（2016—2020 年）》《关于进一步加强电动汽车充电基础设施建设和管理的实施意见》等新能源充电设施发展支撑办法。

二、天津新能源汽车可持续发展支撑机制

天津市的新能源汽车应用推广开始于公交、邮政等公共服务领域，2013 年天津市入选我国第一批新能源汽车推广应用城市。天津市发展改革委颁布了《天津市节能与新能源汽车示范推广及产业发展规划（2013—2020 年）》，将新能源汽车发展列为汽车领域的主要战略发展方向。《天津市新能源汽车推广应用实施方案（2013—2015 年）》给出了具体的新能源汽车产业发展与推广目标。天津市在公交、出租、环卫等领域率先推广新能源汽车，落实《天津市新能源汽车产业发展三年行动计划（2015—2017 年）》。

为了保障新能源汽车产业发展行动计划的实施，天津市出台了系列财政补贴政策，如《天津市新能源汽车财政补贴管理办法》《天津市推广应用新

能源汽车地方补助管理暂行办法》等支撑机制。在基础设施建设方面，天津市通过《天津市新能源汽车充电基础设施发展规划（2016—2020年）》实现公用充电基础设施网络系统。在汽车交通管理方面，天津市通过《关于实施机动车限行交通管理措施的通告》《关于新能源汽车不受机动车尾号限行等交通管理措施限制的通告》等措施来推广新能源汽车应用。

三、国外新能源汽车可持续发展支撑机制

（一）美国新能源汽车可持续发展支撑机制

美国较早构建了新能源汽车发展支撑机制，在新能源汽车领域有着比较完整的研究开发和生产运营系统。美国联邦政府通过国家级的“新一代汽车合作伙伴计划”“自由汽车计划”等产业发展计划推动了绿色汽车产业发展。美国政府在新能源汽车领域提出的支撑机制包括研究与发展支持、财税优惠支持、政府采购支持、试点示范和基础设施建设支持。美国通过长期的宣传推广和政策支持，成功营造了新能源汽车市场的消费环境。

（二）德国新能源汽车可持续发展支撑机制

德国政府高度重视新能源汽车的发展，基于自身国情提出了系列激励政策和支撑机制。2009年，德国开始实施“国家电动汽车发展计划”，该计划为德国新能源汽车发展提供了技术研究、产业规划和市场开发的系统性顶层设计。德国支持新能源汽车发展的支撑机制包括研究投入、财税优惠、基础设施建设和法律法规建设等领域。德国是传统汽车制造强国，有着世界一流的汽车制造产业。凭借强大的技术积累和历史积淀，德国企业具有在电动车等新能源汽车领域拔得头筹的潜力。德国的一些主要汽车制造企业已经推出了具有自身特色的纯电动和插电式混动车型。

（三）日本新能源汽车可持续发展支撑机制

日本政府和业界对新能源汽车的关注由来已久，日本政府于2010年发布《新一代汽车战略2010》，指出日本发展新能源汽车的战略目标和实施计划。2014年，日本出台的《汽车产业战略2014》强调新能源汽车和燃油汽车的并行发展。与美国、德国和中国的新能源汽车发展规模相比较，日本的新能源汽车市场维持在一个比较小的规模上。日本的新能源汽车可持续发展支撑机制比较保守，效果也难以与其他新能源领域的先进国家相提并论。

第十八章　新能源汽车可持续发展对策

第一节　政策支持

一、系统化政策设计

系统化政策设计源于市场需求，又高于市场需求。经济高质量发展要求政策制定具有一定的前瞻性和系统性。经济高质量和产业升级需要重点设置重大创新专项实施计划，一方面为新能源汽车企业创新技术研发、协同攻关提供政策保证；另一方面重大专项实施的长期效应是加速技术和产品的创新进程。在新能源汽车产业发展与创新政策设计中，早期政策偏向技术发展，后期政策关注产品和服务的市场需求及其工艺标准。政策支持为重大创新专项技术研发提供物质保证，有助于形成明确的新能源汽车产业发展与技术创新路线。

合适的产业政策、法规和发展战略是促进中国新能源汽车产业可持续发展的重要因素。政府应起草并实施针对新能源汽车用户的地方牌照管制豁免和地方交通限制豁免的政策、法规和策略。这些政策、法规、策略可以有效地吸引越来越多的新司机，增加新能源汽车车主的数量。共享经济、平台经济模式在政府监管体系、财政支持政策和大数据产业的充分支持下，以网约车、共享汽车行业为平台有效地促进新能源汽车行业的发展。

考虑到不同政策工具的异质性效应，政府应优化新能源汽车产业政策，发挥不同政策工具的组合效应。具体而言，政府应优化新能源汽车供需两端支持政策的内容和形式，逐步建立以企业为主体、市场化、产学研合作的技术创新体系，加强对新能源汽车企业研发投入和商业模式创新的政策支持。

应强调长期政策工具和短期政策工具之间的互补性。建议政府在短期内重点应用以市场为导向的政策工具，如财政和税收优惠、购买补贴、财政支持和舆论宣传。从长期看，应加大对新能源汽车产业基础设施建设和研发的投入，加快通用技术创新平台建设，提高产业技术水平和基础能力。

建议充分发挥市场在资源配置中的决定性作用，加强企业在技术路线选择、生产和服务体系建设中的主导地位。具体而言，政府应在产业战略规划、标准法规制定、质量安全监管、引导绿色消费等方面发挥主导作用，为产业发展创造良好的市场环境。

二、精准确定政策调整方向

基于新能源汽车企业种群共生机制的实际情况，精准确定政策调整的方向。从产业发展与创新环境为新能源汽车企业塑造种群共生机制来看，共生机制表示新能源汽车产业生态系统的共享创新模式。基于种群动力学所反映的共生发展模式，提出精准的政策以促进产业生态系统的优化。通过政策的激励和引导，提升新能源汽车企业种群之间的协作水平，持续提升共生影响因子的水平。

新能源汽车产业在获取政策支持，带动产业链、价值链创新发展的同时还可以吸引产学研机构进行共享创新，驱动创新生态系统实现良性循环。政府应鼓励新能源汽车企业种群间的资源共享，助力创新种群的交流共享，实现创新种群的优势互补，促进企业优势转换为种群系统性优势。政府还应强化企业种群的辐射功能，激励优质企业种群发挥辐射带动功能，早日实现产业与创新生态系统均衡发展。

三、供给侧与需求侧政策支持

不同的政策措施在供给侧和需求侧市场的实施方式不同。政府需要将政策落实到行动中，加大新能源汽车市场供需两端的执行力度。政府应加强市场供应侧法律和监管措施的实施，增加对企业的安全隐患检查频次，并监督对企业实施安全运营过程激励。同时，政府应进一步加强技术创新和环境支持措施在市场需求方面的应用，如政府应引导新能源汽车领域的消费。

供给侧政策支持通过提供企业创新所需的资金和技术要素，推动企业实现技术突破。供给侧政策支持主要包括额外的研发资金支持、专项税收减免、技术要素和人才供给。供给侧政策主要包括优化共生创新激励和优化创新供给侧投入结构两个方面。共生创新所带来的创新种群与创新生态系统演进作用，能促进新能源汽车企业创新生态系统由低级向高级有序演化，这样新能源汽车企业的创新能力就能实现螺旋式上升，产生更强的创新能力。政府应优化共享创新激励政策，加大对共生创新企业尤其是企业种群核心与共性技术等的共生力度，为共生种群之间的创新协作活动提供充足的资金和人才支持。激励政策的实施可以弥补市场机制的不足。政府进一步加大对共享创新的税收优惠支持力度，鼓励企业加大技术研发投入，为共生创新提供支持。创新生态系统中种群的结构显著影响系统的功能和绩效。在增加投入的同时要不断地调整和优化共生创新投入结构。不同的创新种群在创新生态系统中的主要创新方向具有异质性。企业创新种群的创新活动在本质上要服务于企业核心竞争力的构建，为技术创新提供支撑。在一般应用型技术创新领域，企业创新种群是研发的投入主体，政府应发挥组织协调作用，加快企业创新种群技术共享与运用。

需求侧政策支持是政府通过采购商品、减少市场管制等措施，通过国内外市场需求拉动企业创新的可能性。政府的需求侧政策支持措施体现在采购商品和服务时向创新产品倾斜，相关采购考虑新能源汽车企业种群的整体利益和企业种群之间的合作。例如，政府采购目标从单个企业扩充为企业种群，同时对产品供应商来源进行规划，以保证相关企业种群的收益和创新发展。例如，国内在进行新能源汽车制造企业生产线和供应链建设时，定向采购国内企业自主开发的新能源汽车及其相关设备，全面支持国内新能源汽车制造及其关联种群的创新与发展。

第二节　新能源汽车制造企业发展禀赋提升对策

一、内生增长

新能源汽车制造企业通过提升自身创新能力来促进企业发展。新能源汽车制造企业可以通过构建企业内部创新生态系统，营造适宜创新驱动型成长模式的环境。新能源汽车制造企业协调内部各种资源，维持创新能力的动态成长性。致力于培育优质创新型新能源汽车制造企业、新能源汽车制造企业中的优质创新平台、平台中的优质新能源汽车制造企业创新个体，促进优质新能源汽车制造创新企业和企业种群的诞生。培育创新引领型新能源汽车制造企业，加强对中小型新能源汽车制造关联企业的引导、扶持和激励，鼓励企业建设高水平研发中心等，增强企业创新能力。加强新能源汽车制造企业与高等院校合作开展科学创新项目，与国内外高水平大学和科研机构建立新能源汽车协同创新平台。

二、协同效应

新能源汽车制造企业通过与上下游企业进行合作创新，也可以通过与同行业企业建立战略联盟等方式推进合作共赢。从企业创新生态系统共生机制构建的角度来看，不同企业首先要围绕自身的主营业务和核心竞争力发展构建适合自己的、共生创新式的合作机制。例如，本书在实证分析中发现，许多样本企业的内部创新驱动机制、外部共享机制均有待提升。这些缺陷会限制企业发展，削弱其核心竞争力。具体应对措施如下：

（1）构建以新能源汽车企业为核心的创新平台。新能源汽车企业以市场为导向、以创新为动力、以自身为核心构建创新共享平台。企业间共享创新平台的核心可以是行业内的龙头企业，也可以是一个企业群。这个创新平台一端连着市场和客户，另一端连着上游供应商、高校和科研机构。

（2）新能源汽车制造企业应加强与高校和科研机构的合作。高校、科研机构和创新企业一样，都是创新生态系统中重要的创新主体和主要种群。新能源汽车制造企业可以借助高校和科研机构的创新资源与平台，解决自身创新中无法突破的难题。

（3）与竞争对手合作。新能源汽车制造企业在市场上要面对同类企业的竞争，但是这并不妨碍竞争对手之间存在合作关系。本书的系统演化机制表明，即使一个企业的竞争者对该企业采用竞争策略，该企业采用合作策略也会带来长期收益。

（4）与重点客户进行创新导向的战略合作。新能源汽车企业与重点客户构建战略联盟，特别是在企业发展特定阶段和产品生命周期的特定阶段，构建战略联盟有利于双方的创新协同和发展。

三、平台建设

新能源汽车制造行业中的龙头企业或核心企业，在条件成熟的情况下可以主导构建企业的平台化发展，或者建设共享化的平台式创新生态系统。新能源汽车平台主要服务于新能源汽车全产业链上的企业，实现上下游企业之间的协同与系统集成，如积极主导构建企业创新平台的比亚迪集团。汽车电动化时代即将到来，比亚迪为了加速同行业企业的电气化进程，首先将“e平台”的技术与业内创新主体共享。“e平台”的创新技术共享机制，降低了汽车制造企业在新能源产品领域的进入成本，缩小了行业内电动汽车与传统燃油汽车之间的开发与制造成本距离。比亚迪集团通过推进共享平台式创新生态系统重构，进一步开放新能源汽车所有的子系统的技术融合。这种共享式创新平台提供的协同创新和技术融合，拓展了企业自身技术和行业创新发展的空间。比亚迪集团在动力电池创新领域具有优势，同时在电机、电控等关键核心技术领域取得重大突破，让比亚迪全面获得了新能源汽车企业核心技术自主开发与制造能力。类似地，安徽江淮汽车集团股份有限公司围绕动力电池、驱动电机和自动控制领域构建了共享开放式创新生态系统平台，通过资源整合提升对外协作水平，形成了一个以江淮汽车为中心的新能源汽车产业共享创新环境。

第三节　企业创新种群内部共生机制优化对策

目前，新能源汽车企业创新生态系统内部形成有效的统筹及共生机制较少，新能源汽车企业创新生态系统内部的创新种群要形成以市场导向、共生协作、协同创新的局面。新能源汽车企业创新生态系统在创新种群深入有效共生合作方面，应以关键技术创新攻关为主，通过市场需求、政策创新、统筹关键技术共享与创新资产互补的方式来达到创新生态系统的动态平衡，具体从以下几个方面展开。

一、创新种群共生机制顶层设计

针对与关键共性技术相关的各项企业创新种群的发展战略，新能源汽车企业创新生态系统应统一内部各主体思想、凝聚共识，加强统筹协调，强化顶层设计，形成明确的联盟发展目标、清晰的创新生态系统体系框架、强有力的联盟创新种群，提供充足的资金保障及相应的法律政策支持，确保对新能源汽车企业创新生态系统关键共性技术的供给进程给予稳定、持续的管理和支持。

二、关键共性技术规划布局

应聚焦行业需求，深化对新能源汽车企业创新生态系统重点技术现状和发展方向的分析与判断，开展关键共性技术预见研究。开展以新能源汽车企业创新生态系统内核心企业为基点的技术创新评估研究，绘制新能源汽车企业创新生态系统技术路线图；组织新能源汽车企业创新生态系统实施关键共性技术创新专项规划，通过探索高质量发展模式，带动高校、科研院所、企业进行协同创新。围绕新能源汽车装备制造业、新一代信息技术、高性能集成电路研发、汽车与新能源汽车制造技术等新能源汽车企业创新生态系统重点研发领域，形成多项技术选择与互补资产协同的动态平衡关系。

三、加强关键共性技术的研发

加强关键共性技术的研发是实现新能源汽车企业创新生态系统演化跃升的根本路径，也是助推新能源汽车企业创新生态系统高质量发展的重要举措。同时，借鉴国内外新能源汽车企业创新生态系统关键共性技术研发的经验做法，勇于完善新能源汽车企业创新生态系统和创新体制机制，努力集聚全球创新资源，加快建设、完善新能源汽车企业创新生态系统关键共性技术创新共享体系。

四、建设创新种群共生式创新平台

新能源汽车企业创新生态系统具有开放式创新的显著特点，既可以通过创新平台对新能源汽车企业创新生态系统内部企业、高校、科研院所等市场主体和非市场主体开放，也可以对创新需求主体开放。新能源汽车企业创新生态系统创新平台的建设，在促进创新主体之间的技术知识、市场信息的交流和伙伴选择方面具有较好的联络作用，还可以让企业更好地掌握市场信息，开拓业务范围，破除传统产业种群发展过程中的拥挤效应、空间束缚。新能源汽车企业创新生态系统创新平台的建设能改善新能源汽车企业的创新环境，强化新能源汽车企业种群内网络嵌入性建设，解决以往各个创新主体之间联系通道不畅、互动不积极、协同创新机制不完善等问题，有助于新能源汽车企业创新生态系统背景下的产业联盟创新资源的整合与共享，是构建创新生态系统下的产业联盟创新主体的有效措施。同时，创新平台的建设打通了新能源汽车企业与外部环境之间沟通交流的渠道，破除了新能源汽车企业共生创新平台发展过程中的技术锁定机制和路径依赖机制。新能源汽车企业创新生态系统创新种群共生平台的建设应遵循政府、企业共同搭建平台，企业创新种群主导创新的原则，构建以企业为主体，市场为导向，企业、政府、高校和科研院所、金融机构及中介共同参与的创新平台建设体系，使企业背景下的创新平台真正成为新能源汽车企业创新生态系统的中心，联结产业创新主体的有机合作与良性竞争共同构成创新生态系统，推动新能源汽车企业创新生态系统的演进与提升。

参考文献

[1] WANG S Y. Exploring the sustainability of China's new energy vehicle development：fresh evidence from population symbiosis[J]. Sustainability，2022，14（17）：10796.

[2] CHEN W M，WANG S Y，WU X L. Growth mechanism and synchronization effect of China's new energy vehicle enterprises：an empirical analysis based on moving logistic and Kuramoto model[J]. Sustainability，2022，14（24）：16497.

[3] PAN M X，CHEN W M，WANG S Y，et al. The influence of low carbon emission engine on the life cycle of automotive products：a case study of three-cylinder models in the Chinese market[J]. Energies，2022，15：6849.

[4] CURTIS F. Peak globalization：climate change，oil depletion and global trade[J]. Ecological economics，2009，69（2）：427-434.

[5] DELUCCHI M A，YANG C，BURKE A F，et al. An assessment of electric vehicles：technology，infrastructure requirements，greenhouse-gas emissions，petroleum use，material use，lifetime cost，consumer acceptance and policy initiatives[J]. Philosophical transactions，2014，372（2006）：20120325.

[6] KENDALL M. Fuel cell development for new energy vehicles（NEVs）and clean air in China[J]. Progress in natural science：materials international，2018，28（2）：113-120.

[7] WANG S Y，PAN M X，WU X L. Sustainable development in the export trade from a symbiotic perspective on carbon emissions, exemplified by the case of Guangdong, China [J]. Sustainability，2023，15：9667.

[8] TAN R P，LIN B Q. Are people willing to support the construction of charging facilities in China?[J]. Energy policy，2020，143：111604.

[9] JAHANGIR H，GOUGHERI S S，VATANDOUST B，et al. A novel cross-case electric vehicle demand modeling based on 3D convolutional generative adversarial networks[J]. IEEE transactions on power systems，2022，37（2）：1173-1183.

[10] HE L Y, PEI L L, YANG Y H. An optimised grey buffer operator for forecasting the production and sales of new energy vehicles in China[J]. Science of the total environment, 2020, 704: 135321.

[11] YAN Q Y, ZHANG M J, LI W, et al. Risk assessment of new energy vehicle supply chain based on variable weight theory and cloud model: a case study in China[J]. Sustainability, 2020, 12 (8): 3150.

[12] EGBUE O, LONG S. Barriers to widespread adoption of electric vehicles: an analysis of consumer attitudes and perceptions[J]. Energy policy, 2012, 48: 717-729.

[13] TRENCHER G, EDIANTO A. Drivers and barriers to the adoption of fuel cell passenger vehicles and buses in Germany[J]. Energies, 2021, 14: 833.

[14] LASHARI Z A, KO J, JANG J. Consumers' intention to purchase electric vehicles: influences of user attitude and perception[J]. Sustainability, 2021, 13: 6778.

[15] LIU L J, ZHANG T, AVRIN A-P , et al. Is China's industrial policy effective? An empirical study of the new energy vehicles industry[J]. Technology in society, 2020, 63: 101356.

[16] WANG D, LI Y M. Measuring the policy effectiveness of China's new-energy vehicle industry and its differential impact on supply and demand markets[J]. Sustainability, 2022, 14: 8215.

[17] DILLMAN K J, ÁRNADÓTTIR Á, HEINONEN J, et al. Review and meta-analysis of EVs: embodied emissions and environmental breakeven[J]. Sustainability, 2020, 12: 9390.

[18] ONAT N C, ABOUSHAQRAH N N M, KUCUKVAR M, et al. From sustainability assessment to sustainability management for policy development: the case for electric vehicles[J]. Energy conversion and management, 2020, 216: 112937.

[19] AHMADI P. Environmental impacts and behavioral drivers of deep decarbonization for transportation through electric vehicles[J]. Journal of cleaner production, 2019, 225: 1209-1219.

[20] DRANKA G G, FERREIRA P. Electric vehicles and biofuels synergies in the brazilian energy system[J]. Energies, 2020, 13: 4423.

[21] PETROVIĆ Đ, PEŠIĆ D, PETROVIC M, et al. Electric cars: are they solution to reduce CO_2 emission?[J]. Thermal science, 2020, 24 (5): 2879-2889.

[22] KIM S, PELTON R E O, SMITH T M, et al. Environmental implications of the national power roadmap with policy directives for battery electric vehicles (BEVs) [J]. Sustainability, 2019, 11 (23): 1-22.

[23] BOHNSACK R, PINKSE J, KOLK A. Business models for sustainable technologies: exploring business model evolution in the case of electric

vehicles[J]. Research policy，2014，43（2）：284-300.

[24] RONG K，SHI Y J，SHANG T J，et al. Organizing business ecosystems in emerging electric vehicle industry：structure, mechanism, and integrated configuration[J]. Energy policy，2017，107：234-247.

[25] IANSITI M，LEVIEN R. The keystone advantage：what the new dynamics of business ecosystems mean for strategy，innovation，and sustainability[J]. Journal of engineering and technology management，2007（24）：287-292.

[26] 张进 . 构建智能网联汽车生态 [J]. 机器人产业，2019（6）：58–62.

[27] 李玉琼，朱秀英 . 丰田汽车生态系统创新共生战略实证研究 [J]. 管理评论，2007，19（6）：15–20.

[28] NIAN V，HARI M P，YUAN J. A new business model for encouraging the adoption of electric vehicles in the absence of policy support[J]. Applied energy，2019，235：1106-1117.

[29] 董红梁 . 社会技术系统下政策及商业模式对杭州市新能源汽车创新扩散的影响：基于系统动力学仿真 [D]. 杭州：浙江大学，2015.

[30] 李苏秀 . 中国新能源汽车产业商业模式创新动态演变研究 [D]. 北京：北京交通大学，2018.

[31] 叶瑞克，欧万彬，吕琛荣，等 . 基于经济技术分析的电动汽车商业化模式研究 [J]. 未来与发展，2010（11）：31–35.

[32] 叶强，王贺武 . 关于电动汽车商业模式系统的理论思考 [J]. 中国科技论坛，2012（1）：44–48.

[33] 陈建勋 . 中国新材料产业成长与发展研究 [D]. 上海：上海社会科学院，2008.

[34] 龚惠群，黄超，王永顺 . 战略性新兴产业的成长规律、培育经验及启示 [J]. 科技进步与对策，2011，28（23）：78–81.

[35] 邱成利 . 创新环境及其对新产业成长的作用机制 [J]. 数量经济技术经济研究，2002（4）：5–7.

[36] 向吉英 . 产业成长的动力机制与产业成长模式 [J]. 学术论坛，2005（7）：49–53.

[37] 赵玉林，徐娟娟 . 创新诱导主导性高技术产业成长的路径分析 [J]. 科学学与科学技术管理，2009，30（9）：123–129.

[38] HAIRE M. Modern organization theory[M]. Oxford：John Wiley & Sons, Inc.，1959.

[39] GREINER L E. Evolution and revolution as organizations grow[J]. Harvard business review，1972（50）：37-46.

[40] ADIZES I. Corporate lifecycles：how and why corporations grow and die and what to do about it[M]. Englewood Cliffs：Prentice Hall，1988.

[41] PENROSE E. The theory of the growth of the firm[M]. Oxford：Oxford University Press，2009.

[42] HABIB A，HASAN M M. Corporate life cycle research in accounting，finance and corporate governance：a survey，and directions for future research[J]. International review of financial analysis，2019，61（1）：188-201.

[43] YANG L，QIN H，XIA W Y，et al. Resource slack，environmental management maturity and enterprise environmental protection investment：an enterprise life cycle adjustment perspective[J]. Journal of cleaner production，2021，309：127339.

[44] SMITH K G，MITCHELL T R，SUMMER C E. Top level management priorities in different stages of the organizational life cycle[J]. Academy of management journal，1985，28（4）：799-820.

[45] QUINN R E，CAMERON K. Organizational life cycles and shifting criteria of effectiveness：some preliminary evidence[J]. Management science，1983，29（1）：33-51.

[46] MILLER D，FRIESEN P H. A longitudinal study of the corporate life cycle[J]. Management science，1984，30（10）：1161-1183.

[47] FLAMHOLTZ E G. Toward a holistic model of organizational effectiveness and organizational development at different stages of growth[J]. Human resource development quarterly，1990，1（2）：109-127.

[48] CHANDLER A D. Strategy and structure：chapters in the history of American industrial enterprise[M]. Cambridge：MIT Press，1962.

[49] JAWAHAR I M，MCLAUGHLIN G L. Toward a descriptive stakeholder theory：an organizational life cycle approach[J]. Academy of management review，2001，26（3）：397-414.

[50] MILLER D，FRIESEN P H. A longitudinal study of the corporate life cycle[J]. Management science，1984，30（10）：1161-1183.

[51] HANKS S H，WATSON C J，JANSEN E，et al. Tightening the life-cycle construct：a taxonomic study of growth stage configurations in high-technology organizations[J]. Entrepreneurship theory & practice，1993，18（2）：5-29.

[52] OLSON P D，TERPSTRA D E .Organizational structural changes：life-cycle stage influences and managers' and interventionists' challenges[J]. Journal of organizational change management，1992，5（4）：27-40.

[53] ANTHONY J H，RAMESH K. Association between accounting performance measures and stock prices：a test of the life cycle hypothesis[J]. Journal of accounting and economics，1992，15（2/3）：203-227.

[54] LIVNAT J，ZAROWIN P. The incremental information content of cash-flow components[J]. Journal of accounting and economics，1990，13（1）：25-46.

[55] BLACK E L. Life-cycle impacts on the incremental value-relevance of

earnings and cash flow measures[J]. Journal of financial statement analysis, 1998（4）：40-57.

[56] STICKNEY C P, BROWN P R. Financial reporting and statement analysis：a strategic perspective[M]. New York：Dryden Press, 1999.

[57] CAO Y, CHEN X H. An agent-based simulation model of enterprises financial distress for the enterprise of different life cycle stage[J]. Simulation modelling practice and theory, 2012, 20（1）：70-88.

[58] KIMMEL P D, WEYGANDT J J, KIESO D E. Financial accounting：tools for business decision making[M]. New York：John Wiley & Sons, 2009.

[59] KIESO D E, WEYGANDT J J, WARFIELD T D. Intermediate accounting[M]. IFRS edition. New York：John Wiley & Sons, 2010.

[60] GORT M, KLEPPER S. Time paths in the diffusion of product innovations[J]. Economic journal, 1982, 92（367）：630-653.

[61] DICKINSON V. Cash flow patterns as a proxy for firm life cycle[J]. Accounting review, 2011, 86（6）：1969-1994.

[62] CHAY J B, KIM H, SUH J. Firm age and valuation：evidence from Korea[J]. Asia-pacific journal of financial studies, 2015, 44（5）：721-761.

[63] LODERER C, STULZ R, WAELCHLI U. Firm rigidities and the decline in growth opportunities[J]. Management science, 2016, 63（9）：3000-3021.

[64] EVANS D S. The relationship between firm growth, size, and age：estimates for 100 manufacturing industries[J]. Journal of industrial economics, 1986, 35（4）：567-581.

[65] EVANS D S. Tests of alternative theories of firm growth[J]. Journal of political economy, 1987, 95（4）：657-674.

[66] FARINAS J C, MORENO L. Firms' growth, size and age：a nonparametric approach[J]. Review of industrial organization, 2000, 17（3）：249-265.

[67] YASUDA T. Firm growth, size, age and behavior in Japanese manufacturing[J]. Small business economics, 2005, 24（1）：1-15.

[68] DEANGELO H, DEANGELO L, STULZ R M. Dividend policy and the earned/contributed capital mix：a test of the life-cycle theory[J]. Journal of financial economics, 2006, 81（2）：227-254.

[69] MOORE J F. Business ecosystems and the view from the firm[J]. Antitrust bulletin, 2006, 51：31-75.

[70] JACOBIDES M G, CENNAMO C, GAWER A. Towards a theory of ecosystems[J]. Social science electronic publishing, 2018, 39：2255-2276.

[71] RITALA P, ALMPANOPOULOU A. In defense of "eco" in innovation ecosystem[J]. Technovation, 2017, 60/61：39-42.

[72] TEECE D J. Next generation competition：new concepts for understanding how innovation shapes competition and policy in the digital economy[J]. Journal of law, economics and policy, 2012, 9（1）：97-118.

[73] THOMAS L D W，AUTIO E. Innovation ecosystems in management：an organizing typology[M]. Oxford：Oxford University Press，2020.

[74] CHANDLER J D，LUSCH R F. Service systems：a broadened framework and research agenda on value propositions，engagement，and service experience[J]. Journal of service research，2015，18（1）：6-22.

[75] CHANDLER J D，VARGO S L. Contextualization and value-in-context：how context frames exchange[J]. Marketing theory，2011，11（1）：35-49.

[76] GAWER A，CUSUMANO M A. Industry platforms and ecosystem innovation[J].Journal of product innovation management，2014，31：417-433.

[77] RONG K，HU G Y，LIN Y，et al. Understanding business ecosystem using a 6C framework in internet-of-things-based sectors[J].International journal of production economics，2015，159：41-55.

[78] LEWIN A Y，VOLBERDA H W. Prolegomena on coevolution：a framework for research on strategy and new organizational forms[J]. Organization science，1999，10（5）：519-534.

[79] ANSARI S，GARUD R，KUMARASWAMY A. The disruptor's dilemma：TiVo and the U. S. television ecosystem[J]. Strategic management journal，2015，37（9）：1829-1853.

[80] SNIHUR Y，THOMAS L D W，BURGELMAN R A. An ecosystem-level process model of business model disruption：the disruptor's gambit[J]. Journal of management studies，2018，55：1278-1316.

[81] AARIKKA-STENROOS L，RITALA P. Network management in the era of ecosystems：systematic review and management framework[J]. Industrial marketing management，2017，67：23-36.

[82] ADNER R. Ecosystem as structure：an actionable construct for strategy [J]. Journal of management，2017，43（1）：39-58.

[83] VERHULST P F. Notice sur la loi que la population suit dans son accroissement[J]. Correspondence mathematique et physique（Ghent），1838，10：113-121.

[84] COX D R. The regression analysis of binary sequences[J]. Journal of the royal statistical society. Series B：methodological，1958，20：215-242.

[85] VOLTERRA V. Fluctuations in the abundance of a species considered mathematically[J]. Nature，1926，118：558-560.

[86] ZHANG G L，DANIEL A，MCADAMS V. Technology evolution prediction using Lotka-Volterra equations[J]. Journal of mechanical design，2018，140（6）：61-101.

[87] MODIS T. Technological forecasting at the stock market[J]. Technological forecasting and social change，1999，62：173-202.

[88] CHANG C，KU C，HO H. Fuzzy multi-choice goal programming for

supplier selection[J]. International journal of operations research and information systems, 2010, 1（3）: 28-52.

[89] HUANG Q H. China's industrialization process: stage, feature, and prospect[J]. Chinese journal of urban and environmental studies, 2013, 1(1): 5-18.

[90] LIN B, XIE C. Energy substitution effect on transport industry of China based on trans-log production function[J]. Energy, 2014（67）: 1166-1178.

[91] BARRO R J. Economic growth in a cross-section of countries[J]. Quarterly journal of economics, 1991, 106: 501-526.

[92] MILLER S M, UPADHYAY M P. The effects of openness, trade orientation and human capital on total factor productivity[J]. Journal of development economics, 2000, 63: 399-423.

[93] ROMER P. Endogenous technological change[J]. Journal of political economy, 1990, 98（5）: 71-102.

[94] VAN DEN BUSSCHE J, AGHION P, MEGHIR C. Growth, distance to frontier and composition of human capital[J]. Journal of economic growth, 2006, 11: 97-127.

[95] BENHABIB J, SPIEGEL M. The role of human capital in economic development: evidence from aggregate cross-country data[J]. Journal of monetary economics, 1994, 34: 143-173.

[96] BILS M, KLENOW P. Does schooling cause growth?[J]. American economic review, 2000, 90: 328-335.

[97] KRUEGER A B, LINDAHL M. Education for growth: why and for whom?[J]. Journal of economic literature, 2001, 39（4）: 1101-1136.

[98] FURMAN J L, PORTER M E, STERN S. The determinants of national innovative capacity[J]. Research policy, 2002, 31: 899-933.

[99] CANTNER U, PYKA A. Classifying technology policy from an evolutionary perspective[J]. Research policy, 2001, 30（5）: 759-775.

[100] WANG S Y, CHEN W M, WU X L. Competition analysis on industry populations based on a three-dimensional Lotka-Volterra model[J]. Discrete dynamics in nature and society, 2021: 9935127.

[101] WANG S Y, CHEN W M, LIU Y. Collaborative product portfolio design based on the approach of multi choice goal programming[J]. Mathematical problems in engineering, 2021（1）: 6678533.

[102] WU X L, WANG S Y, LIU Y Z, et al. Competition equilibrium analysis of China's luxury car market based on three-dimensional grey Lotka-Volterra model[J]. Complexity, 2021（35）: 7566653.

[103] PHAM V-T, VAIDYANATHAN S, VOLOS C, et al. Nonlinear dynamical systems with self-excited and hidden attractors[M]. Berlin: Springer, 2018.

[104] MEDVEDEV G S. The continuum limit of the Kuramoto model on sparse random graphs[J]. Communications in mathematical sciences, 2019, 17（4）: 883-898.

[105] PIKOVSKY A, ROSENBLUM M, KURTHS J. Synchronization: a universal concept in nonlinear sciences[M]. New York: Cambridge University Press, 2001.

[106] STROGATZ S. Sync: the emerging science of spontaneous order[M]. London: Penguin Press Science, 2003.

[107] AGUDZE K M, BILLIO M, CASARIN R, et al. Markov switching panel with endogenous synchronization effects[J]. Journal of econometrics, 2022, 230（2）: 281-298.

[108] ANDERSONT L, SHEPPARD L W, WALTER J A, et al. Synchronous effects produce cycles in deer populations and deer-vehicle collisions[J]. Ecology letters, 2021, 24（2）: 337-347.

[109] ROHEN M, SORGE A, TIMME M, et al. Self-organized synchronization in decentralized power grids[J]. Physical review letters, 2012, 109（6）: 064101.

[110] MIKHAILOV A S, CALENBUHR V. From cells to societies: models of complex coherent action[M]. Berlin: Springer-Verlag, 2002.

[111] MONTBRIÓ E, PAZÓ D. Exact mean-field theory explains the dual role of electrical synapses in collective synchronization[J]. Physical review letters, 2020, 125: 248101.

[112] XU C, GAO J, SUN Y, et al. Explosive or continuous: incoherent state determines the route to synchronization[J]. Scientific reports, 2015, 5: 12039.

[113] WINFREE A T. Biological rhythms and the behavior of populations of coupled oscillators[J]. Journal of theoretical biology, 1967, 16（1）: 15-42.

[114] KURAMOTO Y. Self-entrainment of a population of non-linear oscillators[J]. Lecture notes in physics, 1975, 39: 420-422.

[115] PLUCHINO A, LATORA V, RAPISARDA A. Changing opinions in a changing world: a new perspective in sociophysics[J]. International journal of modern physics C, 2004, 16（4）: 515-531.

[116] LIAO H, WU X, LIANG X, et al. A new hesitant fuzzy linguistic ORESTE method for hybrid multicriteria decision making[J]. IEEE transactions on fuzzy systems, 2018, 26（6）: 3793-3807.

[117] HWANG C L, YOON K. Methods for multiple attribute decision making[M]//BECKMANN M, KÜNZI H P. Lecture Notes in Economics and Mathematical Systems. Berlin: Springer, 1981.

[118] OPRICOVIC S. Multicriteria optimization of civil engineering systems[D].

Belgrade: Faculty of Civil Engineering, 1998.

[119] MARDANI A, NILASHI M, ZAKUAN N, et al. A systematic review and meta-analysis of SWARA and WASPAS methods: theory and applications with recent fuzzy developments[J]. Applied soft computing, 2017, 57: 265-292.

[120] LIN R J. Using fuzzy DEMATEL to evaluate the green supply chain management practices[J]. Journal of cleaner production, 2013, 40: 32-39.

[121] WANG J J, JING Y Y, ZHANG C F, et al. Review on multi-criteria decision analysis aid in sustainable energy decision-making[J]. Renewable and sustainable energy reviews, 2009, 13 (9) : 2263-2278.

[122] MEYAR-NAIMI H, VAEZ-ZADEH S. Developing a DSR-HNS policy making framework for electric energy systems[J]. Energy policy, 2012, 42: 616-627.

[123] SIKSNELYTE I, ZAVADSKAS E K, STREIMIKIENE D, et al. An overview of multi-criteria decision making methods in dealing with sustainable energy development issues[J]. Energies, 2018, 11: 2754.

[124] SHAD R, KHORRAMI M, GHAEMI M. Developing an Iranian green building assessment tool using decision making methods and geographical information system: case study in Mashhad city[J]. Renewable and sustainable energy reviews, 2017, 67: 324-340.

[125] LIGUS M. Evaluation of economic, social and environmental effects of low-emission energy technologies development in Poland: a multi-criteria analysis with application of a fuzzy analytic hierarchy process (FAHP) [J]. Energies, 2017, 10: 1550.

[126] ALSABBAGH M, SIU Y L, GUEHNEMANN A, et al. Integrated approach to the assessment of CO_2 mitigation measures for the road passenger transport sector in Bahrain[J]. Renewable and sustainable energy reviews, 2017, 71: 203-215.

[127] REN J, LUTZEN M. Selection of sustainable alternative energy source for shipping: multi criteria decision making under incomplete information[J]. Renewable and sustainable energy reviews, 2017, 74: 1003-1019.

[128] DIEMUODEKE E O, HAMILTON S, ADDO A. Multi-criteria assessment of hybrid renewable energy systems for Nigeria's coastline communities[J]. Energy sustainability & society, 2016, 6: 26.

[129] GAO R, NAM H O, KO W I I, et al. National options for a sustainable nuclear energy system: MCDM evaluation using an improved integrated weighting approach[J]. Energies, 2017, 10: 2017.

[130] BALEZENTIS T, STREIMIKIENE D. Multi-criteria ranking of energy generation scenarios with Monte Carlo simulation[J]. Applied energy,

2017，185：862-871.

[131] VAFAEIPOUR M，HASHEMKHANI Z S，VARZANDEH M H M，et al. Assessment of regions priority for implementation of solar projects in Iran：new application of a hybrid multi-criteria decision making approach[J]. Energy conversion and management，2014，86：653-663.

[132] PARAJULI R，KNUDSEN M T，DALGAARD T. Multi-criteria assessment of yellow，green，and woody biomasses：pre-screening of potential biomasses as feedstocks for biorefineries[J]. Biofuels，bioproducts & biorefining-biofpr，2015，9（5）：545-566.

[133] DEBBARMA B，CHAKRABORTI P，BOSE P K，et al. Exploration of PROMETHEE II and VIKOR methodology in a MCDM approach for ascertaining the optimal performance-emission trade-off vantage in a hydrogen-biohol dual fuel endeavour[J]. Fuel，2017，210：922-935.

[134] SAKTHIVEL G，SIVAKUMAR R，SARAVANAN N，et al. A decision support system to evaluate the optimum fuel blend in an IC engine to enhance the energy efficiency and energy management[J]. Energy，2017，140：566-583.

[135] ZHAO H，LI N. Optimal siting of charging stations for electric vehicles based on fuzzy Delphi and hybrid multi-criteria decision making approaches from an extended sustainability perspective[J]. Energies，2016，9：270.

[136] DALL'O G，NORESE M F，GALANTE A，et al. A multi-criteria methodology to support public administration decision making concerning sustainable energy action plans[J]. Energies，2013，6：4308-4330.

[137] GRUJIC M，IVEZIC D，ZIVKOVIC M. Application of multi-criteria decision-making model for choice of the optimal solution for meeting heat demand in the centralized supply system in Belgrade[J]. Energy，2014，67：341-350.

[138] VUCICEVIC B，JOVANOVIC M，AFGAN N，et al. Assessing the sustainability of the energy use of residential buildings in Belgrade through multi-criteria analysis[J]. Energy build，2014，69：51-61.

[139] STREIMIKIENE D，BALEZENTIS T. Multi-objective ranking of climate change mitigation policies and measures in Lithuania[J]. Renewable and sustainable energy reviews，2013，18：144-153.

[140] BALEZENTIENE L，STREIMIKIENE D，BALEZENTIS T. Fuzzy decision support methodology for sustainable energy crop selection[J]. Renewable and sustainable energy reviews，2013，17：83-93.

[141] COOPER R G，EDGETT S J，KLEINSCHMIDT E J. New products，new solutions：making portfolio management more effective[J]. Journal of product innovation management，2001，18（1）：52-53.

[142] RAO S K. Re-energizing a product portfolio：case study of a pharmaceutical

merger[J]. Journal of business strategy，2009，30（6）：52-62.

[143] LUEBBE R，FINCH B. Theory of constraints and linear programming：a comparison[J]. International journal of production research，1992，39（6）：1471-1478.

[144] BAYOU M E，REINSTEIN A. Analyzing the product-mix decision by using a fuzzy hierarchical model[J]. Managerial finance，2005，31（3）：35-48.

[145] CHUNG S H，LEE A H I，PEARN W L. Product mix optimization for semiconductor manufacturing based on AHP and ANP analysis[J]. The international journal of advanced manufacturing technology，2005，25：1144-1156.

[146] GOLDRATT E M. The Haystack Syndrome：sifting information out of the data ocean[M]. Great Barrington：North River Press，1990.

[147] TANHAEI F，NAHAVANDI N. Algorithm for solving product mix problem in two-constraint resources environment[J]. The international journal of advanced manufacturing technology，2013，64：1161-1167.

[148] OKUTMUS E，KAHVECI A，KARTAŠOVA J. Using theory of constraints for reaching optimal product mix：an application in the furniture sector[J]. Intellectual economics，2015，9：138-149.

[149] FRUCHTER G，FLIGLER A，MNER R S. Optimal product line design：genetic algorithm approach to mitigate cannibalization[J]. Journal of optimization theory and applications，2006，131（2）：227-244.

[150] KAR M B，MAJUMDER S，KAR S，et al. Cross-entropy based multi-objective uncertain portfolio selection problem [J]. Journal of intelligent & fuzzy systems，2017，32：4467–4483.

[151] BHATTACHARYYA R，CHATTERJEE A，KAR S.Uncertainty theory based novel multi-objective optimization technique using embedding heorem with application to R&D project portfolio selection[J]. Applied mathematics，2010，1：189-199.

[152] BHATTACHARYYA R，KUMAR P，KAR S. Fuzzy R&D portfolio selection of interdependent projects[J]. Computers and mathematics with applications，2011，62：3857-3870.

[153] GUO S，YU L，LI X，et al. Fuzzy multi-period portfolio selection with different investment horizons[J]. European journal of operational research，2016，4：1-10.

[154] DEBNATH A，ROY J，KAR S，et al. A hybrid MCDM approach for strategic project portfolio selection of agro by-products[J]. Sustainability，2017，9（1302）：1-33.

[155] CHUNG S，LEE A，PEARN W. Product mix optimization for semiconductor manufacturing based on AHP and ANP analysis[J].

International journal of advanced manufacturing technology, 2005, 25: 1144-1156.

[156] GOLDRATT E M. The haystack syndrome: sifting information out of the data ocean[M]. Croton-on-Hudson: North River Press, 1990.

[157] TANHAEI F, NAHAVANDI N. Algorithm for solving product mix problem in two-constraint resources environment[J]. The international journal of advanced manufacturing technology, 2003, 64: 1161-1167.

[158] OKUTMUS E, KAHVECI A, KARTAŠOVA J. Using theory of constraints for reaching optimal product mix: an application in the furniture sector[J]. Intellectual economics, 2015, 9: 138-149.

[159] FRUCHTER G, FLIGLER A, MNER R S. Optimal product line design: genetic algorithm approach to mitigate cannibalization[J]. Journal of optimization theory and applications, 2006, 131 (2): 227-244.

[160] KAR M B, MAJUMDER S, KAR S, et al. Cross-entropy based multi-objective uncertain portfolio selection problem[J]. Journal of intelligent & fuzzy systems, 2017, 32: 4467-4483.

[161] BONGES H A, LUSK A C. Addressing electric vehicle (EV) sales and range anxiety through parking layout, policy and regulation[J]. Transportation research part A: policy and practice, 2016, 83: 63-73.

[162] KO W, HAHN T K. Analysis of consumer preferences for electric vehicles[J]. IEEE transactions on smart grid, 2013, 4 (1): 437-442.

[163] LANE B W, DUMORTIER J, CARLEY S, et al. All plug-in electric vehicles are not the same: predictors of preference for a plug-in hybrid versus a battery-electric vehicle[J]. Transportation research part D: transport and environment, 2018, 65: 1-13.

[164] CARLEY S, KRAUSE R M, LANE B W, et al. Intent to purchase a plug-in electric vehicle: a survey of early impressions in large US cites[J]. Transportation research part D: transport and environment, 2013, 18: 39-45.

[165] ZHANG Y, YU Y F, ZOU B. Analyzing public awareness and acceptance of alternative fuel vehicles in China: the case of EV[J]. Energy policy, 2011, 39 (11): 7015-7024.

[166] HIDRUE M K, PARSONS G R, KEMPTON W, et al. Willingness to pay for electric vehicles and their attributes[J]. Resource and energy economics, 2011, 33 (3): 686-705.

[167] BJERKAN K Y, NØRBECH TOM E, MARIANNE E N. Incentives for promoting battery electric vehicle (BEV) adoption in Norway[J]. Transportation research part D: transport and environment, 2016, 43: 169-180.

[168] LI W B, LONG R Y, CHEN H, et al. A review of factors influencing

consumer intentions to adopt battery electric vehicles[J]. Renewable and sustainable energy reviews, 2017, 78: 318-328.

[169] SANG Y-N, BEKHET H A. Modelling electric vehicle usage intentions: an empirical study in Malaysia[J]. Journal of cleaner production, 2015, 92: 75-83.

[170] LIN B Q, WU W. Why people want to buy electric vehicle: an empirical study in first-tier cities of China[J]. Energy policy, 2018 (112): 233-241.

[171] BERLINER R M, HARDMAN S, TAL G. Uncovering early adopter's perceptions and purchase intentions of automated vehicles: insights from early adopters of electric vehicles in California[J]. Transportation research, 2019, 60: 712-722.

[172] VASSILEVA I, CAMPILLO J. Adoption barriers for electric vehicles: experiences from early adopters in Sweden[J]. Energy, 2017, 120: 632-641.

[173] HACKBARTH A, MADLENER R. Willingness-to-pay for alternative fuel vehicle characteristics: a stated choice study for Germany[J]. Transportation research part A: policy and practice, 2016, 85: 89-111.

[174] TAMOR M A, MORAAL P E, REPROGLE B, et al. Rapid estimation of electric vehicle acceptance using a general description of driving patterns[J]. Transportation research part C: emerging technologies, 2015, 51: 136-148.

[175] SCHNEIDEREIT T, FRANKE T, GÜNTHER M, et al. Does range matter? Exploring perceptions of electric vehicles with and without a range extender among potential early adopters in Germany[J]. Energy research & social science, 2015, 8: 198-206.

[176] DUMORTIER J, SIDDIKI S, CARLEY S, et al. Effects of providing total cost of ownership information on consumers' intent to purchase a hybrid or plug-in electric vehicle[J]. Transportation research part A: policy and practice, 2015, 72: 71-86.

[177] LÉVAY P Z, DROSSINOS Y, THIEL C. The effect of fiscal incentives on market penetration of electric vehicles: a pairwise comparison of total cost of ownership[J]. Energy policy, 2017, 105: 524-533.

[178] BAUER G. The impact of battery electric vehicles on vehicle purchase and driving behavior in Norway[J]. Transportation research part D: transport and environment, 2018, 58: 239-258.

[179] VASSILEVA I, CAMPILLO J. Adoption barriers for electric vehicles: experiences from early adopters in Sweden[J]. Energy, 2017, 120: 632-641.

[180] HARDMAN S, JENN A, TAL G, et al. A review of consumer preferences of and interactions with electric vehicle charging infrastructure[J]. Transportation research part D: transport and environment, 2018, 62: 508-523.

附　录

本书的前期研究成果

1. 论文（第一作者或通讯作者）

[1] Sheng-Yuan Wang，Wan-Ming Chen，Rong Wang，Tong Zhao.Study on the Coordinated Development of Urbanization and Water Resources Utilization Efficiency in China [J]. Water supply，2022，22（1）：749-765.（ SCI 收录）

[2] Sheng-Yuan Wang， Wan-Ming Chen， Xiao-Lan Wu.Competition Analysis on Industry Populations Based on a Three-Dimensional Lotka-Volterra Model [J]. Discrete Dynamics in Nature and Society，2021，9935127.（SCI 收录）

[3] Sheng-Yuan Wang， Wan-Ming Chen， Rong Wang， Xiao-Lan Wu.Multi-objective Evaluation of Co-evolution among Innovation Populations based on Lotka-Volterra Equilibrium[J]. Discrete Dynamics in Nature and Society. Article ID 5569108.（SCI 收录）

[4] Sheng-Yuan Wang，Wan-Ming Chen，Ying Liu. Collaborative Product Portfolio Design Based on the Approach of Multi choice Goal Programming [J]. Mathematical Problems in Engineering，2021，6678533.（SCI 收录）

[5] Wang S. Exploring the Sustainability of China's New Energy Vehicle Development：Fresh Evidence from Population Symbiosis [J].Sustainability，2022，14，10796.（ SSCI 收录）

[6] Wang S. Pan M，Wu X.Sustainable Development in the Export Trade from a Symbiotic Perspective on Carbon Emissions，Exemplified by the Case of Guangdong，China [J]. Sustainability，2023，15，9667.（ SSCI 收录）

[7] Sheng-Yuan Wang，Wan-Ming Chen，Ying Liu， Xiao-Lan Wu. Research

on the Decision Mechanism of University-Enterprise Collaborative Innovation Based on Quantum Cognition [J]. Complexity，2021，5577792.（SCI 收录）

[8] 王圣元，陈万明 . 创新生态系统中两斑块种群关系研究：以江苏、浙江的工业企业为例 [J]. 数学的实践与认识，2017，47（22）：18-25.（科技核心）

[9] 王圣元，陈万明 . 创新企业种群成长动力学分析 [J]. 数学的实践与认识，2019，49（20）：53-59.（科技核心）

[10] 王圣元，陈万明 . 基于灰色种群动力学的企业创新种群成长区域关联研究 [J]. 数学的实践与认识，2021，51（13）：10-17.（科技核心）

[11] 王圣元，陈万明 .Lotka-Volterra MCGP 模型在协同产品组合设计中的应用 [J]. 数学的实践与认识，2023，53（4）：35-42.（科技核心）

[12] 王圣元，陈万明，陆康，刘慧 . 高校智慧图书馆 4.0：基于工业 4.0 和 Web 4.0 的未来图书馆研究 [J]. 图书馆理论与实践，2021，（1）：59-66.

[13] 王圣元，陈万明，周蔓 . 供给侧改革中的人力资本结构优化研究 [J]. 工业技术经济，2016，35（11）：18-22.（北大核心）

[14] 王圣元，陈万明，周蔓 . 异质性人力资本对经济增长作用区域差异研究 [J]. 工业技术经济，2016，35（2）：148-153.（北大核心）

[15] Wan-Ming Chen，Sheng-Yuan Wang，Xiao-Lan Wu. Concept Refinement，Factor Symbiosis and Innovation Activity Efficiency Analysis of Innovation Ecosystem [J]. Mathematical Problems in Engineering，2022，1942026.（通讯作者，SCI 收录）

[16] Wanming Chen，Shengyuan Wang，Xiaolan Wu.Growth Mechanism and Synchronization Effect of China's New Energy Vehicle Enterprises：An Empirical Analysis Based on Moving Logistic and Kuramoto Model[J].Sustainability，2022，14，16497.（通讯作者，SSCI 收录）

[17] Meixia Pan，Wanming Chen，Shengyuan Wang，Xiaolan Wu. The Influence of Low Carbon Emission Engine on the Life Cycle of Automotive Products：A Case Study of Three-Cylinder Models in the Chinese Market [J]. Energies，2022，15，6849.（通讯作者，SCI 收录）

[18] Mei-Xia Pan，Sheng-Yuan Wang，Xiao-Lan Wu，Mei-Wen Zhang. Study on the Growth Driving Model of Enterprise Innovation Community Based on Lotka-Volterra Model：A Case Study of Chinese Automobile Manufacturing Enterprise Community [J]. Mathematical Problems in Engineering，2023，8743167.（通讯作者）

[19] Xiao-Lan Wu，Sheng-Yuan Wang，Ya-Zhen Liu， Jing Liang，Xin

Yu.Competition Equilibrium Analysis of China's Luxury Car Market Based on Three-Dimensional Grey Lotka-Volterra Model [J]. Complexity, 2021, 7566653.（通讯作者，SCI，SSCI 收录）

[20] Xiao-Lan Wu， Sheng-Yuan Wang，Guo-Yin Xu. Compound Grey-Logistic Model and Its Application [J]. Mathematical Problems in Engineering，2021，5588798.（通讯作者，SCI 收录）

[21] Wu，X.，Wang，S. Assessment of Enterprise Life Cycle Based on Two-Stage Logistic Model：Exemplified by China's Automobile Manufacturing Enterprises [J]. Sustainability，2022，14，14437.（通讯作者，SSCI 收录）

[22] Su-Lan Zhai，Xiao-Lan Wu，Sheng-Yuan Wang，Tong Zhao.Application of Interaction Effect Multi-choice Goal Programming in Project Portfolio Analysis [J]. Mathematical Problems in Engineering，2021，1863632.（通讯作者，SCI 收录）

[23] Su-Lan Zhai，Ying Liu，Sheng-Yuan Wang，Xiao-Lan Wu. Growth Scale Optimization of Discrete Innovation Population Systems with Multi-choice Goal Programming [J]. Discrete Dynamics in Nature and Society，2021，5907293.（通讯作者，SCI 收录）

[24] Ying Liu，Wan-Ming Chen，Sheng-Yuan Wang，Xiao-Lan Wu. Sustainable Growth from a Factor Dependence and Technological Progress Perspective：A Case Study of East China [J].Discrete Dynamics in Nature and Society，2021，8739442.（通讯作者，SCI 收录）

[25] Ying Liu，Sheng-Yuan Wang，Xiao-Lan Wu，Jing Liang. Analysis and Impact Evaluation of Entrepreneurs' Improvisational Behavior Trigger Patterns[J]. Mathematical Problems in Engineering，2022，9068240.（通讯作者，SCI 收录）

[26] Qizhen Wang，Shengyuan Wang，The impact of environmental regulation on water resources utilization efficiency[J]. Frontiers in Environmental Science，2022，10：1022929.（通讯作者，SCI 收录）

[27] Jing Liang，Sheng-yuan Wang，Xiao-lan Wu，Automotive Product Portfolio Design from the Perspective of Energy Sustainability：Multi-criteria Decision Making Based on Lotka-Volterra MCGP Model [J]. Discrete Dynamics in Nature and Society，2023，7271614.（通讯作者，SCI 收录）

[28] 陈万明，王圣元 . 产业内竞争、技术进步与增长收敛性测度：基于生态学视角 [J]. 科技管理研究，2018（2）：119-124.（科技核心）

2. 专著

[1] 王圣元，赵彤 . 创新种群演化动力学 [M]. 武汉：武汉大学出版社，2022.

[2] 王圣元 . 管理研究生态学模型与方法 [M]. 武汉：武汉大学出版社，2021.

[3] 王圣元，赵彤，柳莹 . 新经济视阈下智能制造企业的创新机理与优化路径研究 [M]. 武汉：武汉大学出版社，2021.

[4] 王圣元 . 南京构建全国一流创新生态系统对策研究 [M]. 南京：东南大学出版社，2020.

[5] 王圣元 . 区域创新生态系统运行机理与优化研究 [M]. 武汉：武汉大学出版社，2019.

[6] 王圣元，陈万明，赵彤 . 零工经济：新经济时代的灵活就业生态系统 [M]. 南京：东南大学出版社，2018.

[7] 王圣元，戴孝悌 . 创新生态系统：理论与实践研究 [M]. 南京：东南大学出版社，2017.

[8] 赵彤，王圣元 . 战略环境分析：生态视角下的复杂系统建模 [M]. 武汉：武汉大学出版社，2023.

3. 学术获奖

[1]“南京市第 16 次哲学社会科学优秀成果奖”三等奖，2023-04.

[2]“南京市第 15 次哲学社会科学优秀成果奖”二等奖，2021-01.

[3] 2020 年度“江苏省社科应用研究精品工程奖”二等奖，2021-11.

4. 主持科研项目

[1] 江苏高校哲学社会科学研究项目：2016SJD790010.

[2] 江苏高校研究生科研创新计划： KYZZ16_0157.

[3] 江苏高校哲学社会科学研究项目：2018SJA0421.

[4] 江苏高校哲学社会科学研究项目：2021SJA0485.

[5] 2022 年度江苏省社科应用研究精品工程课题：22SYB-089.

后　记

我国在工业化进程中已基本完成初步积累，建立了世界上门类最全的工业体系，但制造业整体大而不强，众多企业在全球化竞争中处于“低端锁定”的尴尬境地。面对如何改变“低端锁定”现状，提高企业产品附加值，以及抢占全球价值链高端位置等问题，创新被提到一个前所未有的高度。我国的技术创新经历了从高度集中控制到市场化合作创新的过程，产业创新增长结构经历了从线性发展到指数变化的过程，创新动力结构经历了从政府推动到市场导向的过程，创新空间结构经历了从城乡相望到市村互动的过程，创新网络结构经历了从梯度发展到干支联动的过程，创新体系结构经历了从科技孤岛到体系通畅的过程。

我国经济发展进入高效率、低成本、可持续发展的中高速增长阶段。在这一阶段，经济增长从资本、劳动、能源等要素投入驱动型转向创新驱动型。随着经济增长从初级阶段向高级阶段演进，产业可持续发展理论在逐步走向成熟和完善，其核心问题之一就是技术进步作为产业发展的重要驱动力如何发挥作用，或者说是技术进步促进产业可持续发展的内在机理。

面对国内外激烈的竞争态势，新能源汽车产业应持续推进科技与市场机制改革，以系统化思维推进创新发展，破解制约创新驱动发展的瓶颈，加快基础科学领域的重大创新突破，加速技术科学领域的产业新旧动能接续转换，支持和推动工程技术领域的企业自主创新，解决产业服务领域科技创新获得感偏低的问题，全面提升创新对新能源汽车产业高质量发展的支撑能力。

新能源汽车上下游产业与市场终端消费者共同构成了一个产业共生生态系统。产业共生生态系统是一个由相互作用的企业种群支撑的经济共同体。产业生态系统研究聚焦于协同进化。生态系统的层次结构有助于控制生产商品的活动。生态系统有助于协调商品创新和商品生产的活动，也有助于复杂的市场网络的协同进化。在市场中，理想的做法是完全透明的商品和服务交易。众多商业主体之间实现创新的完美协同进化是商业生态系统的理想状态。

本书考虑经济高质量发展的时代背景，从适应性演进和共生协同的视角，研究创新生态系统的运行机理与演化，形成有助于激发、调节和完善创新行为的运行机制。本书比较并阐明创新生态系统的概念，提炼创新生态系统的特征，划分创新生态系统的发展阶段并阐释系统演化发展的机理，分析创新种群间共生协同关系所形成的协同效应，探究企业创新生态系统的运行机制。

在此基础上，本书提出具有较高应用价值、旨在助推新能源汽车产业共生生态系统发展的政策咨询建议与对策。本书将生态学、生态系统理论、创新管理理论与经济发展理论相结合，并结合生态系统发展的各种规律和特征来研究创新生态系统，为理解产业共生生态系统中各利益相关者关系和系统运行机制提供一种新的研究思路。本书引入生态理论中的种群生命周期理论、种群合作原理作为测度方法，对产业共生生态系统的适应性演进进行定量分析，有助于对产业共生生态系统从量变到质变的演化机理提供确切的阐释依据。

本书的出版得到了江苏高校哲学社会科学研究重大项目“平台经济下数据要素市场化配置测度与监管保障研究”（项目批准号：2023SJZD129）、南京晓庄学院思政工作专项课题（项目批准号：2021SZKT01）等研究项目的资助。特别感谢武汉大学出版社编辑老师的辛勤付出。由于水平有限，本书难免存在不足之处，敬请各位读者指正。